Hallo

G'day

INHOUDS OPGAVE
TABLE OF CONTENTS

EAN/ISBN 9789086900954

Voorwoord
Foreword

In 1998 vierde Den Haag zijn 750-jarig bestaan met tal van manifestaties en activiteiten. Enkele evenementen uit dat jubileumjaar waren zo succesvol dat zij in de jaren daarna opnieuw werden georganiseerd en zo tot nieuwe tradities hebben geleid. Eén steekt er met kop en schouders bovenuit: Den Haag Sculptuur.

En zo kunnen wij ook dit jaar ons weer te goed doen aan een ware 'beeldenweelde' op die unieke locatie, een van de mooiste straten van Europa, de reeds in de vroege 17e eeuw door Constantijn Huygens bezongen 'Linde-laen', het Lange Voorhout.

Voor Den Haag betekent deze manifestatie bijzonder veel.

Dat deze droom wederom werkelijkheid is geworden stemt tot dankbaarheid. Voor de verwezenlijking hebben zich velen ingespannen. Zonder wie ook tekort te willen doen, past nu een woord van dank en waardering aan bestuur en directie van Stichting Den Haag Sculptuur. Zij hebben zich in de afgelopen jaren veel moeite getroost om de continuïteit van de beeldententoonstelling te verzekeren, zodat wij nu een tweede lustrum kunnen vieren.
De thema's van de tentoonstellingen zijn ieder jaar weer origineel en verrassend. Zo ook dit jaar,

In 1998, The Hague celebrated its 750-year anniversary with countless events and activities. A number of happenings in that jubilee year were such a success that in the course of the following years, they were repeatedly organized, gradually leading to new traditions. One of these in particular stands out – The Hague Sculpture.

This year too, we can revel in a wealth of art at the unique location of one of the most beautiful streets of Europe, praised in song by Constantijn Huygens in the early 17 century as the "Linde-laen", or "Limewood Lane" – our lovely Lange Voorhout.

The fact that this dream has once again been made reality is cause for great gratitude. Many people have worked hard to make it possible. Without wishing to pass anyone by, a special word of thanks and appreciation to the board and management of The Hague Sculpture foundation is called for. In the past years, they have gone to immense trouble to ensure the continuity of the sculpture exhibition, thus enabling us to celebrate its second five-year anniversary today.

The themes of the exhibitions have been original and surprising each year. This year no less, with four centuries of relations between the Netherlands and Australia giving rise to an exhibition of works of art by both Dutch and Australian artists. The manifestation of The Hague Sculpture at a number of new spots in the city this year is an added bonus.

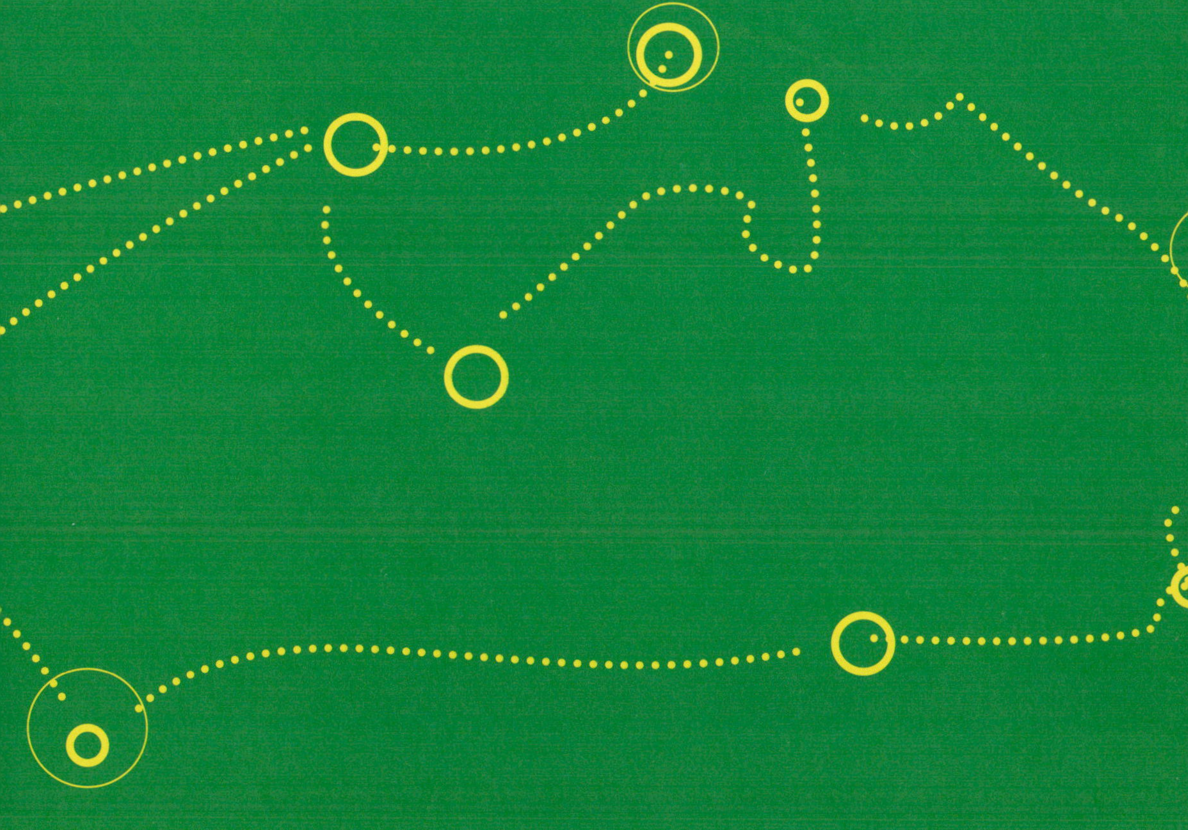

nu vier eeuwen betrekkingen tussen Nederland en Australië aanleiding zijn voor een tentoonstelling van werk van zowel Nederlandse als Australische kunstenaars. Aardig is ook dat dit jaar Den Haag Sculptuur op nog meer plekken in de stad te zien zal zijn.

Voor Den Haag betekent deze manifestatie bijzonder veel. De afgelopen jaren trok zij telkens vele bezoekers, zowel afkomstig uit Den Haag zelf, als ook van ver daarbuiten. En waar anders dan midden in het historische hart van onze stad komt de culturele ambitie van Den Haag beter tot zijn recht? Vrij toegankelijk voor iedereen.

W.J. Deetman
burgemeester

For the city of The Hague, this event has great significance.

For the city of The Hague, this event has great significance. In the past years, it has attracted substantial visitors both from The Hague itself and far outside. And where else than in the midst of the historic heart of our city is The Hague's cultural ambition done more justice too? The Hague Sculpture, open to all, free of charge.

W.J. Deetman
Mayor

Voorwoord

Foreword

De Australische kunstrecensent Robert Hughes heeft ooit gezegd: 'Een samenleving kan pas gedijen, écht functioneren, als zij waarden heeft die sterk genoeg zijn om een onafgebroken toevloed van buitenstaanders aan te trekken die deze waarden willen adopteren, adapteren en doorgeven aan de volgende generatie. Het is een dynamisch proces dat aan voortdurende verandering onderhevig is'.

Ik vraag u: is er een beter voorbeeld van deze dynamische wisselwerking denkbaar dan de tentoonstelling van Australische en Nederlandse kunstenaars in Den Haag Sculptuur 2007? De Australische beeldhouwers zijn van de andere kant van de wereld gehaald om kunstwerken te maken volgens een speciaal opdrachtthema. Ze komen uit een continent dat zelf gebouwd is op de toevloed van miljoenen immigranten uit meer dan tweehonderd landen die even zoveel talen spreken. Ze komen hierheen en brengen ons de uitdaging van frisse ideeën.

Dit is een waarlijk dynamische tentoonstelling van prachtig werk waarmee ik de kunstenaars en de organisatoren van Den Haag Sculptuur graag wil complimenteren. Geniet ervan!

Stephen Brady
Ambassadeur van Australië in het
Koninkrijk der Nederlanden.

Australian art critic Robert Hughes once said: 'If a society is to thrive, to really work, its values have to be strong enough to attract a continuous inflow of outsiders who want to adopt them, adapt them, pass them along to the next generation. This process is dynamic; it is always in change'.

Well, I ask you, what better example of this dynamic interplay could you have than the Hague Sculpture's 2007 exhibition of Australian and Dutch artists? The Australian sculptors have been brought from across the globe to produce theme- specific works. They come from a continent built itself on the inflow of millions of immigrants from more than 200 countries and speaking as many languages. They come bearing the gifts of fresh ideas and challenge.

This is a truly dynamic exhibition of wonderful work for which I commend the artists and the Hague Sculpture organisers. Enjoy!

Stephen Brady
Ambassador of Australia to the
Kingdom of the Netherlands

Enjoy!

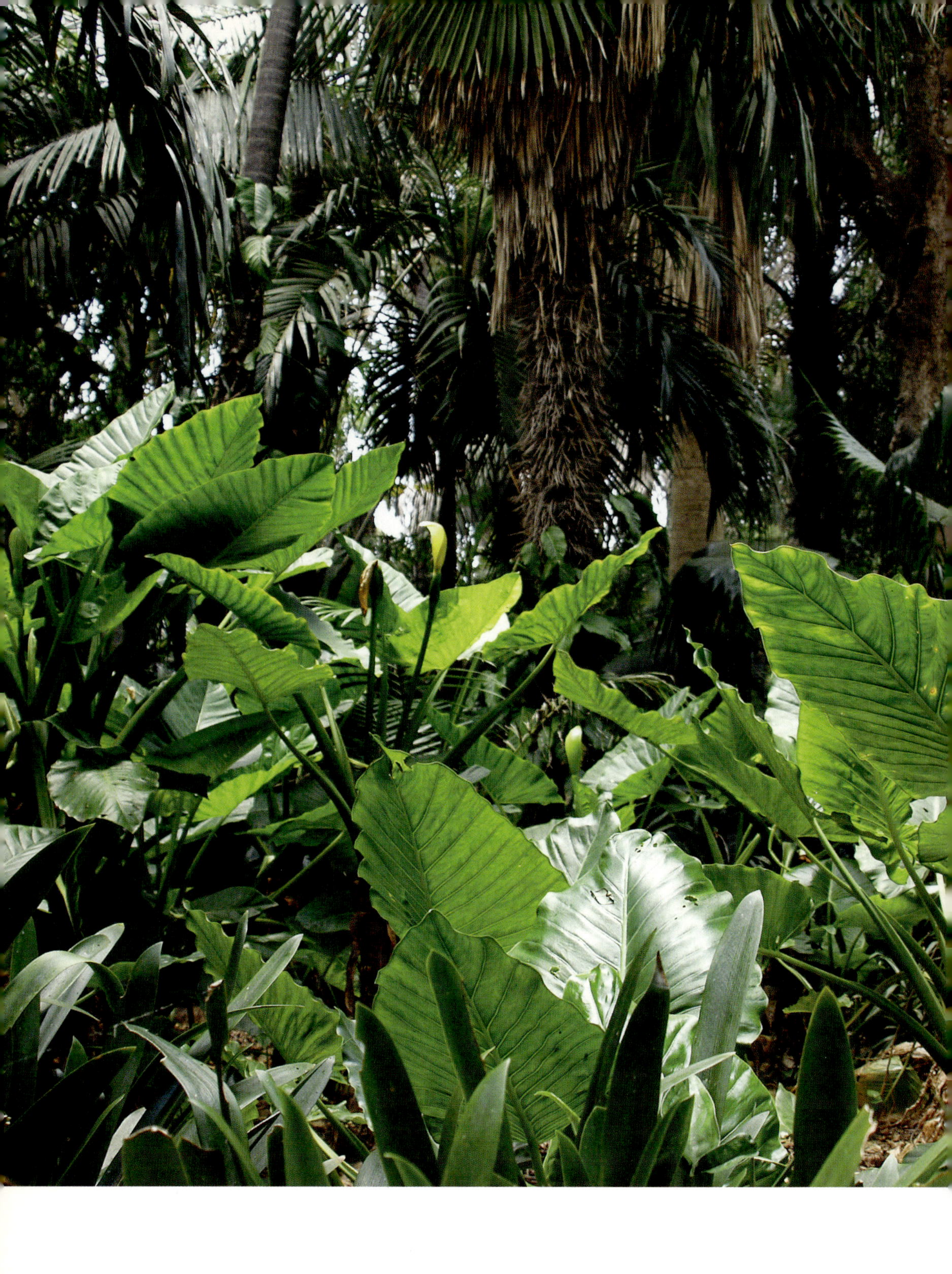

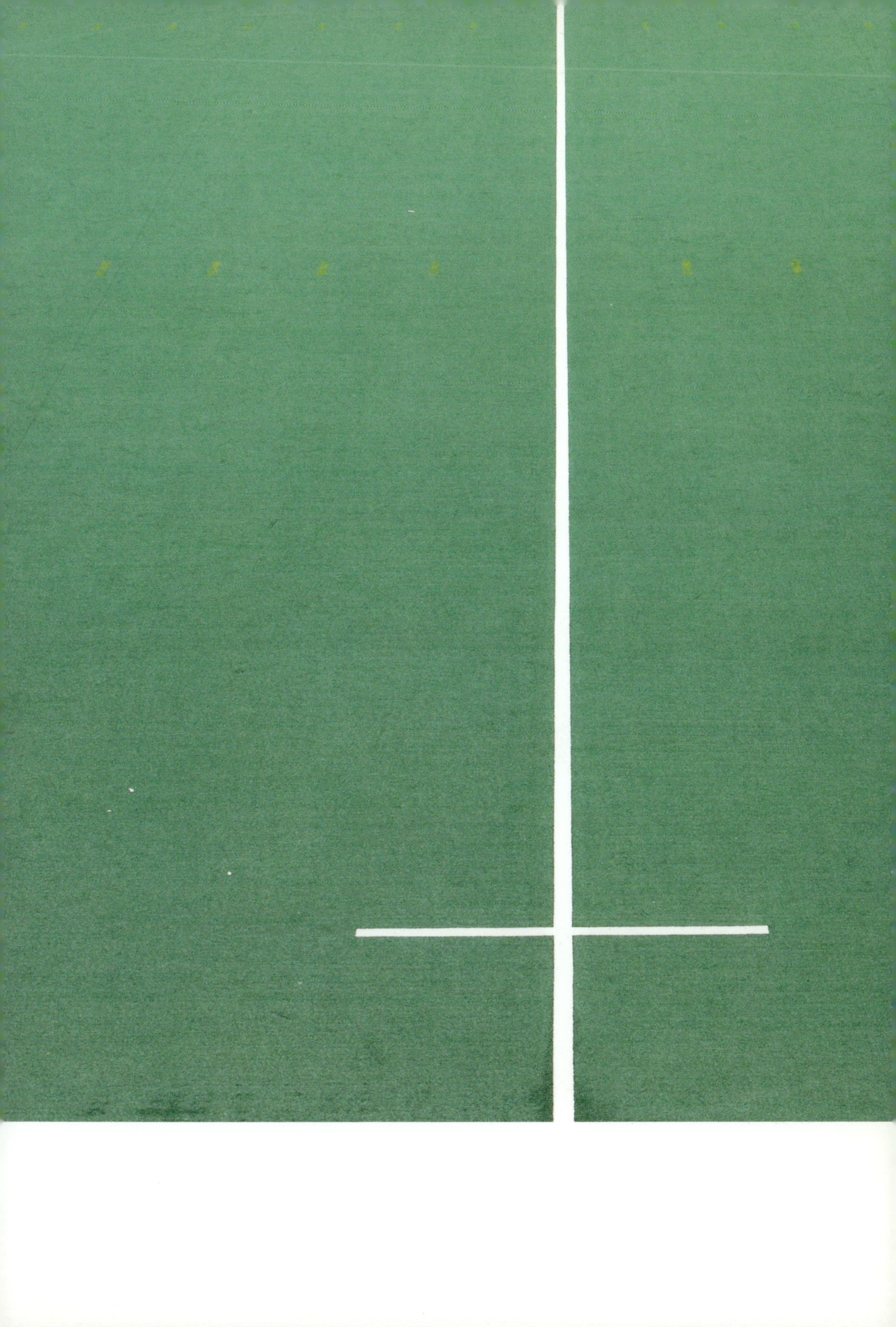

10 years, 317 sculptures

TIEN JAAR DEN HAAG
HAGUE SCULPTURE!

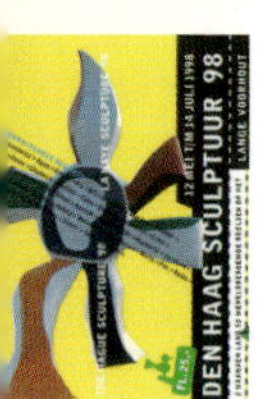
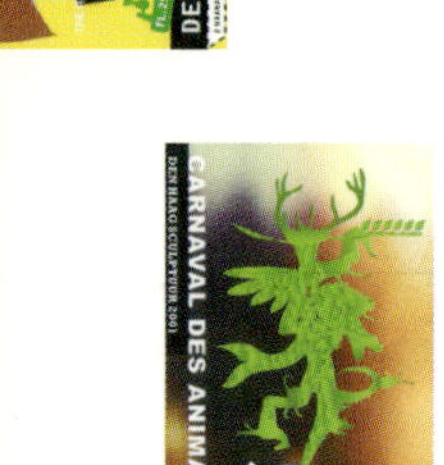
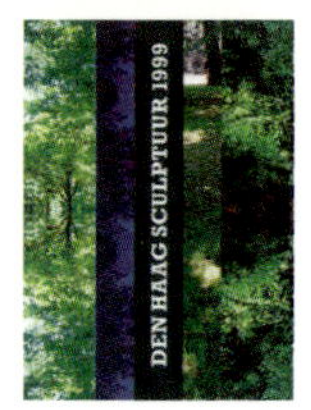
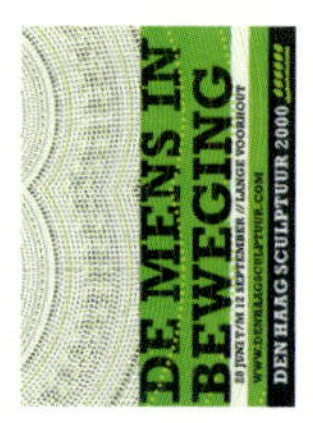
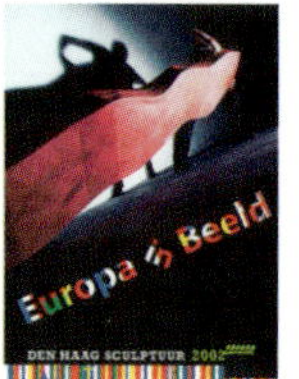
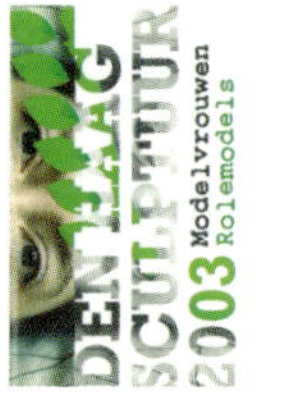
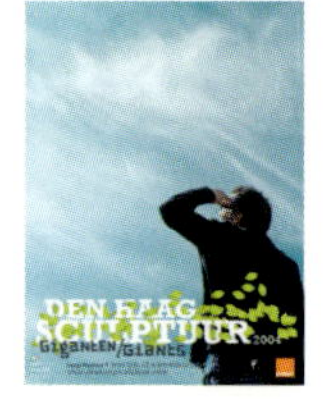
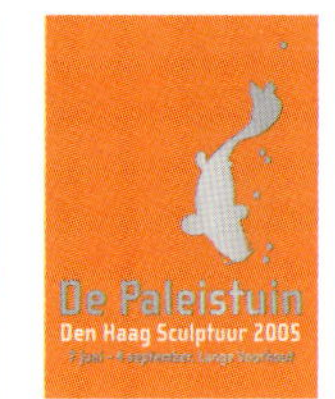
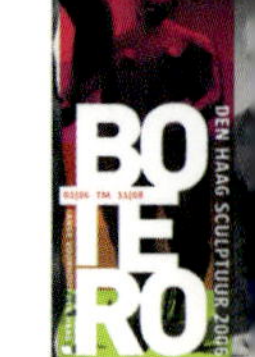

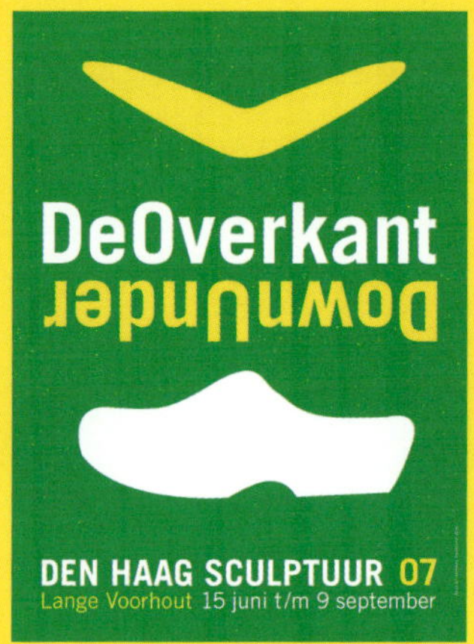

SCULPTUUR!

TEN YEARS OF THE

Wie had in 1998 kunnen dromen dat Den Haag Sculptuur haar 10 jarig jubileum in 2007 zou vieren en dat net als toen met een opening door Koningin Beatrix. Het is alweer de 4de keer dat onze Majesteit bereid is de opening te verrichten. En Prinses Máxima opende op haar beurt in 2004 onze Giganten-tentoonstelling. Deze koninklijke aandacht is uniek en onderstreept de bijzondere plaats die Den Haag Sculptuur in Nederland, Den Haag en ver daarbuiten heeft weten te veroveren. Het is een niet meer weg te denken zomers kunstevenement op het Lange Voorhout. Mensen kijken reikhalzend uit naar het moment waarop de deuren van de megaopleggers opengaan en al het moois voor die zomer uiterst voorzichtig wordt uitgeladen.

Terug naar het begin. Tijdens de viering van 750 jaar Den Haag in 1998, vanaf dag 1, ben ik bij dit evenement betrokken geweest. De eerste vier jaar als bestuurslid, toen Eric Dullaert, de initiator van Den Haag Sculptuur, directeur was. Dat waren spannende tijden. De tentoonstelling moest zich nog helemaal bewijzen. Het was dan ook van vitaal belang sponsoren, fondsen en andere bronnen van inkomsten bereid te vinden om dit initiatief te steunen. Dat lukte. Het eerste jaar was de hoofdsponsor ABNAMRO. Jaar 2 tot en met jaar 5 was het een groep van vier sponsorpartners die het evenement voor een groot deel droegen, afwisselend waren dit o.a.Dutchtone, Haagsche Courant, Philips, RABO Bank, Shell en Tiscali. De volgende drie jaar was Orange hoofdsponsor en nu alweer voor de tweede keer is de Rabobank onze hoofdsponsor. Gedurende al die jaren hebben ook veel fondsen ons ondersteund zoals Casema Cultuur Fonds, Fonds 1818, Mondriaan Stichting, Prins Bernhard Fonds, MAOC Van Bylandt Stichting, HAGIS,

Who would have dreamt back in 1998 that The Hague Sculpture would be celebrating its 10-year jubilee in 2007 and as then, opened by Queen Beatrix. This is the fourth time that our Majesty is willing to open the exhibition, and our Giants exhibition of 2004 was opened by Princess Máxima. This royal attention is unique, and underwrites the special place that The Hague Sculpture has managed to acquire in the Netherlands, The Hague and much further afield. It is no longer possible to conceive of summer in The Hague without this annual art event on the Lange Voorhout. Each year, a great many people find themselves eagerly looking forward to the moment when the doors of the mega lorries will open and the amazing artwork for the summer will be carefully unloaded.

Back to the beginning. My involvement in this event stems from day one, the celebration of The Hague's 750th anniversary in 1998. In the first four years, when Eric Dullaert, the initiator of The Hague Sculpture, was the director, I was a board member. Those were exciting times. The exhibition still had to prove its worth, and it was of vital importance to find sponsors, funds and other sources of income to finance the initiative. And we did. The first year the main sponsor was ABNAMRO. From the second to the fifth year, a different group of four sponsoring partners each year largely supported the event. These included Dutchtone, Haagsche Courant, Philips, RABO Bank, Shell and Tiscali. The following three years, Orange was the main sponsor and now, for the second consecutive year, the Rabobank. Throughout these years, we have also received

10 years DHS is 120 weeks

840 days

20 160 hours

72 576 000 seconds

Bank Nederlandse Gemeenten en vele vele bedrijven
waren bereid ons in natura te ondersteunen.
Al vrij snel waren wij overtuigd van het belang om een
hechte kring van vrienden van onze tentoonstelling op te
bouwen. Wij zijn dan ook bijzonder trots op de grote groep
bedrijven die al vele jaren vriend zijn of dat onlangs zijn
geworden.

De gemeente Den Haag is vanaf het allereerste begin
bereid geweest Den Haag Sculptuur op te nemen in
haar vierjarige cultuurplan. Zonder deze onontbeerlijke
financiële fundering van onze stichting, zou er nu geen
tienjarig jubileum gevierd kunnen worden. Het vertrouwen
van de stad Den Haag waarderen wij zeer. Wij willen alle
subsidiegevers, sponsoren en vrienden van de afgelopen
jaren heel hartelijk danken voor hun steun en vertrouwen.
Zij maken het ons mogelijk Den Haag Sculptuur ieder jaar
weer spraakmakend op de kaart te zetten. Tezamen met
het enthousiasme van de kunstenaars en de bezoekers
stimuleert dit ons om scherp en vernieuwend te blijven.

In dat prille begin van 1998 werd een succestentoonstel-
ling, *Les Champs de la Sculpture*, overgenomen uit Parijs.
De beelden op het Lange Voorhout waren meteen een
groot succes en zonder onderbreking werd vanaf toen
ieder jaar een tentoonstelling georganiseerd. En gaande-
weg ontwikkelde de organisatie van Den Haag Sculptuur
zich steeds meer tot een creatief en innovatief team dat
zelf tentoonstellingen bedacht en samenstelde. Ook dit
jaar hebben we gekozen voor een 'teasing' expositie van
belangrijke hedendaagse Australische kunstenaars.
Een spannend en uitdagend 'dessert' in aansluiting op het
succesvolle Australië-jaar 2006.
Onze speciale dank gaat ook dit jaar dan ook uit naar zijne
excellentie de ambassadeur van Australië Stephen Brady
en zijn team.

Wij verheugen ons erop om ook dit jaar onze 200.000
bezoekers, die wij jaarlijks mogen verwelkomen, een
mooie culturele dag in Den Haag te bezorgen.

Maya Meijer-Bergmans
Directeur Den Haag Sculptuur

financing from many other funds such as Casema
Cultuur Fonds, Fonds 1818, Mondriaan Stichting, Prins
Bernhard Fonds, MAOC Van Bylandt Stichting, HAGIS,
Bank Nederlandse Gemeenten and a great many com-
panies were prepared to support us in kind.
We were quickly convinced of the importance of buil-
ding up a close circle of friends of our exhibition, and
are consequently particularly proud of the large group
of companies that have been friends for years, or have
recently become friends.

From the very beginning, the Hague municipality was
prepared to include The Hague Sculpture in its four-
year cultural plan. Without this indispensable financial
support for our foundation, we would not be celebrating
our 10-year jubilee today. We greatly appreciate the
trust of the city of The Hague in us. We wish to extend
our heartfelt thanks to all subsidizers, sponsors and
friends of the past years for their support and confi-
dence in us. They enable us to make The Hague Sculp-
ture the high-profile event that it is each year. Together
with the enthusiasm of the artists and the visitors, this
stimulates us to remain keen and innovative.

In those early days of 1998, we acquired the successful
exhibition of Les Champs de la Sculpture from Paris.
The sculptures on the Lange Voorhout were immediately
a great success and from then on, without interruption,
an exhibition was organized each year. Gradually, the
organization of The Hague Sculpture developed into
a creative and innovative team which thought up and
compiled exhibitions itself. This year too, we have op-
ted for a 'teasing' exposition of important contemporary
Australian artists. An exciting and challenging 'dessert'
linking up to the successful Australia year in 2006.
We lastly wish to extend our special thanks this year
to his Excellency the Ambassador of Australia Stephen
Brady and his team.

As in previous years, we are very much looking forward
to treating the 200,000 visitors we receive each year to
a great cultural day out in The Hague.

Maya Meijer-Bergmans
Directeur of The Hague Sculpture

CHAMPS DE LA SCULPTURE
1998

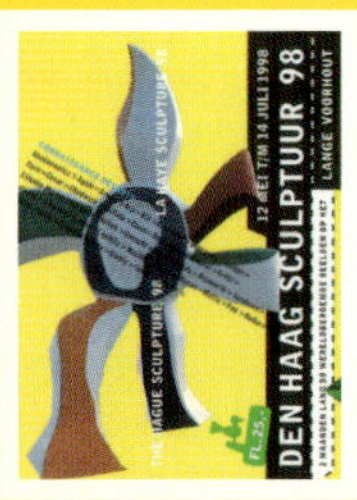

DEN HAAG SCULPTUUR 1998: De viering van het 750-jarig bestaan van Den Haag was de aanleiding voor de eerste aflevering van Den Haag Sculptuur. De tentoonstelling werd gerealiseerd in samenwerking met Paris Musées, dat in 1996 de eerste 'Champs de la Sculpture' organiseerde, een grote beeldententoonstelling op de Champs Elysées met werk van beroemde beeldhouwers.

The very first exhibition of THE HAGUE SCULPTURE was held in connection with the celebration of the 750th anniversary of the city of The Hague. The exhibition was realised in cooperation with Paris Musées, that organised the first 'Champs de la Sculpture' in 1996, a large exhibition of sculptures held on the Champs Elysées with works of famous sculptors

Magdalena Abakanowitz	Etienne Hajou
Yaacov Agam	Barbara Hepworth
Arman	Robert Jacobsen
Jean Arp	Les Lalanne
Max Bill	Fernand Léger
Emile-Antoine Bourdelle	Henry Laurens
Louise Bourgeois	Jacques Lipschitz
Alexander Calder	Aristide Maillol
Anthony Caro	Marino Marini
César	Raymond Mason
Lynn Chadwick	Roberto Matta
Edouardo Chillida	Sir Henry Moore
Antoni Clavé	Marta Pan
Eugene Dodeigne	Auguste Rodin
Jean Dubuffet	Auguste Rodin
Max Ernst	Niki Saint-Phalle
Etienne-Martin	Nicolas Schoffer
Pablo Gargallo	Jesus Raphael Soto
Emile Gilioli	François Stahly
Roland Goeschl	Vassilakis Takis
Julio Gonzalez	Jean Tinguely
Eric Grate	Ossip Zadkine

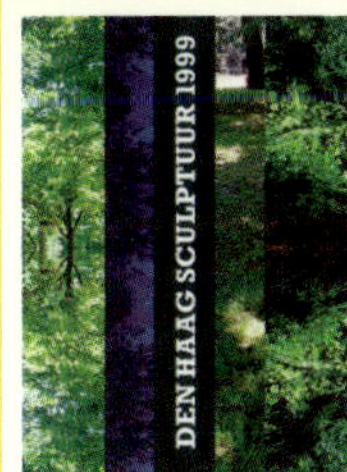

1999

FIFTY YEARS OF BRITISH SCULPTURE IN THE HAGUE

Het succes van Den Haag Sculptuur 1998 leidde ertoe dat de Gemeente Den Haag een voortzetting van het initiatief wenste. Met een financiële bijdrage van de Gemeente en in samenwerking met de Britsh Council werd in korte tijd een overzichtsten-toonstelling samengesteld van Britse beeldhouwkunst van na 1945.

The success of THE HAGUE SCULPTURE 1998 prompted the Municipality of The Hague to offer its partnership in order to ensure the continuation of the initiative. Due to a financial contribution from the Municipality and in cooperation with the British Council, an overview exhibition of British sculpture dating from 1945 was put together in a short time.

Edward Allington
David Annesly
Kenneth Armitage
Anthony Caro
Lynn Chadwick
Adam Colton
Tony Cragg
John Davies
Ian Hamilton Finley
Dame Elisabeth Frink
Andy Goldsworthy
Antony Gormley
Davey Grenville
Maggi Hambling
Dame Barbara Hepworth
Mark Hosking
Anish Kapoor
Philip King
David Mach
Sir Henry Moore
Julian Opie
Patrick O'Reilly
Sir Eduardo Paolozzi
Sophie Ryder
Michael Sandle
Alison Wilding

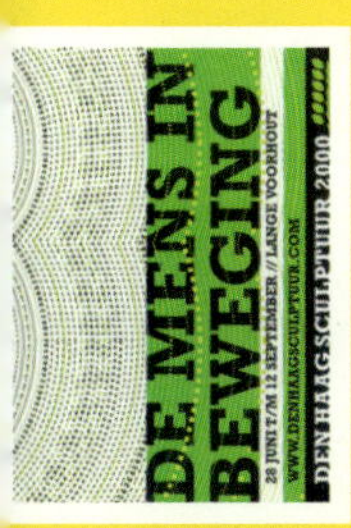

2000 DE MENS IN BEWEGING

Magdalena Abakanowitz
Karel Appel
Arman (Armand Fernandez)
Armando
Hasn (Jean) ARP
Zadok Ben-David
Hans van Bentem
Emile-Antoine Bourdelle
Grisha Bruskin
César (César Baldaccini)
Lynn Chadwick
Mauro Corda

Wessel Couzijn
Pablo Gargallo
Keith Haring
Ewerdt Hilgemann
Jean-Robert Ipousteguy
Huub Kortekaas
Fransisco Leiro
Jacques Lipschitz
David Mach
Aristide Maillol
Patrick Mimran
Ju Ming
Patrick O'Reilly
Germaine Richier
Auguste Rodin

Steef Roothaan
Niki Saint-Phalle
Theo Schepens
George Segal
Elisabeth Stienstra
Shinkichi Tajiri
Tomek (Tomasz Kawiak)
Henk Visch
Leo de Vries
Diet Wiegman
A-Sun Wu
Chen Yifei
Ossip Zadkine

De derde editie van Den Haag Sculptuur bracht een succesvolle tentoonstelling, DE MENS IN BEWEGING, die dat voorjaar in het Palais Royale te zien was geweest met nieuwe Nederlandse inbreng.

The third edition of The Hague Sculpture presented a succesfull Parisian exhibition, MAN IN MOTION, that ran in the Palais Royale that spring together with additional sculptures from Dutch artists.

De tentoonstelling liet beelden zien waarin het dier en zijn relatie met de mens centraal stonden. In het Atrium van het stadhuis werd de reusachtige 'Maman' van Louise Bourgeois tentoongesteld.

The exhibition presented sculptures that focused on the theme animals and the relationship of humans with animals. In the Atrium of the city-hall, the colossal 'Maman' by Louise Bourgeois was exhibited.

Magdalena Abakanowitz
Ivor Abrahams
Vojin Bakic
Zadok Ben-David
Hans van Bentem
Philippe Berry
Louise Bourgeois
Jackie Bouw
Mark Brusse
Alexander Calder
César (César Baldaccini)
Lynn Chadwick
Tom Claassen
Guido Geelen
Wessel Couzijn
Steven Gregory

Henry Heerup
Axel en Helena van der Kraan
Claude Lalanne
François-Xavier Lalanne
David Mach
Patrick O'Reilly
Michale Payeur
François Pompon
Sean Read
Reinhoud
Sophie Ryder
Henk Visch
Ossip Zadkine

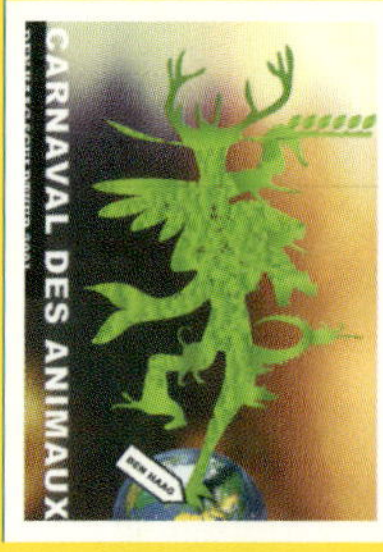

2001

CARNAVAL DES ANIMAUX

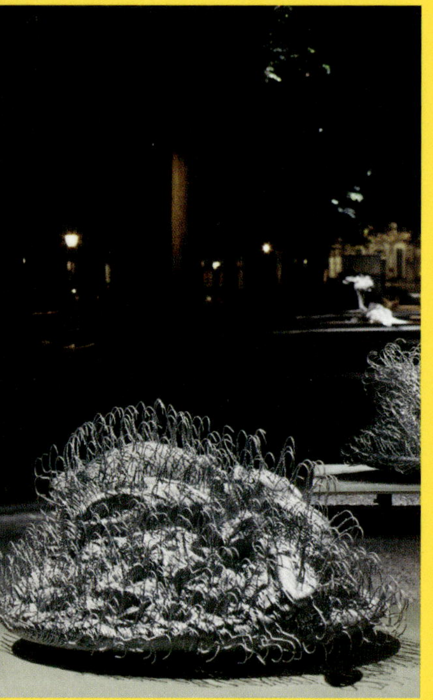

David Mach

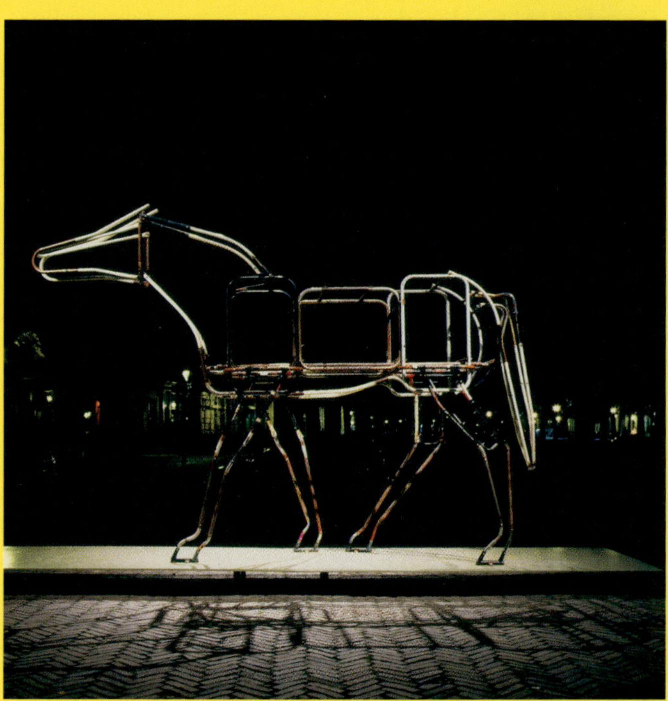

Axel en Helena van der Kraan

2002

EUROPA IN BEELD
mythe & realiteit

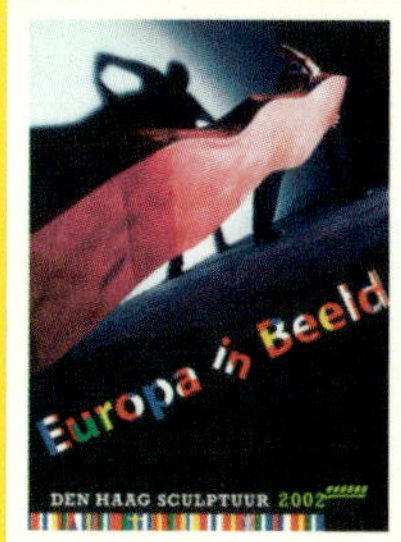

Een nieuw team organiseerde de lustrum-tentoonstelling *Europa in Beeld, Mythe & Realiteit*. Het thema sloot aan bij de grote aandacht voor de eenwording van Europa. Uit alle vijftien lidstaten van de Europese Unie lieten gerenommeerde beeldhouwers naast aanstormend talent hun Europese roots zien. Klassiekers en hedendaagse kunstwerken confronteerden de bezoeker speels met de vraag of de klassieke Griekse mythe over de koningsdochter Europa (in de gedaante van een witte stier), die door Zeus geschaakt werd, nog steeds als een metafoor gezien kan worden voor de fascinerende aantrekkingskracht van aantrekken en afstoten in het eenwordingsproces van het huidige Europa. Voor het eerst ook werd er door Den Haag Sculptuur een Den Haag Sculptuur-prijs ingesteld. Vijf jonge kunstenaars kregen de opdracht met een nieuw werk een prikkelende invulling te geven aan het thema: *Living in Europe / European living.*

A new team organised the fifth edition of The Hague Sculpture: Europe's Image, Myth and Reality. The theme related to the intense focus on the unification of Europe. Well-known sculptors and fresh and upcoming talent from all fifteen member states of the European Union showed their European roots. Classics and contemporary works of art confronted visitors in a playful manner with the question of whether the classical Greek myth on the king's daughter Europe (in the form of a white bull), who was abducted by Zeus can still be seen as a metaphor for the fascinating appeal of attraction and repulsion in the unification process of contemporary Europe. For the first time, a prize was created by The Hague Sculpture. Five young artists were asked to create a new work inspired by the theme: Living in Europe / European living.

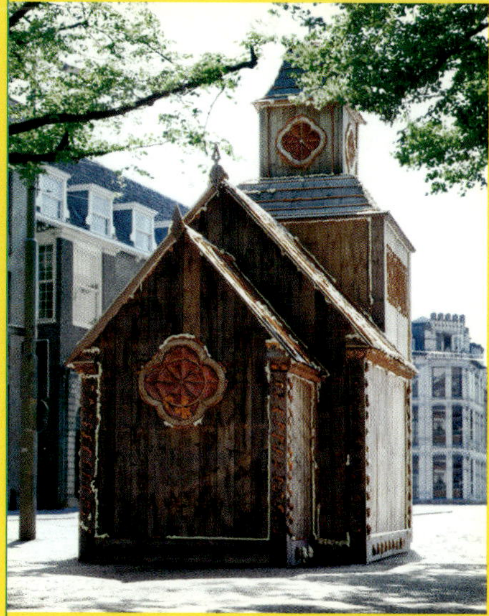

Peter Johansson

Gordana Andelic-Galic
Armando (Herman Dirk van Dodeweerd)
Atelier van Lieshout
Anton Cotteleer
Apel'les Fenosa
Barry Flanagan
Bruno Gironcoli
Chantal Grard
George Grard
José de Guimaraes
Karl Hartung
Tomas Hoke
Alfred Hrdlicka
Peter Johansson
Allen Jones
Hans Josephsohn
Remy Jungerman
Per Kirkeby
Carel Kneulman
Jean Bernard Koeman
Claude Lalanne
Herman Lamers
Christian Lemmerz
Eriz Liot
Dimas Macedo
Aristide Maillol
Xavier Mascaró
Carl Milles
Alessandro Montalbano
Petra Morenzi
Juan Munoc
Jan van Munster
Nadia Naveau
Jaakko Niemelä
Piia Ollikka
Patrick O'Reilly
A.R. Penck
Thomas Schütte
Bert Theis
Manolo Valdés
Sophia Vari
Simona Vergani
Franz West

Winnaars van Den Haag Sculptuur Orange Award /
Winners of the The Hague Sculpture Orange Award 2002:
Anton Cotteleer, Living; Remy Jungerman, B-Station, flattened Tiad Force 2002, Piia Ollikka, Drifting Space

Winnaar van Haagsche Courant Publieksprijs /
Winner of the Haagsche Courant Public's Choice Award 2002:
Piia Ollikka, Drifting Space

David Bade
Anne Benrais
Hans van Bentem
Natasja Boezem
Fernando Botero
Emile-Antoine Bourdelle
Berlinde de Bruyckere
Camille Claudel
Mauro Corda
Robert Couturier
Salvador Dali
Willy (W.J.P.) van den Dorpe
Maité Duval

Antonio de Felipe
Maja van Hall
Karl Hartung
Allen Jones
Rotraut Klein-Moguay
Axel en Helena van der Kraan
Julio Larraz
Aristide Maillol
Marino Marini
Carmén Mariscal
Elske Neus
Charlotte van Palland
Pierre Auguste Renoir

Paul de Reus
Carla Rutgers
Niki Saint-Phalle
Francine Secretan
Daniel (Heilstein) Spoerri
Arthur Spronken
Henk Visch
Ludwig Oswald Wenckebach
Diet Wiegman
Hartmut Wilkening
Rik (Hendrik Emiel) Wouters

2003

MODELVROUWEN
ROLE-MODELS

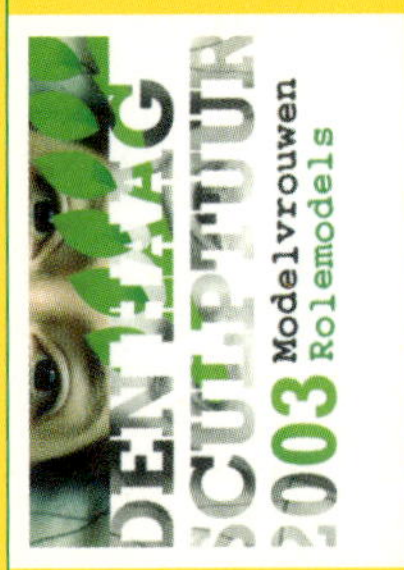

Den Haag Sculptuur vestigde in 2003 de aandacht op het beeld van de vrouw in de beeldhouwkunst van de stormachtige vorige eeuw, een eeuw waarin de positie van vrouwen spectaculair veranderde; *Modelvrouwen / Role-models* liet een prikkelend overzicht zien van hoe kunstenaars gestalte gaven aan de Vrouw en vrouwen in de 20-ste eeuw.
Zeven kunstenaars een opdracht voor het maken van een kunstwerk op locatie met een thema dat aansluit op het hoofdthema: *PYGMALION*. In navolging van de klassieke Griekse mythe over koning en beeldhouwer Pygmalion, die zijn ideale vrouw in de echte wereld niet kon vinden en de goden te hulp riep om zijn eigenhandig gemaakte, volmaakte vrouwenbeeld leven in te blazen, werden zij uitgenodigd hun ideale vrouwbeeld oftewel een visie op de ideale vrouw voor de 21-ste eeuw te creëren.

In 2003, The Hague Sculpture wishes to draw attention to the image of women in the sculpting art of the stormy 20th century in which the position of women changed so spectacularly; ROLE-MODELS tried to provide a survey of the different ways in which artists created and saw women in the 20th century.
Seven artists were invited to create a work of art on site, on a theme in connection with the main theme: PYGMALION. They created their ideal of womanhood, or in fact their 2003 vision of the ideal woman for the 21st century, after the example of sculptor king Pygmalion in the classical Greek myth, who, unable to find his ideal woman in the real world, asked the Gods to help him blow life into the woman he had woman he created and fallen in love with.

Winnaar Den Haag Sculptuur Orange Award / Winner of the The Hague Sculpture Orange Award 2003: Berlinde De Bruyckere, Hanne
Winnaar Haagsche Courant Publieksprijs / Winner of the Haagsche Courant Public's Choice Award 2003: Oswald Wenckebach, Wicht

In 2004 nam Nederland in de tweede helft van het jaar het voorzitter-schap van de EU op zich in een jaar dat de EU een belangrijke, nieuwe, gigantische sprong voorwaarts maakte naar één groot Europa. Maar liefst tien landen traden toe tot de EU. De Europese Giganten van Den Haag Sculptuur lieten een interessante afspiegeling zien van het gevarieerde kunstklimaat in de 25 verschillende landen. Met spraakmakers op stand kon de *Giganten / Giants*-tentoonstelling dan ook zondermeer dienen als een mooie metafoor voor een nieuw Europa in wording.

Verrassend was de inbreng van de nieuwe junior-lidstaten aan de Giganten-tentoonstelling van Den Haag Sculptuur 2004. Den Haag Sculptuur nodigde een jong talent uit alle nieuwe 10 EU-lidstaten uit om een werk te maken met een motto dat aansluit op het Europese streven naar internationale vrede en rechtvaardigheid: *Art the Great Communicator*.

*In the second half of the year, the Netherlands took the chair of the European Union, in itself in a year in which the EU made an important, new gigantic leap forwards toward one grand Europe.
A total of ten countries joined the EU. The European Giants of The Hague Sculpture consequently gave an interesting reflection of the varied art climate in the 25 various countries.
The contribution of the new junior member states to the Giants exhibition of The Hague Sculpture 2004 definitely be surprised. The Hague Sculpture invited young talent from all the ten new EU member states to create a work of art with a motto that links up to the European pursuit of international peace and justice: Art the Great Communicator.*

2004

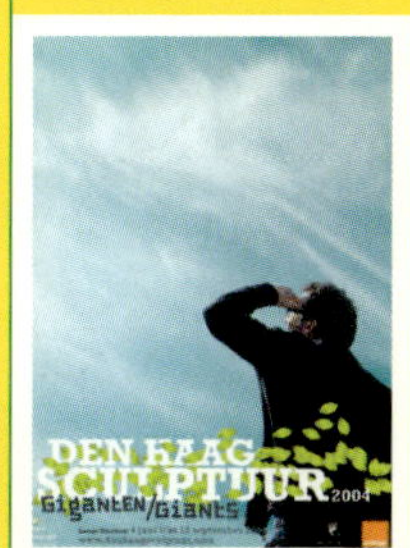

*Winnaar Den Haag Sculptuur ORANGE Award 2004 / Winner of the The Hague Sculpture Orange Award 2004: Little Warsaw,: Deserted Memorial (work in progress)
Winnaar Haagsche Courant Publieksprijs 2004 / Winner of the Haagsche Courant Public's Choice Award 2004: Kaarina Kaikkonen, In the Darkness*

GIGANTEN

Europese Spraakmakers

Stephan Balkenhol
Esther Bruggink
Pedro Cabrita Reis
Nikos Charalambidis
Anton Cierny
Tom Claassen
Wim Delvoye
FA+, Ingrid Falk and
  Gustavo Aguerre
Malachi Farrell
Kristaps Gelzis
Bruno Gironcoli
Antony Gormley
Gerard Groenewoud en
  Tilly Buij
Juriaan van Hall
Damien Hirst
Florence Hoffmann
Berry Holslag
Donatas Jankauskas
Kaarina Kaikkonen
Kirke Kangro
George Lappas

Fransisco Leiro
Little Warsaw, Bálint
  Havas en András Gálik
Hannes Ludescher
Björn Nörgaard
Guiseppe Penone
Tobias Putrih
Jean-Pierre Raynaud
Monika Sosnowska
Johan Tahon
Raphael Vella
Katerina Vincourova
Henk Visch

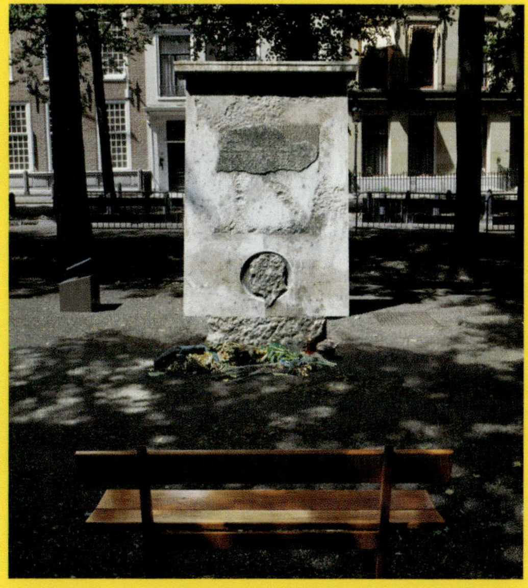

Little Warsaw, Bálint Havas en András Gálik

2005

DE PALEISTUIN Hedendaagse Nederlandse Beeldhouwkunst

Karel Appel
Karin Arink
Gijs Assman
Erzsébeth Baerveldt
Elena Beelaerts
Sjoerd Buisman
Nelson Carrilho
Tom Claassen
Wessel Couzijn
Annelies Dijkman
Fotuyn/O'Brien
 (Irene Droogleever Fortuyn)
Dylan Graham
Gerard Groenewoud en Tilly Buij

Folkert de Jong
Krijn de Koning
John Körmeling
Axel en Helena van der Kraan
Helgi Kristinsson
Joep van Lieshout
Erik de Lyon
Soheila Majand
Petra van Noort
Erik Olofsen
Selma van Panhuis, Ditte de
 Neef, Helgi Kristinsson
Thom Puckey
Maria Roosen

Marc Ruygrok
Joseph Semah
Eja Siepman-van den Berg
William Speakman
Elisabeth Stienstra
Shinkichi Tajiri
Peer Veneman
Henk Visch
Karel Visser
André Volten
Auke de Vries
Hulya Yilmaz

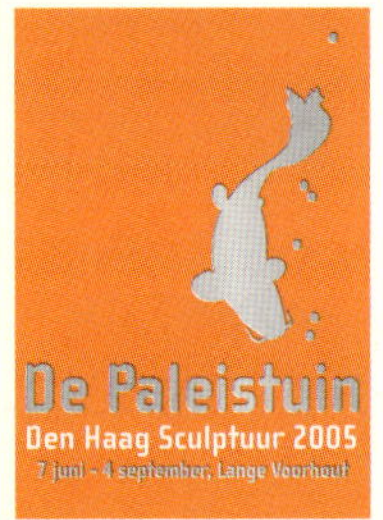

De tentoonstelling *DE PALEISTUIN* concentreert zich in het kader van het Zilveren Regeringsjubileum van Koningin Beatrix op de culturele rijkdom die de Nederlandse samenleving biedt op het gebied van (beeldhouw)kunst in de openbare ruimte. In het begrip 'tuin' ontmoeten high & low cultuur elkaar op een natuurlijke manier. Tien kunstenaars kregen de kans een kunstwerk in opdracht te maken met als speciaal tuinthema: *FOLLIES*.

The exhibition THE PALACE GARDEN focuses on the cultural wealth afforded by Dutch society in the area of art, specifically sculpture, in the public space. In the concept of the 'garden', high & low culture converge naturally. Ten artists created a special new work for the exhibition with the garden theme FOLLIES.

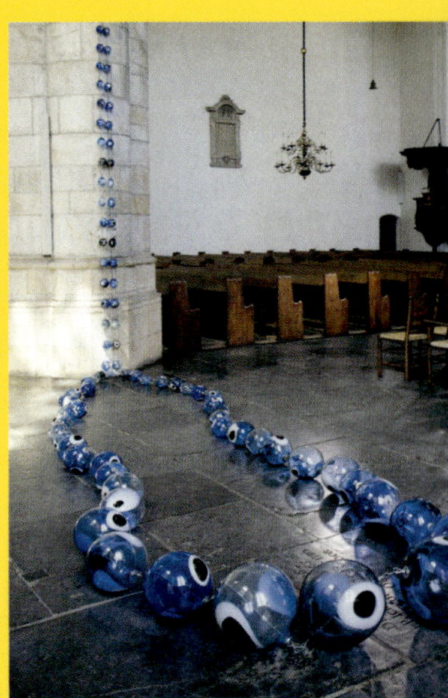

Maria Roosen

Winnaar Den Haag Sculptuur Orange Award 2005 / Winner of the The Hague Sculpture Award 2005: Folkert de Jong, Kings & Queens
Winnaar Haagsche Courant Publieksprijs 2005 / Winner of the Haagsche Courant Public's Choice Award: Axel & Helena van der Kraan, Het schillenpaard van de Schilderswijk

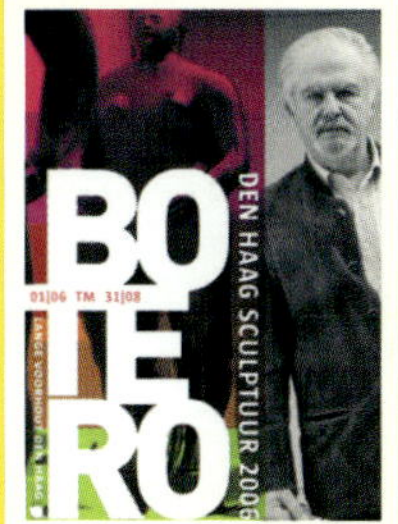

Den Haag Sculptuur brengt in 2006 een echte internationale publiekstrekker, grote nieuwe beelden van de Colombiaanse schilder/beeldhouwer Fernando Botero (1932) op de lange as van het Lange Voorhout.

In 2006, The Hague Sculpture organises an international crowd-puller consisting of large new sculptures by the Colombian painter/sculptor Fernando Botero (1932) that were exhibited on the long stretch of the Lange Voorhout.

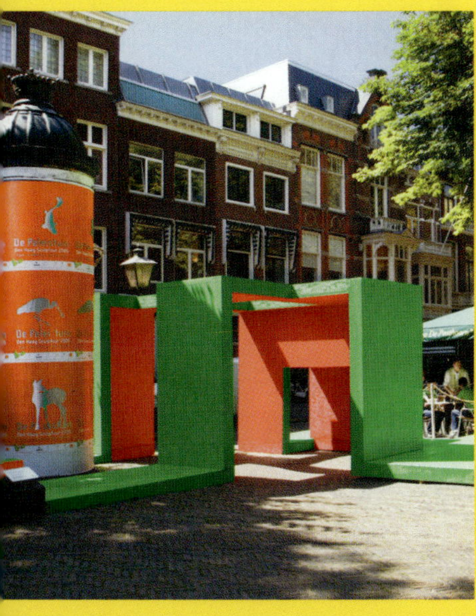

ijn de Koning

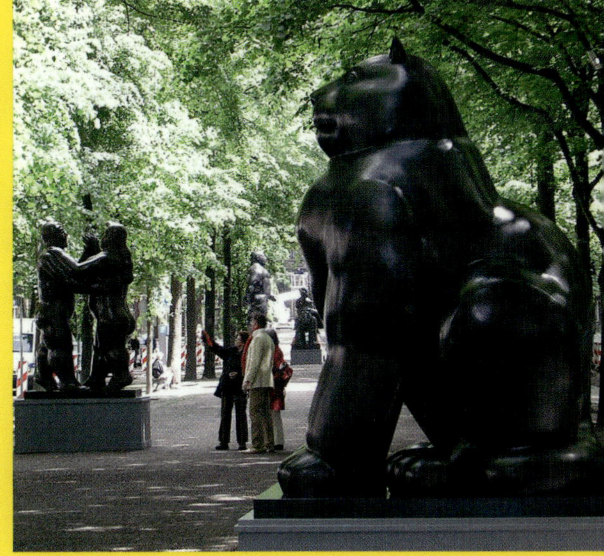

52° 4' 57" N
4° 18' 47" E

131° 02' 05" E
25° 20' 36" S

VAN *DAAR* NAAR *HIER*

MARIE JEANNE DE ROOIJ

Bijna twee jaar geleden werd het idee geboren om op het Lange Voorhout werk van kunstenaars uit Australië tentoon te stellen. Met wat creatief denken *hier* in Nederland & daar *down under* was er immers in 2006 een grote viering gepland van vierhonderd jaar contact tussen het Australische continent en Nederland. Willem Janszoon, kapitein van het VOC-schip *De Duyfken*, had in 1606 daar kort voet aan land gezet en dat markeerde een belangrijke symbolische mijlpaal, zoiets als het planten van de Amerikaanse vlag op de maan in 1969. Op de maan bleef het afgezien van wat wetenschappelijke verkenningen bij die symbolische daad zonder dat er tot exploitatie en bewoning door de 'ontdekkers' werd overgegaan. Wat niet gebeurde op de maan (het is ook niet waarschijnlijk dat we dat op korte termijn gaan meemaken), gebeurde ook niet in die bijna 200 jaar na 1606. Pas in 1788 landde de *first fleet* van onze Engelse overburen met een overmoedige, wat naïeve en zeker achteraf bezien bedenkelijke kolonisatiestrategie om van Australië een gevangeniskolonie te maken, aan op de 'verlaten' kust van het huidige Sydney.

Onze Den Haag Sculptuur tentoonstelling wilde aanvankelijk op die verre vriendschap in 2006 al mooi cultureel inhaken, maar de tijd bleek te kort (krap negen maanden) om een *dergelijke* ambitieuze *down under* tentoonstelling te organiseren voor de zomer van 2006. Maar net als al die eeuwen terug was het lonkende ver weg vooruitzicht zo verleidelijk, dat na die eerste schreden het avontuur om verder uit te varen op zoek naar artistiek avontuur in een hele andere tijdzone, ons niet meer los liet en we keerden niet op onze schreden terug, maar zetten onze ontdekkingstocht naar kunst afkomstig van het kleinste continent voort. Het resultaat is DE OVERKANT / DOWN UNDER, een tentoonstelling over de verrassingen en ontdekkingen die je tegenkomt als je een lange reis maakt. Over hoe je door zo'n reis of je nu wilt of niet gedwongen wordt opnieuw je eigen omgeving in kaart te brengen en er met nog een extra paar nieuwe ogen van die onbekende ander naar te kijken.

From over THERE to over HERE
Almost two years ago, the idea was conceived to exhibit work of artists from Australia on the Lange Voorhout. The plan was to combine it, with a little creative thinking here in the Netherlands & there down under, with the large-scale celebration to take place in 2006 on account of four hundred years of contact between Australia and the Netherlands. In 1606, Willem Janszoon, captain of the VOC ship De Duyfken, had briefly disembarked there and this had marked an important symbolic milestone, comparable with the planting of the American flag on the moon in 1969. On the moon, apart from a little scientific exploration, activity was limited to this symbolic act, with the explorers showing no signs of wishing to exploit or inhabit the celestial body. What did not take place on the moon (and it is improbable that it will in the near future), also failed to take place for almost 200 years following 1606. Only in 1788 did the first fleet of our English neighbours set ashore on the 'undeveloped' coast of what is currently known as Sydney, armed with a reckless, somewhat naive and in retrospect questionable colonial strategy to turn Australia into a prison colony.

Initially, The Hague Sculpture aimed to culturally capitalize on the far-flung friendship between the two countries in 2006, but there was not enough time (nine months would have been very tight) to organize such an ambitious down under exhibition before the summer of 2006. However, as centuries before, distant future prospects called us so seductively that   after the first few steps had been taken, the desire to put out to sea in search of artistic adventure in a totally different time zone refused to leave us. Instead of retracing our footsteps, we therefore continued our voyage of discovery for art from the smallest continent unabated. The result is DE OVERKANT / DOWN UNDER, an exhibition on surprises and discoveries encountered on a long voyage. On how whether desirable or otherwise,

Dat verlangen om op ontdekkingsreis te gaan en nieuw land te verkennen, is van alle tijden en als iets ons als mens op weg èn vooruit helpt, dan is het wel die onbedwingbare nieuwsgierigheid naar de ander en het onbekende. De *overkant* wenkt. Altijd. Hoe verder weg die overkant hoe groter het verlangen. Maar ook hoe groter de afstand hoe enger om dat verlangen recht in de ogen te kijken en daadwerkelijk op reis te gaan. Het ontdekken van het nieuwe, het onbekende gebied werd (de klassieke ontdekkingsreiziger) en wordt (de astronaut) dan ook meestal overgelaten aan de durfals, dat speciale type van vooruitgestuurde verkenners, die naast dat alledaagse, tamelijk ongevaarlijke verlangen ook die ontoombare zucht naar avontuur in zich herbergen. Zo avontuurlijk inclusief levensbedreigende ontberingen (scheurbuik, ruimteziekte) gaat het er in de kunstwereld natuurlijk niet (meer) aan toe; als er gereisd wordt – en er wordt veel afgereisd door kunstenaars en tentoonstellingsmakers – dan is de reis naar een ver oord meestal niet echt comfortabel, maar het blijft bij de gebruikelijke lange reis ongemakken en een - ondanks de ellende - aangenaam soort 'afzien' dat je geest scherp houdt en je pas op weg naar je doel alert houdt.

De meeste verre reizen op zoek naar avontuur in kunst, spelen zich tegenwoordig gewoon binnen de flexibele kantoortijden af op de digitale snelweg. Daar begint de reis en wordt de kunstenaar vooraf (of achteraf) gedubbelcheckt. Maar toch. Er zal altijd ook fysiek gereisd moeten worden, want na research hier dient al dat uitgestelde verlangen naar dat moois daar ook uiteindelijk *hier* uitgesteld te worden. En dan begint het echte avontuur. Misschien is het al zo vaak ingezette dichterlijke Elsschot-citaat, *'want tussen droom en daad staan wetten in de weg en praktische bezwaren'* in deze Australische-Nederlandse context zelden zo op zijn plaats geweest. De droom wordt weliswaar daar nog probleemloos en compact ingepakt, maar de praktische bezwaren zullen zich onvermijdelijk *hier* ontvouwen. Een tentoonstelling over kunst van nu die drie maanden en liefst zoveel mogelijk buiten te zien moet zijn, dat vergt onvermijdelijk pragmatische aanpassingen in de keuze en de presentatie van de kunstwerken. Volume, materiaal, zeggingskracht die de ruis van de buitenruimte aankan. Meer dan alleen maar mooi, spannend, spraakmakend, anders moet het zijn; wat van daar komt, moet naar *hier* goed en veilig (en ook betaalbaar) vervoerbaar zijn, of opnieuw op te bouwen zijn of misschien zelfs in een speciale Den Haag Sculptuur-versie hier gemaakt kunnen worden of een nieuw werk zijn helemaal afgestemd op het thema en de locatie van de tentoonstelling. Al die afwegingen spelen mee en zijn te traceren in de werken en kunstenaars die gekozen zijn.

such a voyage forces you to map your own environment and to view it through an extra pair of new eyes of those unknown others.

That desire to set out on a voyage of discovery and discover new territory is of all times and if there is anything that stimulates us as human beings to move forward on our journeys through life it is our indomitable curiosity for the other and the unknown. The other side beckons. Always. The further away it is, the greater the desire. However, the greater the distance, the more scary it is to look that desire straight in the eye and actually set out on that voyage. The discovery of new, unknown territory is therefore generally left to the daredevils of each age (the classical explorer and the astronaut respectively) - those special types of revolutionary explorers, who besides a commonplace, rather innocuous desire to experience the unknown also carry an irrepressible craving for adventure within. Such adventurism complete with disease and distress (scurvy, space sickness) is naturally no longer required in the art world, and perhaps it never was; the journeys undertaken (and both artists and exhibition makers do their fair bit of traveling), especially those to far-flung destinations, are generally not particularly comfortable, but nevertheless limited to the usual inconveniences inherent in long journeys and in spite of the discomfort, a sweet sort of 'suffering' that keeps your mind keen and your pace brisk to reach your goal.

Today, most distant voyages in search of adventure in art take place in flexible office hours on the digital highway, This is where the voyage begins and where the artist is double checked in advance or later as the case may be. However, physical journeying will always have to take place, as following research here, all that delayed desire for the beauty to be found there will eventually have to be exposed here. This is where the real adventure begins. It may well be that the frequently used poetical quote by Elsschot: 'for laws and practical objections stand between dreams and deeds' has never been so appropriate as in this Australian-Dutch context. Although the dream may be able to be compactly packaged without any problems there, any practical objections will inevitably unfold here. An exhibition about contemporary art to be viewed for a period of three months, as far as possible outdoors, inevitably demands practical adaptation with regard to the choice and the presentation of the works of art: volume, material, power of expression

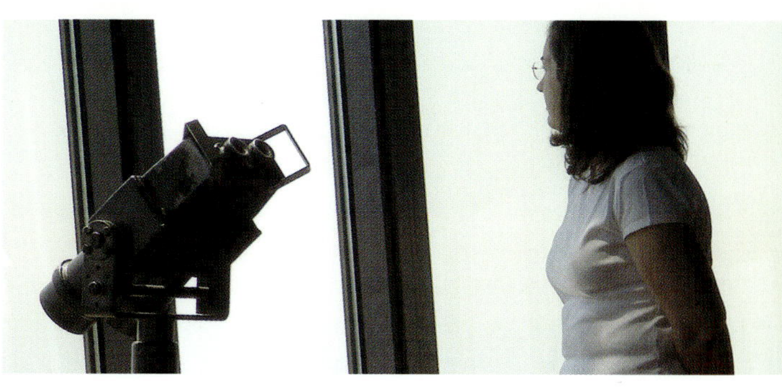

Reizen heeft de afgelopen decennia letterlijk en figuurlijk een grote vlucht genomen en de planeet 'klein' gemaakt. Maar het verlangen naar avontuur en verre onbekende oorden op diezelfde soms zo overzichtelijk lijkende aardbol is gebleven. Alles lijkt ontdekt en toch is niets wat het lijkt. Dat geldt voor fysiek reizen, maar ook voor op ontdekkingreis gaan in de kunst. Australië is hiervan een mooi voorbeeld. Met avontuur volgens het boekje zit je op dit eiland-continent helemaal goed. Er is natuur in alle smaken, de zon schijnt (altijd), er zijn grote steden met alle wereldse genoegens, en de ander is er in alle variëteiten; met Europese roots, Aziatische roots, Aboriginal roots. Voor elk wat wils. Het is beschreven en bekeken door vele cultuur(voor)gangers. Maar blijkbaar niet datgene wat je ziet als je zelf in Sydney op straat opkijkt van je reisgids wachtend op een taxi naar een op kantoor geplande culturele bestemming. Want niet het andere of de ander kom je tegen maar jezelf in een ander tijd & ruimte-plaatje.

Want de echte eye-opener voor de *'mapping the system'*-ondertoon van de tentoonstelling in wording – en dat voor iemand die liever zou willen volhouden dat reizen in je eigen hoofd en binnen de vierkante meters van je eigen huis net zo diepgravend, ontregelend en betekenisvol kan zijn en beter (ook voor het milieu) dan het modehype-hijgerige kunst-globetrotten van de laatste jaren -, was toch de confrontatie met die vierkante meters daar, die ontegenzeggelijk anders zijn, anders aanvoelen en andere emoties genereren dan elke vierkante meter *hier*. Ander licht, ander bioritme, andere plaatsbepalingen, en dat laatste vooral kwam binnenstromen op reis *down under*. In het Westen, in Europa en in Nederland zijn er weliswaar heel veel verschillende vormen om met de ruimte om te gaan, maar het principe van toe-eigening ligt vast verankerd in onze cultuur: bezit is de graadmeter. Dat principe is indertijd door de Engelse kolonisten als vanzelfsprekend meegenomen en dat is daar net zo zichtbaar als bij ons - soms nog iets ongeremder zelfs dan *hier*, maar zelfs tijdens een kort bezoek van enkele weken dwingt die toe-

that can cope with the noise of the outside space. It has to be more than attractive, exciting, high profile – it has to be different. What comes from there has to be able to be transported properly, safely (and affordably) here, or to be reconstructed or perhaps even converted into a special Hague Sculpture version here or must be a new work completely geared to the theme and the location of the exhibition. All these considerations play a role and can be traced in the works and artists selected.

In recent decades, travel has literally and figuratively experienced a tremendous boom and made our planet 'small'. However, the desire for adventure and far-away unknown places on our same occasionally unsurveyably seeming planet have remained. Everything seems to have been discovered, but not everything is as it seems. This applies to physical voyaging, but also to explorations in the world of art. Australia is a case in point. Those desiring adventure according to the book are well-placed on this island continent. There is nature to suit all tastes, the sun (always) shines, there are large cities complete with all the worldly pleasures one may expect, and 'the other' is present in great variety; with European roots, Asiatic roots, Aboriginal roots - something for everyone. The experience has been described and viewed by many cultural predecessors. But don't be surprised if, when glancing up from your travel guide while in Sydney waiting for a taxi to an office-planned cultural destination, the person you find is not yourself. For it is not the other experience or the other person that you encounter, but yourself in another temporal and spatial plane as it were.

The real eye-opener for the 'mapping the system' undercurrent of the exhibition in the making – and that for someone who would preferably maintain that travelling in your own head and within the confines of your own home can be just as profound,

eigening je ineens tot het heroverwegen van deze voor 'normaal' gehouden visie op de relatie tussen de buitenwereld en jezelf.

De krampachtige bijna letterlijk op-het-randje-stedenbouw aan de kusten van het (ei)land – hoe ontkennend zeelustig en onstuimig sportlievend ook opgelost met name in Sydney – staan in schril contrast met de onmetelijke 'lege' binnenruimte. Misschien kun je *hier* geïnspireerd door de Aboriginal aanpak van 'zijn' je ineens visueel voorstellen de wereld om je heen vanuit een ander perspectief, niet alleen maar recht vooruit en soms bij vergissing even achteruitkijkend of opzij (dan wordt het al spannend), maar ook gewoon sec van onder en van boven te bezien. Het directe contact met Australië en de Australische kunstwereld scherpte het groeiende inzicht aan om vooral tijdens de realisatie van de tentoonstelling en het inrichten van het tentoonstellingsterrein in te zoomen op het fenomeen *'mapping'*, oftewel de bijzondere verhouding met de leefomgeving, die op totaal verschillende manier in Australië wordt ingevuld door de oorspronkelijke bevolking, de aborigines met een cultuur die al zo'n 50-60.000 jaar bestaat en vervolgens door - in dit perspectief zeer recent, want slechts zo'n vierhonderd jaar - de geïmporteerde Westerse cultuur van ontdekkingsreizigers en nieuwe bewoners.
Land claimen, opeisen en toe-eigenen òf land ritueel 'loszingen' en met je meedragen. Je treft in Australië een grote tegenstelling aan tussen tussen het aboriginal mapping, dat je zou kunnen omschrijven als spiritueel, oraal, pragmatisch, 'draagbaar' (de in Westerse ogen abstract aandoende kunstuitingen zijn o.a. bedoeld als praktische kaarten, blueprints van een gebied), oftewel een cultuursysteem in harmonie met de weerbarstige natuur 'down-under', en de Westerse 'tastbare' cultuurvariant met de nadruk op 'hebben', bezitten, *'show don't tell'*. Tijdelijkheid is ineens niet meer zo belangrijk als de houdbaarheid van wat je 'hebt' minder een rol speelt in wat je cultureel en persoonljk inhoudt, 'bent'. Dat is in de Westerse (kunst)wereld – denk
ik – vloeken in de kerk, want wat niet 'houdbaar' is, verkoopt slecht(er).
Dit 'hebben' of 'meedragen' van cultuur biedt hoe dan ook een interessante invalshoek om de tentoonstelling die voortkomt uit de aandacht voor ontdekkingsreizen, in het bijzonder de door economische belangen ingegeven exploratie-lust van Hollanders begin 17de eeuw, de 'VOC-mentaliteit', *'mappend'* in kaart te brengen. De tentoonstelling is ingericht als een *'mapping'*-experiment, met een beetje moeite (door het bladerdak heen) leesbaar ook van bovenaf en met wat fantasie ook van onderaf. Bij de keuze van de kunstenaars en de kunstwerken is ook met

deregulating and meaningful as well as better (also for the environment) than the breathless fashion hype-ish art globetrotting of recent years - was the confrontation with that confined space there, which is irrefutably different, feels different and generates other emotions that that space here. Another light, another biorhythm, other orientations, with the latter particularly apparent while on the road down under. In the West, Europe, the Netherlands, there may be a great variety of different ways of dealing with space, but the principle of appropriation is firmly anchored in our culture; property is the measure. In the past, the English colonists of the past imported this principle as a self-evident truth, and it is just as evident there as it is with us, in fact sometimes even slightly more uninhibited than here. However, even during a brief visit of a few weeks, this appropriation suddenly compels you to reconsider this supposedly 'normal' vision of the relationship between the outside world and yourself.

The frenetic almost literally on-the-edge urban development on the country's coasts, however undeniably sea-loving and turbulently sports-loving it may have been designed, particularly in Sydney, is in stark contrast to the immeasurably 'empty' outback. Perhaps, inspired here by the Aboriginal approach to 'being', you may suddenly be able to visually imagine the world around you from another perspective, not only straight ahead while occasionally looking backward or to the side by mistake (adding that little bit of edge), but also simply from below and from above.
Direct contact with Australia and the Australian art world accentuated the desire, particularly during the realization of the exhibition and the setting up of the exhibition grounds, to zooming in on the phenomenon of 'mapping', or in other words, the special relationship with the living environment. In Australia, this is structured in totally differently by the original population, the aboriginals with a culture dating back approximately 50-60,000 years, to the relatively very recently imported Western culture of explorers and new inhabitants.
Land claims, the demanding and appropriation or land or ritually singing the land into existence and carrying it with you; in Australia, immense contrasts are found between, on one hand, aboriginal mapping that could be described as spiritual, oral, pragmatic, 'portable' (the art which for Western eyes is seemingly abstract is in actual fact also designed to be a practical map, a blueprint of another area), or as a cultural system in harmony with the

dit aspect rekening gehouden. Want zeker de uitgesproken statische, historische setting van het Lange Voorhout daagt uit tot een andere leeservaring van het terrein door ogen van kunstenaars met hele andere, *down under*-Westers & Aboriginal of cross-over *'mapping'*-ervaringen.

Terwijl ik dit schrijf, is de *down under*-'droom' al een beetje 'daad' geworden, al is het uitpakken van de *down under*-bagage nog in volle gang; maar de contouren van het feestje tien jaar Den Haag Sculptuur dat we vieren met alle bezoekers op het Lange Voorhout worden zichtbaar met sculptuur die aards, onverwacht, vrolijk-serieus, onbevangen en to-the–point is, anders ook, vooral dat, want de bekende aanblik van het Lange Voorhout lichtjes ontregelend en onze *hier*-nieuwsgierigheid naar *daar* prikkelend. En wat van *daar* is gekomen eigent zich nu al moeiteloos *hier* het Lange Voorhout toe en dat brengt ons - verwacht ik - vast wel op nieuwe gedachten over *daar* en *hier* en over de plek waar wij zelf eigenlijk (willen) zijn. Kortom, Leve de Overkant, dat onstuitbare verlangen naar *daar* als je *hier* bent en naar *hier* als je *daar* bent.
De Overkant is overal.

Marie Jeanne de Rooij Curator Den Haag Sculptuur

recalcitrant nature 'down-under', and on the other the Western 'tangible' cultural version with its emphasis on 'having', 'possessing, 'show don't tell'. Temporariness is suddenly not as important if the preservability of what you 'have' plays less of a role in what you 'are' in terms of cultural and personal content. In the Western (art) world, this would be sacrilege, as anything which is not 'preservable' sells poorly or at the least worse.
Whatever the case may be, this 'having culture' or 'carrying culture with you' provides an interesting angle from which to map this exhibition with its focus on explorations, particularly economically inspired explorations by the Dutch (the VOC mentality) at the beginning of the 17th century. The exhibition has been set up as a 'mapping' experiment, which with a little effort, can also be read (right through the foliage) from above and with a little fantasy, also from below. This aspect was taken into account in the choice of the artists and works of art. And precisely the explicitly static, historical setting of the Lange Voorhout challenges us to interpret the territory very differently - through the eyes of artists with very other down under Western & Aboriginal or cross-over 'mapping experiences.

While I am writing, the down under 'dream' has already partially been made a 'deed', even though the unpacking of the down under baggage is still fully underway. However, the outlines of the festive ten years of The Hague Sculpture that we intend to celebrate with all visitors to the Lange Voorhout are already visible, with sculpture that is earthy, surprising, frivolously serious, frank, to-the-point and different too. Especially different, as the familiar sight of the Lange Voorhout is now slightly deregulating, stimulating our here curiosity about there. And what comes from there is now effortlessly appropriating the Lange Voorhout here. If I am right, and I hope I am, this will inspire us to conceive of new ideas about there and here and about the place where we are or would like to be ourselves. In brief, Long live the Other Side, that irrepressible desire for there when you are here and for here when you are there. The Other Side is everywhere.

Marie Jeanne de Rooij
Curator The Hague Sculpture

<table>
<tr><td>

MAPPING THE SYSTEM

Je kunt zien zonder te horen
En luisteren zonder te kijken

Naar wat er overblijft
Bewaren
Is een optie

Misschien
De enige
In eindeloze gedaantes en
Vormoefeningen

Op zoek naar systeem
Kijk ik om te zien
Om niet te struikelen
Om niet te verdwalen
Niet te denken aan
Verlies
Van toen
Van nu
Van waar ik was
Of ben
Of nooit zal zijn
(Nooit meer kan zijn)

Teken een lijn
Om niet te vallen
De afgrond
Gaat de hoogte in
En waaiert uit
Je kunt hier zien wat daar is
En mogelijk geschiedenis schrijft
Tussen de wolken
In onleesbaar trage zinnen
En tekeningen,
Schetsen van de werkelijkheid
Die oplossen in vergetelheid
Of tijdelijke aanwezigheid
Ontraceerbaar
Zonder houvast
Achterlatend

Hangend aan dakrand van de stad
balanceer ik drijvend
in onmetelijkheid

</td><td>

MAPPING THE SYSTEM

You can watch without hearing
And listen without looking

To what remains
Holding on to it
May be an option

Maybe
The only one
In endless shapes &
Exercises in form

In search of a system
I look to see
That I won't stumble
Or get lost
Or think about
Loss
Don't want to loose the past
Lose today
Lose wherever I was
Or am
Or never will be
(Never can be again)

Draw a line
So I won't fall
The abyss
Is climbing high
And fans out
Here you can see what yonder is
Where history may write itself
Between the clouds
In unreadably slow sentences
And drawings,
Illegible sketches of reality
That easily evaporate into oblivion
Or leave behind
Untraceable
Without support
All too ephemeral presence

Hanging on to the roofbeam of the city
Floating in immeasurability
I'll keep my balance

</td></tr>
</table>

KÜNSTENAARS

ARTISTS

COLONY
(in situ-project, 2007)

Brook Andrew Australia 1970

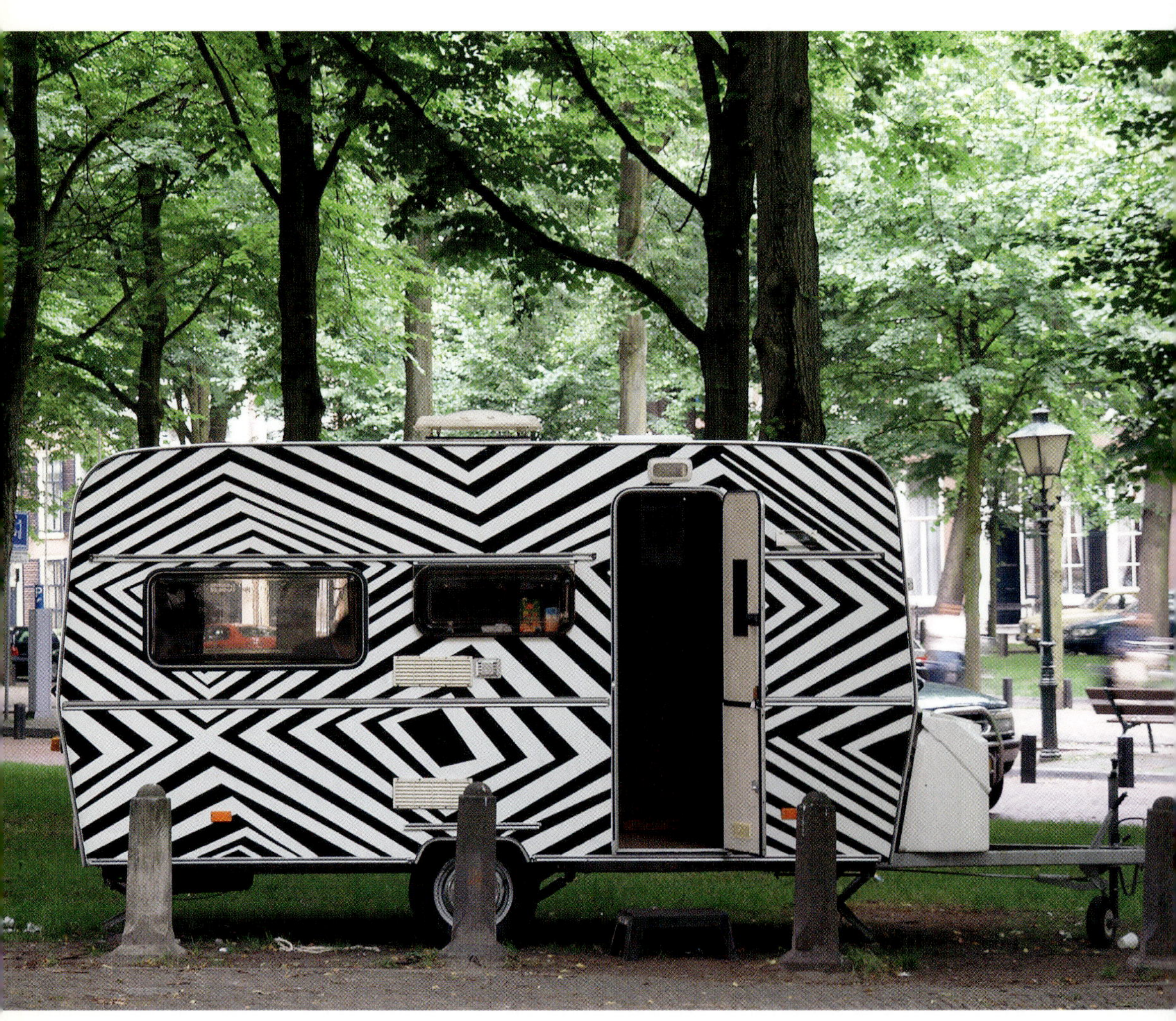

Nederland neemt in de geschiedenis van het kolonialisme een behoorlijk dubieuze positie in. Tot in de jaren vijftig weigerde Nederland nog de laatste lucratieve kolonies prijs te geven en in Indonesië werd een bloedige oorlog uitgevochten die eufemistisch 'politionele actie' werd genoemd en nota bene de VS moesten eraan te pas komen om de toenmalige Nederlandse regering ervan te overtuigen dat we echt eens moesten opkrassen. Indonesië ligt 'vlakbij' Australië en er zijn overeenkomsten tussen de autochtone culturen van Indonesiërs en Aboriginals. Ook is er enige uitwisseling: vooral de Javaanse batikkunst en houtsculptuur zijn terug te vinden in met name die Aboriginal-producten die paradoxaal genoeg vooral gericht zijn op de toeristenindustrie. Australië zelf was een Engelse kolonie en is nog steeds lid van het Gemenebest, de Engelsen losten hun koloniale problemen ietsjes eleganter op dan de Nederlanders. Brook Andrew houdt zich bezig met de verhouding tussen kolonisator en kolonie. Hoewel het gaat om een voormalige kolonisator (Nederland) en een voormalige kolonie (Australië), wil dat niet zeggen dat alleen naar het verleden wordt verwezen. Het koloniale gedachtegoed is, in een onverwachte vorm, opmerkelijk actueel in beide landen: zowel Nederland als Australië heeft zich *con amore* solidair verklaard met het zeer omstreden Amerikaanse Irak-project en hebben daar ook daadwerkelijk politieke en militaire steun aan verleend. In die zin is de cirkel rond: de vroegere kolonisator en de vroegere kolonie acteren nu als (wapen)broeders in bedenkelijk vaarwater. Andrew, zelf van moederskant verbonden met de traditie van de Wiradjuri (aboriginal-clan), verwijst met zijn speciaal voor deze gelegenheid ontwikkelde kostuums onder de titel *'Colony'* naar vroeger tijden. Drie kostuums, die tentoongesteld worden in het Haags Historisch Museum, tonen duidelijk kenmerken van zeventiende eeuwse kledij en je ziet ook invloeden van de batikkunst maar wel met een duidelijke blik op de actualiteit. De kleren worden tijdens de tentoonstelling ook daadwerkelijk gedragen tijdens een dans-performance op de opening en tijdens het toezicht op de kunstwerken door de mannen van het

The Netherlands has a dubious position in the history of colonialism. Up to the fifties of the last century, the Netherlands refused to give up its last profitable colonies and in Indonesia, a bloody war was fought that was euphemistically referred to as a 'political action'. In the end, it was the US that intervened and convince the Dutch government at that time that the Netherlands really had to get the hell out.

Indonesia is 'nearby' Australia and there are similarities between the indigenous cultures of Indonesians and Aboriginals. There is also a fair amount of exchange; particularly Javanese batik art and wood sculpture can be found in many Aboriginal products which paradoxically enough primarily target the tourist industry.

Australia itself was an English colony and is still a member of the Commonwealth – the English solved their colonial problems a little more elegantly than the Dutch.

Brook Andrew is occupied with the relationship between the colonizer and the colony. Although in this case a former colonizer (the Netherlands) and a former colony (Australia) are concerned, this does not mean that it is only the past that is referred to. In an unexpected way, the colonial mental legacy is remarkably topical in both countries; both the Netherlands and Australia have declared devotional solidarity with the highly controversial American Iraqi project and have also granted their political and military support. In this sense, things have come full circle; the former colonizer and the former colony are now acting as brothers-in-arms in rather troubled waters.

Under the title 'Colony', with his costumes especially designed and made up for the event, Andrew, on his mother's side connected with Wiradjuri-people & Aboriginal traditions, refers to by-gone times. Three costumes exhibited in the Hague Historic Museum show clear characteristics of seventeenth century attire and influences of batik art are also visible, but then with a definite

bewakingsteam die een speciaal met het Brook Andrew Wiradjuri-design gezeefdrukt uniform dragen en ook hun rustplek, een tachtiger jaren caravan – 'eitje' – is volledig overgeschilderd in dit design. Daardoor wordt het *colony*-kostuum direct in het hier-en-nu geïnjecteerd. Het is ook een soort provocatie: hier wordt Nederland, of in ieder geval toch Den Haag, als het ware gekoloniseerd door Aborigines.

Er zijn drie kostuums: één van een heer, Burgher King, en twee narren, Executioner en Messenger. Er zijn dus meer narren dan er heren zijn en narren staan erom bekend dat ze onder het mom van grappen en grollen heel ver kunnen gaan in het 'zeggen van de waarheid' over de handel en wandel van de heren, dus als je er twee maal zoveel hebt wordt de rol van de heer als kolonisator op humoristische wijze gerelativeerd, je zou in deze context zelfs kunnen zeggen dat de heer zelf op zijn beurt 'gekoloniseerd' wordt door de narren. Aan de andere kant is het natuurlijk ook zo, dat narren in laatste instantie een uitingsvorm van repressieve tolerantie zijn: er is een zekere marge voor als grap vermomde kritiek maar het moet niet te gek worden want dan gaat de kop eraf; tegen die achtergrond is de nar juist weer een personificatie van de heer/kolonist en in zekere zin zelfs diens alibi.

Op deze manier wordt ons een proces van kolonisatie, dekolonisatie en ironische omgekeerde kolonisatie voorgeschoteld in een vaudeville-achtige ambience – alles is een schouwtoneel; het komische 'drama' wordt opgevoerd, wat niet wil zeggen dat het niet 'echt' is: alle handelingen en teksten van een acteur zijn oprecht, maar wel in de specifieke rol van het personage dat gespeeld wordt. Met andere woorden: het is duidelijk dat de voormalige kolonist hier wordt aangepakt en zelf op zijn beurt gekoloniseerd door een voormalige kolonie, ja het is ook duidelijk dat dit een symbolisch spel is: het is moeilijk denkbaar dat Nederland ineens door Aborigines zou worden gekoloniseerd. Maar de metafoor heeft als doel het doorprikken van de mythe van het post-koloniale tijdperk, namelijk dat er niet meer gekoloniseerd zou worden – *'we need to de-colonise our own minds'* (Brook Andrew) –, want dat gebeurt op verschillende plekken in de wereld nog steeds, met andere middelen en in een iets andere vorm dan vroeger, in een iets andere *vermomming* (naar analogie met de verschijningsvorm van het werk: in andere kostuums) en we doen daar in Australië en Nederland gretig aan mee. PP

Zie ook: **Brook Andrew**

te gast bij Het Haags Historisch Museum (p.156) Courtesy of: Tolarno Galleries, Melbourne / Thanks to: Haags Historisch Museum, Atelier van Zijderveld, SCDW, The People of the Labyrinths, Erik Kaiel

contemporary edge. The clothes will be actually worn at the exhibition during a dance performance at the opening and during the supervision of the artworks by the men of the security team who will wear a uniform especially silk-screened with the Brook Andrew Wiradjuri design. Their resting place, an eighties model caravan – 'eitje' (small egg as it is referred to in Dutch) – has also been completely painted in this design. This directly injects the colony costume into the here-and-now. The total effect is a sort of provocation; here, the Netherlands or in any case The Hague is colonized by Aboriginals as it were. There are three costumes; one for a lord, Burgher King, and two for two fools, the Executioner and the Messenger. There are therefore more fools than lords and fools are notorious for taking things far when 'telling the truth' about the carryings-on of lords under the guise of jokes and tricks. If, therefore, there are twice as many fools as lords, the role of the lord as a colonizer is humoristically relativized. You could even say in this context that the lord himself is 'colonized' by the fools. On the other hand, in the final analysis, fools are also a manifestation of repressive tolerance. A certain amount of criticism disguised as a joke is acceptable, but needs to remain within limits if serious repercussions are not to be incurred; seen against this background, the fool is actually a personification of the lord/colonist and in a certain sense, even his alibi.

In this way, we are presented with a process of colonization, decolonization and ironically, reversed colonization in a vaudeville-like atmosphere – all a theatre performance, which does not mean to say that it is not 'real'; the acts and texts of actors are always sincere, although seen in the specific role of the character played. In other words, it is clear that the former colonist is dealt with and he himself, in turn, colonized by a former colony, and it is also clear that this is a symbolic performance. It is difficult to conceive of the Netherlands suddenly being colonized by Aboriginals. However, the goal of the metaphor is to pierce the myth of the post-colonial age, namely that colonization no longer takes place – 'we need to de-colonise our own minds' (Brook Andrew). It definitely does still take place in different places in the world, by other means and in a somewhat different form than in the past and in a somewhat different disguise (by analogy with the manifestation of the work; in other costumes), and Australia and the Netherlands are two countries which are eagerly participating. PP

*See also: **Brook Andrew** as guest of Het Haags Historisch Museum (p.156)*

SOCCER BALL DROPPED FROM 35000 FEET

James Angus Australia 1970

Wat doet een aluminium voetbal op het Lange Voorhout? Het antwoord van de kunstenaar James Angus die hem heeft gemaakt: hij is daar neergevallen van meer dan 10.000 meter hoogte. Dit is een goed voorbeeld van hoe feit en fictie in de kunst in elkaar kunnen overlopen en in elkaar verward raken.

Als we de uitspraak (die ook de titel is) letterlijk nemen zou de bal dus uit een vliegtuig moeten zijn gegooid en bij toeval – of als voorbeeld van 'chirurgisch bombarderen'? – op een tentoonstelling van sculptuur zijn terechtgekomen. Dat is natuurlijk niet zo (het ding zou trouwens in duizend stukken uit elkaar gebarsten zijn) en geen levende ziel zou het geloven: we doen dus alsof, met andere woorden: de situatie is van metaforische aard. In zekere zin is kunst een bijzondere manier van spelen, van doen alsof – ook als die kunst zich direct met zaken van leven en dood in de wereld bemoeit blijft haar functie een kwestie van transformatie. Dat wil zeggen: die aluminium voetbal zou een gewone van aluminium nagemaakte voetbal kunnen zijn als we niet toevallig wisten dat hij van hoog uit het zwerk naar beneden was gekomen en dat betekent dat die hele afstand, meer dan tienduizend meter, deel gaat uitmaken van ons besef of begrip van dit werk; meer dan alleen een object is het een representatie van een fictief resultaat van een gebeurtenis zie zich tien kilometer boven ons hoofd zou hebben afgespeeld en die tien kilometer (en dat specifieke moment, want het gooien of laten vallen van de bal duurde maar een vluchtig ogenblik) maken dus deel uit van wat de bal vertegenwoordigt. Hij neemt zijn eigen context mee – hoogte, tijd, zwaartekracht – en daardoor ontstaat een werk dat meer ruimte in beslag neemt dan de voor de hand liggende letterlijke driedimensionaliteit, namelijk die hele duizelingwekkende hoogte. En ook het tijdsbegrip wordt er, als het ware op een omgekeerde manier door beïnvloed: we zien een statisch object dat daar zo lang de tentoonstelling duurt te zien is, maar de aanwezigheid van dat object – ja, de hele zin en betekenis ervan – is afhankelijk van een gebeurtenis die maar heel kort duurde en bovendien 'in werkelijkheid' helemaal nooit heeft plaatsgevonden. Een en ander mag tamelijk hoogdravend zijn of tenminste

What's an aluminium football doing on the Lange Voorhout? The answer of the artist James Angus, its creator: it fell there from a height of over 10,000 metres. This is a good example of how fact and fiction in art can overlap and become entangled. If we take the statement (which is also the title) literally, the ball would have to have been thrown out of an aeroplane and coincidentally (or as an example of a 'surgical bombing?) have ended up in a sculpture exhibition. This is naturally not the case (it would have shattered into a thousand pieces), neither would any living soul believe it; we therefore make believe. In other words, the situation is of a metaphorical nature. In a certain sense, art is a special way of playing, of making believe. Even if that art deals directly with matters of life and death in the world, its function remains a question of transformation.

In other words, the aluminium football could well be an ordinary football made of aluminium, if we didn't happen to know that it had fallen from high in the welkin, which means that the whole distance, over ten thousands metres, constitutes part of our understanding or concept of this work. More than merely an object, it is a representation of a fictive result of an event that is assumed to have taken place ten kilometres above our heads and those ten kilometres (and that specific moment, because throwing or dropping the ball took but a brief moment) therefore form part of what the ball represents. The ball is accompanied by its own context – height, time, gravity – thereby giving rise to a work that takes up more space than self-evident three-dimensionality, namely the entire breathtakingly dizzy height. It moreover has a reversed influence, as it were, on our concept of time; we see a static object that is present as long as the exhibition is to be viewed, but the presence of that object, in fact, the whole sense and meaning of the object, depends on an event that lasted no longer than an instance and moveover never actually took place 'in reality'.

This may all be or at least sound rather high-flown (forgive the pun), but the sculpture's manifestation

Roestvrij staal / Stainless steel, 19 x 20 x 20 cm, 2006

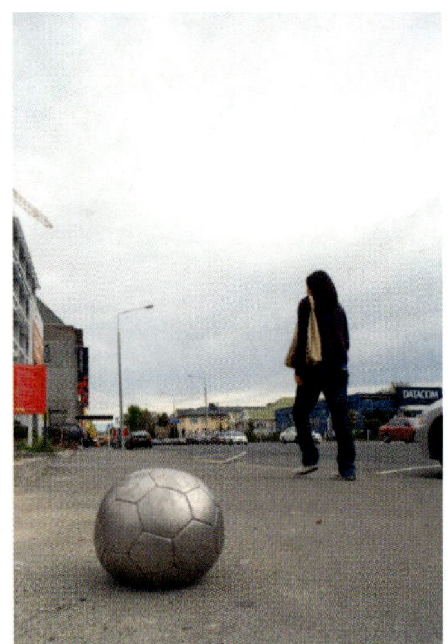

klinken, het beeld relativeert dat zelf in zijn verschijningsvorm: in plaats van in scherven uit elkaar te zijn gespat vertoont de voetbal op de plek waar hij de aarde raakte een wat afgeplatte vorm zoals een bal die lek is en dat werkt ook op de lachspieren: in plaats van een spectaculair *'tsjing-boem'*! is er sprake van een zacht *'pff'*.

Ik zie nog een andere betekenislaag die met het object lijkt mee te komen: hier is sprake van een voetbal die niet in gebruik is. Hij ligt ergens in de stad, dus de eerste associatie is met jongens die straatvoetbal spelen maar dat doe je niet graag met een lekke bal en als je dat toch zou doen (het kán wel als er niets beters voorhanden is) wordt het problematisch als de bal ook nog eens van aluminium is én een sculptuur op een serieuze kunsttentoonstelling: daar kun je niet mee spelen, daar daar mág je ook helemaal niet mee spelen. Er wórdt niet gevoetbald op serieuze kunsttentoonstellingen. Die bal, daar wordt niet tegen geschopt, die wordt dag en nacht bewaakt!

Als we die betekenis van serieuze kunst en daarbij behorende

relativizes it all; instead of having burst into pieces, the place where the football hit the ground has been slightly flattened like a ball with a puncture, making a somewhat amusing impression; instead of a spectacular 'zing-boom'!, we hear the sound of a soft 'puff'. I also see a further layer of meaning seeming to accompany the football. This is a football that is not in use. It is lying about somewhere in the city, and the first association that comes to mind is boys playing football on the streets. However, no-one enjoys playing with a ball with a puncture, and even if you did (of course you could if there was really nothing better around) it would be something of a problem if the ball also turned out to be made of aluminium, as well as being a sculpture at a serious art exhibition; this is definitely not a ball to be played with, and indeed, playing with it is obviously not permitted. No playing football at serious art exhibitions! That ball is not allowed to be kicked, and to make perfectly sure it is not, it is guarded day and night!

Circa 1.480.000 resultaten

james angus. (0,11 seconds)

voor james angus (0,11 seconden)

About 1,480,000 results for

bron **Google**

bewaking weer terugkoppelen naar het oorspronkelijke ontstaansmoment zoals ons dat is voorgetoverd – de bal die vanaf tien kilometer hoogte op het Voorhout viel – dan zou je ook nog kunnen construeren (hoezeer ook *tongue-in-cheek* misschien, dat maakt niet uit) dat het voorwerp een sacrale, cultische betekenis heeft – ik moet bijvoorbeeld denken aan de monoliet uit Kubricks film 2001 waarvan herkomst en betekenis ook onduidelijk zijn en die 'dus' aanbeden wordt. En wie zal, weer terug naar het alledaagse maatschappelijke niveau, bestrijden dat Voetbal in onze cultuur een cultus is?

Nog een laatste stap verder en deze gedachte wordt ook van toepassing op de hele context van deze speciale voetbal, de tentoonstelling van sculptuur. Dat wil zeggen dat dit werk ons vragen aanreikt over onze omgang met kunst en dat ook kan doen omdat het zelf afkomstig is van ver buiten de kunstcontext: aanbidden we als 'kunstliefhebbers' in allerlei gewichtigheid het Gouden Kalf terwijl dat eigenlijk gewoon een niet omhoog maar omlaag gevallen voetbal is? PP

If we relink the meaning of serious art and the ball's concomitant guarding with its original time of creation conjured up for us, the ball that fell to the Voorhout from a height of ten kilometres, you could also construe the object (perhaps tongue in cheek, but that is of no importance) as having a sacral-cultic meaning. I am reminded of the monolith in Kubrick's film 2001, the origin and meaning of which are unclear and which is 'therefore' worshipped. And to return to the everyday social level – who would dispute the fact that Football in our culture is a cult?

Taken one step further, this idea is also applicable to the entire context of this special football, the exhibition of sculpture. In other words, this work presents us with questions concerning the way we deal with art and is able to do this as it originates itself far outside the context of art; as 'art-lovers', do we in all seriousness worship the Golden Calf while in actual fact, it is not an ascended but simply a fallen football? PP

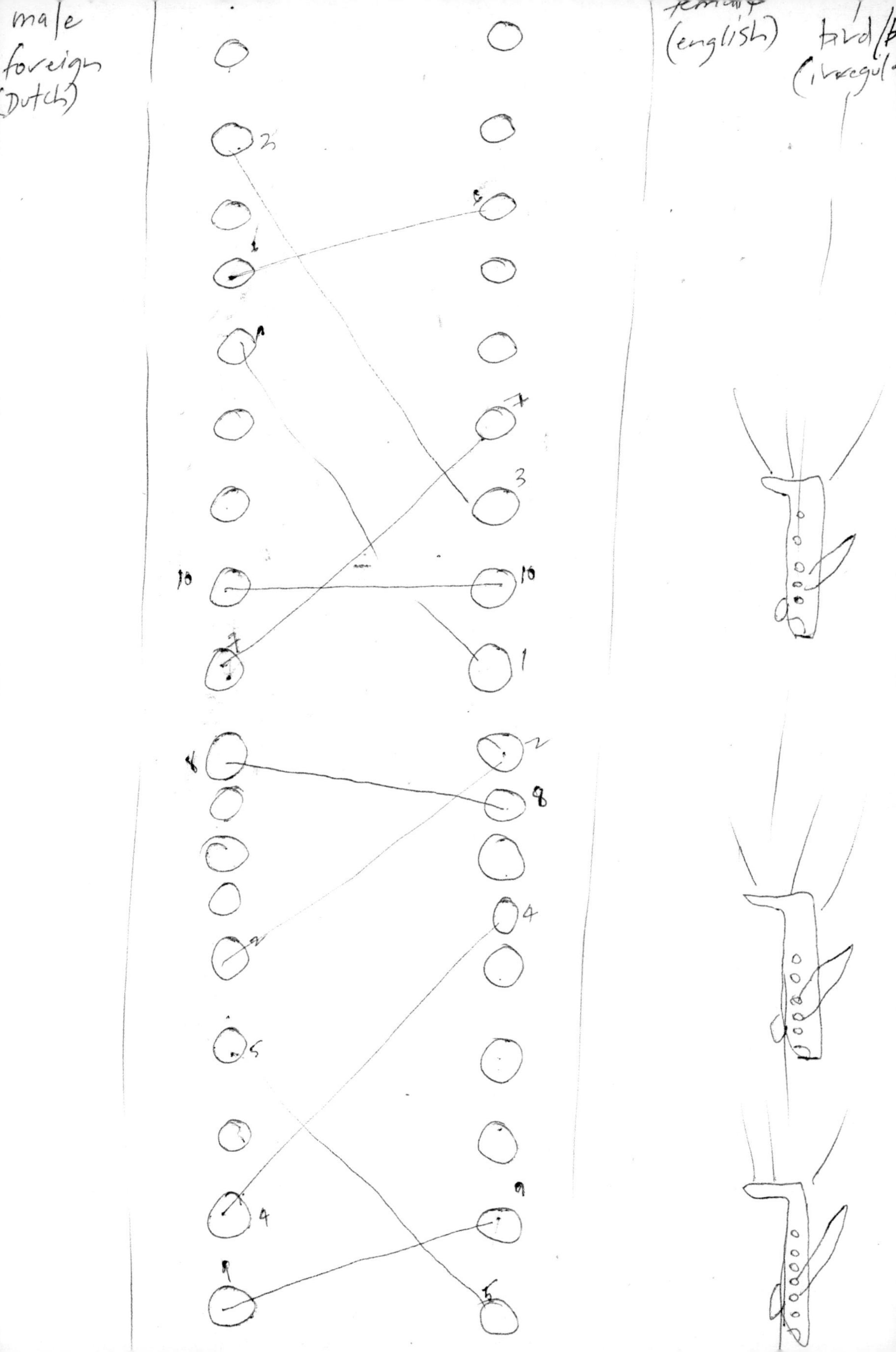

male
foreign
(Dutch)
female
(english)
bird/b
(irregula

WHISPERING TREES
(in situ light & sound-installation, 2007)

Robyn Backen Australia 1957

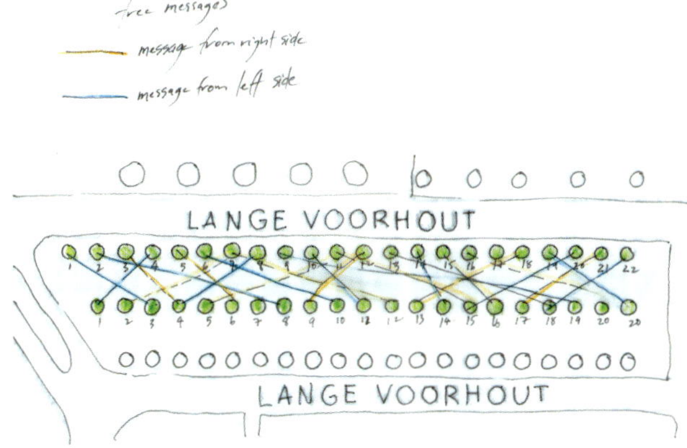

Sinds een aantal jaren is het vrij normaal geworden om voor achter of naast je een toevallige voorbijganger op luide toon schijnbaar in zichzelf te zien en horen praten zonder zich zelfs maar een beetje bewust te zijn van jouw aanwezigheid. Mannen in keurig pak, vrouwen met opwaaiende zomerjurken, skaters met board onder de arm, neus peuterende pubers verveeld wachtend op een aansluiting in een overvolle bushalte; ongegeneerd en vol overgave zoekt men met oortje en mobiel apparaat ergens in borst-, broekzak, wandeltas of aktetas contact vanuit eigen bubble met een onzichtbare ander. Vroeger (tien, vijftien jaar geleden?) herkende je zo gemakkelijk de doorsnee gek; wezenloos in zichzelf pratend, zonder enig besef van sociale conventies in nabijheid van anderen, volledig opgaand in de beperkte actieradius van het eigen lichaam met een op hol geslagen elektropulsencircuit in het hoofd, de zonderling die meer dan genoeg heeft aan eigen ondoorgrondelijke besognes. De schaamte noodgedwongen voorbij. Maar tegenwoordig lijkt het onderscheid tussen gekte en aangepastheid door onze publieke ongeremde mobiele communicatie flinterdun en op het eerste gezicht tamelijk diffuus geworden. De onderstroom komt naakt bovendrijven in flarden en dringt ongekuist en ongevraagd binnen in het territorium van willekeurige passanten.
Gefascineerd door communicatieprocessen in een tijd van technologische stroomversnelling, speelt Robyn Backen met de marges en mogelijkheden van zowel oude en nieuwe codes en communicatiesystemen bijvoorbeeld met behulp van computergestuurde technologie. Eigenlijk speelt ze een

In the last few years, it has become perfectly normal to see or hear a random passer-by behind you or next to you apparently talking to him or herself in a loud voice without even being slightly aware of your presence. All sorts are involved: men in smart suits, women in summer dresses blown about by the wind, skaters with boards under their arms or nose picking teenagers boredly waiting for a bus at an overfull bus stop. Unashamed and in full abandon, the mobile equipment pulled from their chest or trouser pocket, walking bag or briefcase, from within their own bubble, they desperately seek contact with an invisible other. In the past (ten, fifteen years ago?) it was easy to recognize the average nutcase, absent-mindedly muttering to themselves in the vicinity of other people, with no concept of social conventions, fully immersed in the limited action radius of their own bodies, with the electropulse circuit in their heads run amuck - the eccentric primarily occupied with his or her own unfathomable concerns. Beyond any shame.

dubbelspel met het verlangen om ingesleten gedachtenpatronen nieuw leven in te blazen door ze zichtbaar, visueel tastbaar en vaak ook hoorbaar en leesbaar te maken èn dat andere verlangen om het oude pact van mysterieuze ongrijpbaarheid van taalcommunicatie te ondergaan. Het veelvuldig gebruik van morsetekens met vele interessante visuele, licht&geluid-, en grafische mogelijkheden, is voor haar een perfect inzetbaar bruggetje tussen die verschillende oude en nieuwe systemen. Op het Lange Voorhout geeft ze met een ingenieus geprogrammeerd geluid- en lichtsysteem – opnieuw met gebruikmaking van morsecodes – de bezoeker de illusie dat bomen de kunst verstaan om ons de nagelaten alledaagse berichten, vragen en zinnetjes van eerdere wandelaars te horen en te zien. Op een onverwacht moment, zodat je even deel uitmaakt van een ander gesprek, de context van een ander verhaal, of de onderstroom van een ander leven. Backen laat ons twijfelen; wat is echt, wat is onecht, de voorgeprogrammeerde stemmen reagerend op onze voetstap, een lichte schijnbeweging naar rechts die een sensor activeert, of de stem in je oor die je losweekt van waar je bent en vervoert naar een virtuele wereld waar je samen met een 'bekende' ander volgens afgesproken gesprekscodes je inlaat in een fictief mobiel avontuur?

Via een artificieel opgezet at random overkomend taalsysteem vertaalt Backen – eigenlijk ouderwets romantisch en tegen beter weten in – de fascinerende, maar 'onpersoonlijke' technologie naar een 'menselijk' kader, en daalt af naar de diepere lagen van ons eigen hersensysteem. Misschien verleidt ze je tot de gedachte dat in de toekomst beide systemen wel eens in een perfecte balans samen zouden kunnen vallen, twee systemen, twee werelden verstrengeld in elkaars netwerk – technologie en hersenstam -, die elkaar verstaan (horen & begrijpen) in een eindeloze in&uit woordenstroom, zodat communicatie uiteindelijk geen begin en einde meer kent. Dat verlangen van de cyborgversmelting met de winst van de ander en het verlies van jezelf, heeft een vertigo-aantrekkingskracht voor wie gevoelig is voor de fluïde onderstromen tussen het ik en de ander. Robyn Backen laat ons als voorproefje luisteren naar wat bomen ons daarover in te fluisteren hebben. MJdR

Thanks to *Movements Entertainment and Killer Sounds, Jac van Veen Evenemententechniek*

Today, however, due to our publicly uninhibited mobile communication, the distinction between being crazy and well-adapted has become wafer thin and at first sight rather vague. The undercurrent emerges naked in snatches, and crudely and uninvited, pushes its way into the territory of random passers-by. Fascinated by communication processes in an age of technological acceleration, Robyn Backen plays with the margins and possibilities of both old and new codes and communication systems, for example by using computer-operated technology. Actually, she plays an ambiguous game, courting both the desire to infuse worn-out patterns of thought with new life by making them visible, visually tangible and frequently also audible and readable as well as that other desire to enter into the old pact of the mysterious intangibility of language communication. For Backen, the frequent use of morse signs with many interesting visual, light & sound, and graphical possibilities is a perfectly usable bridge between the different old and new systems. On the Lange Voorhout , using an ingeniously programmed sound and light system, again with morse codes, she gives visitors the illusion that trees are able to allow us to hear and see the left messages, questions and snatches of conversation of earlier passers-by. This they do at unexpected moments, briefly allowing you to become part of someone else's conversation, the context of another story or the undercurrent of another life. Backen makes us doubt; what is real and what is unreal? The pre-programmed voice that responds to our footsteps, a light feint to the right that activates a sensor, or the voice in your ear that eases you away from where you are and transports you to a virtual world where according to agreed conversational codes, together with a 'known' other, you become involved in a fictional mobile adventure? Via an artificially set up seemingly at random language system, actually old-fashioned romantically and against her better judgment, Backen translates our fascinating, but 'impersonal' technology into a 'human' framework, and descends to the deeper layers of our brain system. Perhaps she will seduce you into thinking that in the future, both systems could converge in perfect balance; two systems, two worlds entangled in each other's networks – technology and brainstem -, which understand (hear & comprehend) each other in an infinite in&out current of words, so that eventually, communication will be without beginning and without end. That desire for cyborg fusion with the gain of the other and the loss of yourself has a vertigo attraction for anyone sensitive to the fluid undercurrents between the self and the other. Robyn Backen has us listen to what trees may tell us in whispered tones as a foretaste of more to come. MJdR

ENTRANCE B4

Harold de Bree Nederland 1966

Nog nooit was de relatie tussen kunst en 'werkelijkheid' zo complex als tegenwoordig, een situatie waarvan de wortels liggen in het eerste kwart van de twintigste eeuw toen Duchamp zijn befaamde pisbak tentoonstelde en daarmee de kwestie van betekenisverandering door contextwijziging aan de orde stelde. Dat was een mijlpaal maar als kunstwerk achteraf relatief simplistisch: een pisbak in een urinoir is een gebruiksartikel, in het museum wordt het een kunstwerk dat ook niet meer voor het oorspronkelijke doel kan worden gebruikt; het is dus niet hetzelfde object.

Inmiddels hebben we allerlei varianten meegemaakt en is de kunst ook, in de omgekeerde richting bewegend, in de dagelijkse werkelijkheid geïnfiltreerd en neemt daar bij vlagen als een kameleon ook de vormen en gewoonten van aan tot op het punt dat er geen waarneembaar verschil meer is tussen kunst en werkelijkheid. Van sommige kunstwerken is het bestaan alleen bekend aan een klein groepje mensen dat op de hoogte wordt gesteld doordat ze bepaalde kunsttijdschriften lezen, bepaalde websites bezoeken of op de mailing list van bepaalde kunstorganisaties staan. Voor anderen is het werk ook waarneembaar maar zal het niet als kunstwerk worden herkend. Als de oudste vorm van kunst behalve cultisch ook mimetisch was in de zin van 'imitatio' is die verhouding in dit soort radicale gevallen veranderd in een tautologische: kunst en werkelijkheid zijn niet meer van elkaar te onderscheiden.

Harold de Bree maakt in zijn werk gebruik van deze gegevens. De bunker die hij bouwde is er een voorbeeld van. Weliswaar is een bunker op het Voorhout een opvallend verschijnsel dat we niet zo snel voor 'normaal' zullen verslijten maar wat zit er in of achter of onder de bunker? Waar voert de deur die altijd dicht is naartoe? Is het gewoon een *folly*, een nepbunker die zo groot is als we kunnen zien en is daarmee alles gezegd? Ik denk het niet, want dan is er eigenlijk geen reden waarom hij er zou moeten zijn. We moeten dus, bij gebrek aan officiële informatie, onze fantasie gebruiken: ik zou me kunnen voorstellen dat de bunker toegang geeft tot een uitgebreider beveiligingsmechanisme,

Never before was the relationship between art and 'reality' as complex as at the present, a situation with its roots in the first quarter of the twentieth century when Duchamp exhibited his famous urinal, raising the matter of the way in which meanings can be changed by a change of context. It was a milestone, but as work of art in retrospect relatively simple; a urinal is an item of everyday use, but in a museum it becomes a work of art that can no longer be used for its original purpose. It is therefore no longer the same object.

Since then we have experienced all sorts of variations on this theme, and moving in the opposite direction, art has now infiltrated daily reality. There, like a chameleon, it is taking on in fits and starts reality's forms and customs, to the extent that there is no longer any perceivable difference between art and reality. The existence of some works of art is only known to a small group of people who are informed by reading certain art magazines, visiting certain websites or are on the mailing list of certain art organizations. For others the artwork is also perceivable, but not recognized as a work of art.

If in addition to being cultic, the oldest form of art was also mimetic in the sense of being an imitation, the relationship in these sorts of radical cases becomes tautological, with art and reality no longer distinguishable.

Harold de Bree uses these facts in his work, and his bunker is an example. A bunker on the Voorhout is a striking phenomenon that we will not be inclined to seen as 'normal', but what's in, behind or under the bunker? Where does the door that is always closed lead to? Is it merely a folly, a fake bunker that is as large as we can see and is that all there is to it? I don't think so, as that would mean that there would be no reason for it being here. Lacking official information, we must therefore use our fantasy; I can imagine that the bunker gives access to a more extensive security system, perhaps there are secret corridors under the Voorhout, after all

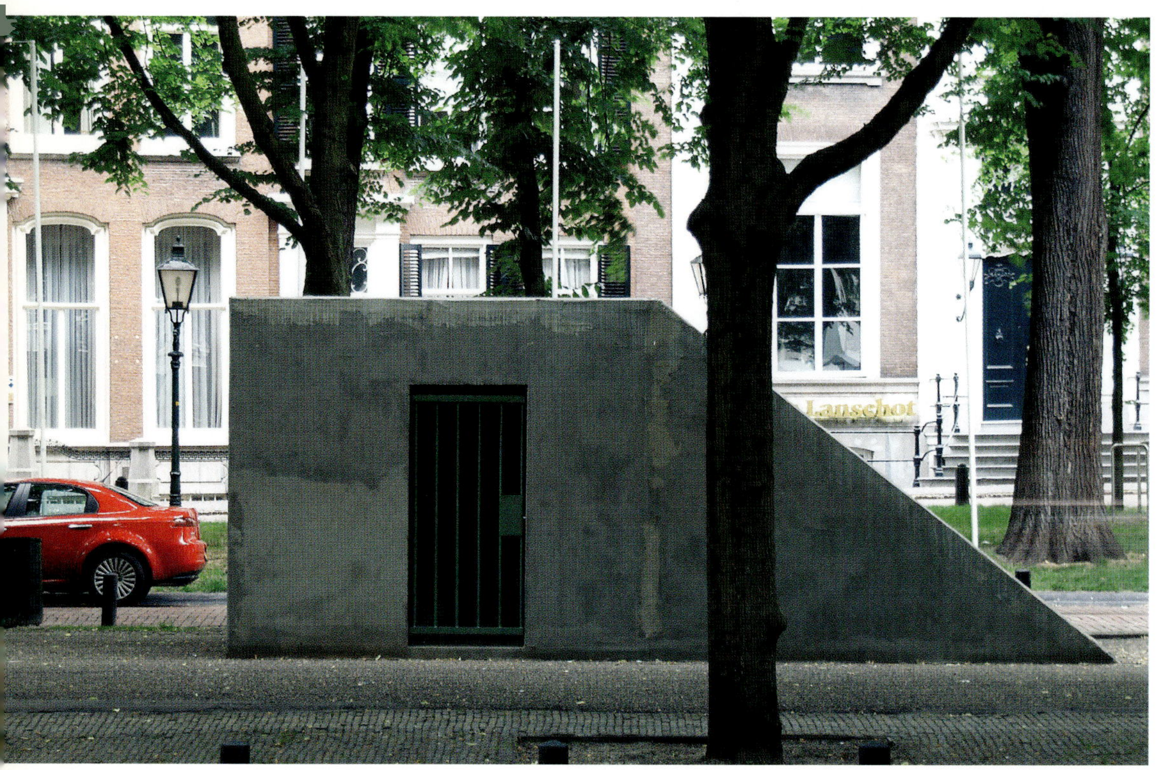

misschien zijn er geheime gangen onder het Voorhout, we zitten hier tenslotte vlakbij regeringsgebouwen, ambassades en andere representaties van de macht die in geval van nood vluchtroutes behoeven. En nu wil het geval dat zich in deze buurt, onder het Binnenhof, het Voorhout, het Buitenhof en mogelijk elders daadwerkelijk een complex onderaards gangenstelsel bevindt. Ooit is zelfs geopperd om een deel daarvan, onder het Buitenhof, tot discotheek te verbouwen. Hier blijkt de werkelijkheid, zoals zo vaak, minstens even bizar als de verbeelding en De Bree's bunker krijgt er een nieuwe betekenis door: als fictie toegang gaat hij deel uitmaken van de 'onderwereld', hij wordt dat deel van de onderwereld dat zich in de bovenwereld bevindt en omgekeerd maken de geheime gangen deel uit van het kunstwerk zonder op enigerlei wijze te zijn veranderd, er is geen andere ingreep geweest dan dat hun bestaan gesuggereerd werd en die suggestie blijkt dan een werkelijkheid op te roepen die helemaal niet fictief maar geheel feitelijk is. Zo verwarrend kan de tautologie worden, zeker als we, zoals hier, door die andere

we're nearby government buildings here, embassies and other representatives of the establishment, which in the event of emergencies, will require escape routes. It may very well be that in this area, under the Binnenhof, the Voorhout, the Buitenhof and possibly elsewhere, there is actually a complex underground system of corridors. A proposal was even put forward in the past to convert part of it, under the Buitenhof, into a discotheque. As is so often the case, reality here appears to be at least as bizarre as the imagination and De Bree's bunker thus acquires a new meaning; as a fictitious entrance it forms part of the 'underworld', becoming that part of the underworld situated in the upper world and in reverse, the secret corridors form part of the work of art without having been changed in any way, there has been no other intervention than the suggestion of their existence, with that suggestion appearing to evoke a reality that is not fictitious at all but completely factual. This is how confusing tautology can be, certainly when, as in

retorische figuur, de paradox (dat wil zeggen de bunker als schijnbaar wezensvreemd element op het Voorhout), aanvankelijk op het verkeerde been worden gezet.

Een ander project dat op dit moment niet daadwerkelijk kon worden uitgevoerd maar op een groot billboard te zien is en dat bedoeld is voor een aan de macht gerelateerd water in Den Haag – de Hofvijver ter hoogte van het Torentje – gaat nog een belangrijke stap verder; hier wordt de mimetische paradox tot het uiterste opgerekt: het betreft hier een veelhoekig helikopterplatform met een diameter van 18 meter, een realistische schaal. Wat moeten we hiervan denken? Hoewel het materiaal een echte helikopter niet zou kunnen dragen – net zomin als men daadwerkelijk de bunker kan betreden – is dat iets wat we (misschien denken te) wéten maar niet met zekerheid kunnen zíen. Een helikopterplatform in de Hofvijver kan, lijkt mij, drie functies hebben: een neutrale (voor snel transport door de lucht van machthebbers), een verdedigende (voor eventuele vlucht van diezelfde machthebbers) of een aanvallende (voor eventuele landing van zich tegen de macht richtende activisten). Dat de laatste optie moeilijk denkbaar is omdat dat nooit zo open en bloot zou kunnen plaatsvinden – het platform was er dan helemaal niet gekomen – doet niet erg ter zake omdat we nu niet meer in termen van mimetische letterlijkheid spreken maar in die van fictieve betekenis. Ik denk dat het juist deze voor de hand liggende maar onderling tegenstrijdige associaties zijn, de diverse interpretatiemogelijkheden, die het werk tot meer en iets wezenlijk ánders maken dan een eenduidige politieke uitspraak. Ook hier speelt het vervreemdingseffect een rol, juist door de combinatie van letterlijk werkelijkheidsgehalte en situering. In principe zou er best een helikopterplatform in de Hofvijver kunnen liggen – en daarmee blijft dit werk dichter bij de dagelijkse wereld dan de bunker op het Voorhout – maar aan de andere kant is de exacte plek weer wonderlijk gekozen: niet écht vlakbij het Torentje maar er net zo ver vanaf dat men zich er eerst op de een of andere manier naar toe moet begeven, wat aan de gesuggereerde snelheid van de operatie enige afbreuk doet. Het zijn deze subtiliteiten, deze minieme afwijkingen van wat praktisch is, die ook dit werk een niet onbelangrijk zweem van ironie meegeven. Het is een spel. Er zijn wel degelijk (nét echte) knikkers, maar welke knikkers dat nu precies zijn laat de kunstenaar in het midden: het werk is een mimesis van de (een) werkelijkheid ín die (alledaagse, topografische) werkelijkheid maar over wélke werkelijkheid we het dan hebben weten we eigenlijk niet. Zo schuren en wringen mogelijke betekenislagen over elkaar heen zonder in laatste instantie een eenduidige oplossing te bieden en wint het werk aan complexiteit. PP

this case, we are initially put on the wrong foot by that other rhetorical figure, paradox (in other words, seeing the bunker as an apparently alien element on the Voorhout). Another project that cannot currently be carried out but that can be viewed on a large billboard is and that is intended for establishment-bound stretch of water in The Hague – the Hofvijver near the Torentje – takes things one important step further. Here, the mimetic paradox is stretched to its limits; this is a multi-sided helicopter platform with an 18-metre diameter, which is a realistic scale. What are we to think? Although the material would not be able to bear the weight of a real helicopter, no more than we could actually enter the bunker, this is something which we (think we may) know but are not in all certainty able to see. In my opinion, a helicopter platform in the Hofvijver can have three functions; a neutral function (for fast transportation by air of our leaders), a defense function (for our leaders' escape when necessary) or an offensive function (for anti-government activists to land on). The fact that the latter option is difficult to conceive of, as it could not take place in broad daylight – the platform would not be there, is not particularly relevant given that we are now no longer speaking in terms of mimetic literalism but of a fictive meaning. In my opinion, it is precisely these self-evident but mutually contradictory associations, the various interpretative possibilities, that given the work its added value and make it essentially different to an univocal political statement. Here too, the alienation syndrome plays a role, precisely due to the combination of literal reality content and location. In principle, there could easily be a helicopter platform in the Hofvijver, making this work closer to the everyday world than the bunker on the Voorhout – but on the other hand, the precise location chosen is extremely strange; not right next to the Torentje, but just far away enough so that in one way or another, you first have to make your way to it, which somewhat detracts from the suggested swiftness of the operation. Among other things, it is these subtleties, these minimal deviations from practicality, that give the work a not unimportant touch of irony. It's a game, as in a game of marbles, in which although there really are marbles (for all the world looking like the real thing), the artist leaves us to guess what kind of marbles they actually are. The work is a mimesis of the (one) reality in that (everyday, topographical) reality, but the reality which is the subject of discussion is not yet actually known. In this way, possible layers of meaning graze and twist through each other, in the final analysis without offering a univocal solution, making the work increasingly complex. PP

SHE'LL BE RIGHT / YEAH

Jon Campbell Northern Ireland / Australia 1961

SHE'LL BE

Het gebruik van taal als medium in de beeldende kunst is niet nieuw. Het onverwachte verschijnen van letters in kubistische schilderijen had, wat gesimplificeerd gezegd, in de eerste plaats een direct visueel doel maar was toch ook opmerkelijk omdat het evenzeer een *Fremdkörper* in het beeldvlak was als Duchamps pisbak in het museum. De isolatie uit de oorspronkelijke context (alfabet, zinnen, lezen) en de overdracht naar een nieuwe (beelden, tekens, perspectief op drift) was een belangrijke vernieuwing.
In de conceptuele kunst, waar het gebruik van taal schering en inslag was (en is),is de betekenis gewoonlijk meer hermetisch en erudiet, afkomstig uit hulpwetenschappen als filosofie, semiotiek en linguïstiek. Zoals haast alles in de kunst is dit deel van het vocabulaire nu een soort *free-for-all*, een medium als alle media dat gebruikt kan worden om allerlei verschillende betekenissen te genereren.
Jon Campbells bijdrage aan Den Haag Sculptuur bestaat uit twee werken die gebruik maken van taal op een heel andere manier dan we van vorige generaties gewend waren. Het eerste werk heet *"She'll be right"* en het is ook opgebouwd uit de letters van deze zin die in eerdere exposities bijvoorbeeld wat nonchalant en ordeloos tegen muren leunden maar nu op een frame rusten waardoor de tekst van dichtbij totaal niet leesbaar is maar van verderaf (en bij voorkeur van bovenaf) juist wel. Die met het standpunt veranderende leesbaarheid betekent natuurlijk iets, namelijk (zou ik zeggen): waar je middenin zit is moeilijk als geheel te overzien, pas met afstand volgt het overzicht en vallen

The use of language as a medium in visual art is not new. The unexpected appearance of letters in cubist paintings was, put somewhat simply, in the first place a direct visual goal but at the same time remarkable because the letters were as much foreign bodies in the focal plane as Duchamp's urinal in the museum. The isolation of the original context (alphabet, sentences, lectures) and the transfer to a new one (images, signs, perspective op drift) was an important renewal.
In conceptual art, where the use of language was (and is) quite run-of-the- mill, the meaning is usually more hermetic and erudite, originating from auxiliary sciences such as philosophy, semiotics and linguistics. As almost everything in the art world, this part of the vocabulary is now a sort of free-for-all, a medium as all mediums that can be used to generate a variety of different meanings.
Jon Campbell's contribution to The Hague Sculpture consists of two works that make use of language in a completely different way than we have been used to with former generations. The first work is titled "She'll be right" and is composed of the letters of this sentence which in former expositions, for example, leaned somewhat nonchalantly and untidily against walls, but which are now placed on a frame, so that from close by the text is totally illegible, but from far away (and preferably from above) it can be clearly read. The changing legibility according to the viewer's position naturally has a

Acrylverf, Hout / Acrylic paint, Board   Stof / Fabric, 16 flagpoles

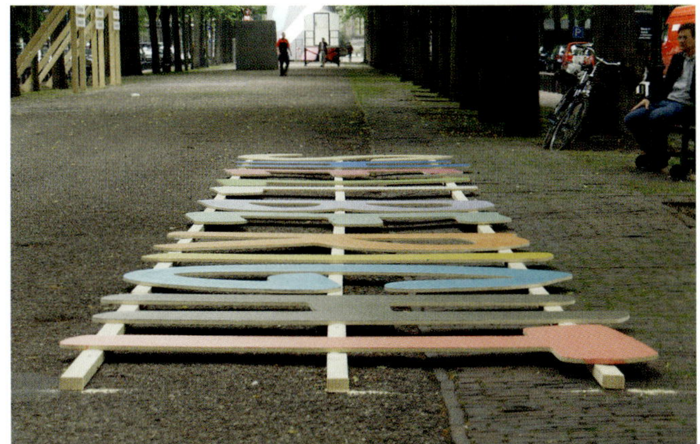

RIGHT

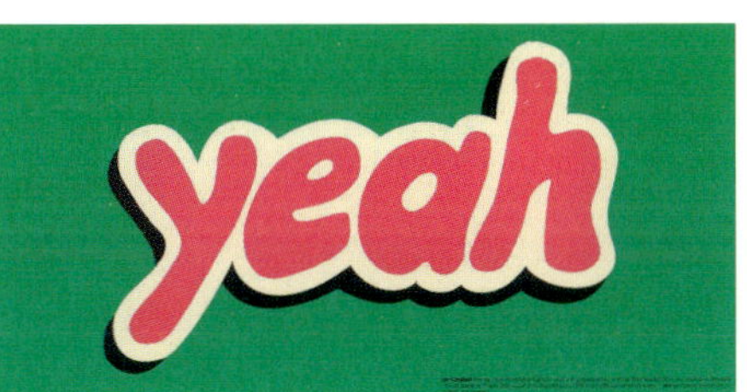

dingen (letters, tekens, gebeurtenissen) letterlijk 'op hun plaats'.
Je zou ook kunnen zeggen: om dit werk te kunnen bekijken moet
je als het ware *verziend* zijn en een aanpalende associatie is die
met een schilderij van pakweg Rembrandt: van dichtbij haast
'abstracte' verfklodders en strepen *avant la lettre*, van verderaf
een overzichtelijk, samenhangend en begrijpelijk geheel.
Dit soort overwegingen zijn van een zekere zwaarwichtigheid
die in dit werk door de letterlijke betekenis van het hele beeld
juist weer bijna helemaal teniet wordt gedaan: *"She'll be right"*
is een typisch Australische uitdrukking die zoveel betekent als
"Dat komt wel goed". De laconieke en rielekste aard van die
mededeling lijkt een anticlimax maar relativeert daarmee mooi
allerlei gewichtigheid en gewichtigdoenerij die – zo blijkt – voor
kunst helemaal niet per se noodzakelijk is. Het is die paradox
tussen inhoudelijke zwaartekracht en vederlichtheid die voor een
soort epifanie zorgt want de ontdekking dat het niet allemaal
zo zwaarwichtig is heeft in de kunstcontext per definitie juist
een zeker gewicht. Ontsnappen aan die context is niet mogelijk,
ermee spelen wel.
Nog radicaler, maar ook complexer, wordt dit geformuleerd in
het werk *"Yeah"*, dat bestaat uit banieren met dit woord erop.
De afkomst van dit werk moeten we misschien ergens in de Pop
Art zoeken maar dan toch zonder de maatschappijkritische,
anti-consumentistische bagage daarvan. Dit werk is integendeel
affirmatief van aard, *"yeah"* is een positief commentaar of, liever
gezegd, in ieder geval opnieuw een heel *rielekst* commentaar:

*meaning, namely (I would say): if you're in the
middle of something, it's difficult to oversee the
whole – a total overview is only acquired with
distance, when things (letters, signs, events)
literally 'fall into place'. You could also say: in order
to view this work, you must be far-sighted, as it were.
A close association is with a painting of, let's say,
Rembrandt; from nearby almost 'abstract' daubs of
paint and stripes* avant la lettre, *but from further
away a surveyable, cohesive and comprehensible
whole.*
*In this work, these sorts of ponderings have a
certain heaviness which the literal meaning of the
whole image almost completely counterbalances.
"She'll be right" is a typical Australian expression
that means as much as "It will be alright". The
laconic and relaxed nature of the statement would
seem to be an anticlimax, beautifully relativizing all
sorts of pomposity and flatulence that, so it would
appear, is not necessarily required in art. It is the
paradox between intrinsic gravity and feather-light-
ness that ensures a sort of epiphany, because within
the context of art, the discovery that everything is
not really all that heavy carries a certain weight with
it by definition. Although it is not possible to escape
this context, it is however possible to play with it.
In work "Yeah" consisting of banners with words on
them, this is formulated even more radically and
more complexly. The origin of the work probably
lies in Pop Art, but without the criticism of the*

"OK", *"welja"*, *"het zal mijn tijd wel duren"*, allemaal afgeleid van het woord *yes* waarvan *yeah* een verbastering is die een eigen leven is gaan leiden. Het woord kom je in de spreektaal overal tegen maar meer dan elders komt het voor in rockmuziek *(yeah, baby)*, het is de taal van een groep die zich niet bemoeit met vaststaande normen en waarden, zich er ook niet per se tegen afzet, maar *jenseits von Gut und Böse* zijn eigen betekenis formuleert. Natuurlijk kun je er binnen de kunstcontext wel een relativerend commentaar op 'high art' in zien, maar dan van een vrolijk, bevrijdend soort, 'niks om je druk over te maken' – wat niet wil zeggen dat het niks *is*.

Dit werk is eerder ook uitgevoerd in de vorm van kleine vlaggetjes zoals supporters die wel meenemen naar een voetbalwedstrijd. Dat is een mooie context, want de tekst weerspreekt de reden van iemands aanwezigheid op de tribune: met **yeah** wordt bepaald geen partijdigheid aangegeven, het heeft niets competi- tiefs, het relativeert de slogan *"voetbal is oorlog"*. De kunstenaar of mensen om hem heen hebben ook wel geopperd dat het een aardige vlag voor het land zou zijn, juist omdat hij zo in tegen- spraak is met iedere notie van nationalisme.

Ook hier wordt dus een poging gedaan om de zwaartekracht vederlicht te maken en temidden van de vele vaak zeer zwaar- wichtige kunst uit zo ongeveer alle andere delen van de wereld (en ook daar zijn natuurlijk uitzonderingen op) doet dit gedrag fris en weldadig aan, ook in de zin van: gewoon opnieuw begin- nen en kijken waarmee we het ons naar de zin kunnen maken. In tegenstelling tot wat misschien gedacht zal worden is dat geenszins oppervlakkig: het is als een mes dat door de boter snijdt, een minimale handeling die schijnbaar zonder moeite door iedereen kan worden uitgevoerd maar die wel noodzakelijk kan zijn als belangrijk ingrediënt van een recept bij ontstentenis waarvan het uiteindelijke gerecht haast niet te eten is (en zeker niet voor je plezier).

Dat basale aspect, waarbij het werk zich als het ware tot 'ieder- een' richt, wordt in de Haagse versie kracht bijgezet doordat alle banieren met de hand door Australische vrouwen zijn genaaid: een allusie op het oude ambacht als tegengesteld aan industriële productie (dicht op de huis versus ver van het hart) en tegelij- kertijd een komische – vooral niet serieus te nemen – verwijzing naar het pre-emancipatorische idee dat dit 'typisch vrouwen- werk' is. Dat venijnige angeltje versterkt nog de essentiële bete- kenis van het werk die uiteindelijk kan worden samengevat als: *"neem mij niet serieus"*, wat natuurlijk helemaal geen onserieuze uitspraak is maar wel vergezeld gaat van een bevrijdende lach. PP

social structure and anti-consumerist baggage. On the contrary, this work is of an affirmative nature, "yeah" being a positive comment or rather, in any case, a very relaxed comment: "OK", "sure", "that will last my time", are all derived from the word yes, of which yeah is a corruption which has taken on a life of its own. The word is encountered in colloquial speech everywhere, but more than anywhere else in rock music (yeah, baby), being the language of a group that is not interested in fixed norms and values, is not necessarily against them, but formulates its own meaning "jenseits von Gut und Böse [beyond good and evil]. Within the context of art, it is naturally possible to see a relativizing comment on 'high art", but then of a cheerful, liberating sort, 'nothing to worry about' – which does not, however, mean that it is actually nothing.

*This same work was previously also made in the form of small flags, like the ones that supporters take with them to football games. This is a good context, as the text contradicts the reason for someone's presence in the stadium; the word *yeah* definitely does not indicate partiality, it is not competitive and relativizes the slogan "football is war". The artist or people around him have also suggested that it would be a good flag for their country, precisely due to its contrast with all notions of nationalism. Here too, an attempt is made to make gravity feather-light and in the midst of what is often extremely ponderous art from just about all other parts of the world (and there are naturally exceptions to this too), this behaviour makes a fresh and fruity impression, also in the sense of 'let's start out again and see how we can have a good time'. Con- trary to the impression that this may give, it is totally not superficial, but as a knife cutting through butter, a minimal act apparently capable of being effortlessly performed by anyone, but which may be as essential as an important ingredient of a recipe, without which the final meal will be virtually inedible (and certainly not be eaten for pleasure).*

In the Haguian version, this basal aspect, whereby the work addresses 'everyone' as it were, is enhanced due to the fact that all the banners were sewn by hand by Australian women; an allusion to traditional handicraft as opposed to industrial production (close to home versus far-removed from the spirit) and at the same time a comical reference, certainly not to be taken seriously, to the pre-emancipatory idea that this is ' typical women's work'. This slightly malicious mischief intensifies the essential meaning of the work which in the final analysis can be summarized as "don't take me seriously", naturally absolutely not an unserious statement, but nevertheless accompanied by liberating laughter. PP

IOU

Mykala Dwyer Australia 1959

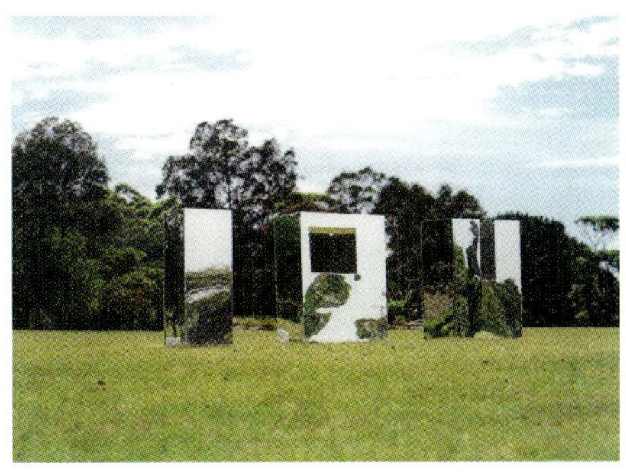

Spiegelend folie, Hout, Lijm / Acrylic mirror, Wood, Glue

Wie het werk van Mikala Dwyer (1959) bekijkt denkt in een extravagant, exotisch interieur te zijn binnengestapt, waarin objecten staan die vertrouwd lijken maar toch hardnekkig onbenoembaar blijven. Vaak zijn ze uiterst aantrekkelijk en sensueel met glanzende oppervlakken en vrolijke speelse kleuren. In de installatie *Woops* (1994) bijvoorbeeld bekleedt ze een tv, radio, stofzuiger en schildersezel met textiel zodat ze nauwelijks herkenbaar zijn en stalt ze uit in een theatrale setting van bontgekleurde stoffen. In *Iffytown* (1999) maakt ze een stelsel van bontgekleurde pvc buizen die een krankzinnig rioleringssysteem suggereren. Kenmerkend daarbij is dat Mikala Dwyer nooit een overtuigende schijnwereld wil creëren, maar bewust ruimte laat voor imperfectie en onzekerheid en die ook inzet om tot nieuwe creaties te komen.

Mikala Dwyer speelt bewust met de associaties die haar objecten en installaties oproepen. Ze herinneren aan dingen of voorwerpen uit onze eigen leefomgeving die onze identiteit mede bepalen en vormgeven. Omdat we ze niet direct kunnen duiden ontstaat er een bepaalde onzekerheid waardoor we onze eigen identiteit opnieuw gaan onderzoeken. De verleidelijke pseudo-objecten appelleren aan onze emoties, een proces vergelijkbaar met een kind dat een voorwerp met zijn fantasie tot leven kan brengen en er zelfs mee kan communiceren. Vaak roept Mikala Dwyer die beleving van de kindertijd ook op door objecten met opzet te klein of juist veel te groot te maken en materialen te gebruiken die we associëren met geborgenheid en verzorging als verband, pleisters of zachte lakens.

Het werk *IOU* zet ons op een andere manier aan het denken over onze identiteit. In een eerste versie uit 1996 zijn de letters gemaakt van klei. Klein en onooglijk staan ze op een schoorsteenmantel als een bescheiden oproep aan de toeschouwer: *I owe you*: ik ben jou wat verschuldigd. Wat verschuldigd is en waarom wordt aan de kijker overgelaten.

In een latere versie uit 1998 zijn de letters groter en strakker, gemaakt uit spiegelend perspex. De versie op Den Haag Sculptuur is nog een stap groter en weer glad en spiegelend.

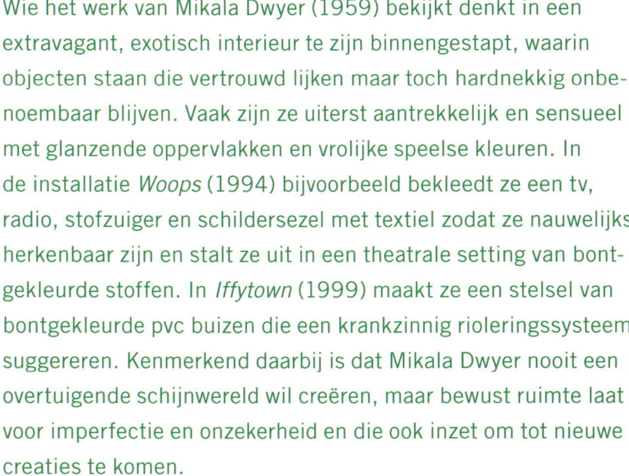

Viewing the work of Mikala Dwyer (1959), you may imagine that you have stepped into an extravagant, exotic interior, with objects which appear familiar but are nevertheless stubbornly indescribable. Frequently, they are extremely attractive and sensual with shiny surfaces and cheerful playful colours. In the installation Woops *(1994), for example, a TV, radio, vacuum cleaner and painter's easel are covered with textiles making them scarcely recognizable, and displayed in a theatrical setting of multi-coloured materials. In* Iffytown *(1999), the artist made a system of brightly coloured PVC tubes suggesting a deranged drainage system. Characteristic hereby is the fact that at no time does Mikala Dwyer aim to create a make-believe world, but consciously leaves space for imperfection and insecurity, also using these to realize new creations.*

Mikala Dwyer consciously plays with the associations that her objects and installations evoke.

They are reminiscent of things or objects in our own living environment that contribute to determining and shaping our identity. Unable to pin them down, we are confronted with a sense of insecurity as a result of which we must re-examine our own identity. The seductive pseudo-objects appeal to our emotions, a process comparable to a child who can bring objects to life and even communicate with them by using his or her fantasy. Mikala Dwyer often evokes the experience of childhood by intentionally making objects too small or too large and by using materials that we associate with security and care such as bandages, plasters or soft sheets.

The work IOU *gets us thinking about our identity in another way. In a first version made in 1996, the letters are made of clay. Small and unsightly they stand on a mantelpiece like a modest call to the audience:* I owe you*: the matter of what is owed and why is left to the spectator.*

In a later version made in 1998, the letters are larger and tauter and made of reflective Perspex. The version at The Hague Sculpture is larger again and also smooth and reflective. The reflection gives

www.annaschwartzgallery.com.au/artists   Courtesy of: Darren Knight Gallery, Sydney Thanks to: Atelier van Zijderveld

I OWE YOU

Door de spiegeling krijgt het werk een tweeledige werking. De boodschap kan worden opgevat als een bekentenis van de kunstenaar aan de toeschouwer, een kunstwerk ontleent zijn bestaansrecht immers aan de communicatie met het publiek. Tegelijkertijd ziet de toeschouwer zichzelf in de spiegeling en wordt daarmee geconfronteerd met zijn identiteit, een al dan niet ongemakkelijke en soms confronterende bewustwording met dank aan de kunstenaar. *MvdL*

the work a two-fold working. The message can be understood as a confession of the artist to the audience, as after all, a work of art derives its right of existence from its communication with the public. At the same time, the spectator sees him or herself in the reflection and is thereby confronted with his or her identity, possibly an uneasy and sometimes confrontational process of growing consciousness, with thanks to the artist. MvdL

PARASITE LANGE VOORHOUT / IMAGO 2005

Richard Goodwin Australia 1953

Richard Goodwin's voorstel voor de *parasite-installatie* voor
Den Haag Sculpture (20 11 2006)

Ik hoop een installatie te maken die zowel verder ingaat op
mijn onderzoek naar de openbare ruimte onder de titel 'Prorosity'
(poreusheid) als op het idee van 'Parasitic structures' (parasitaire
structuren) die zich vasthechten aan de huid van de architectuur.

Porosity
Pore: n. minute opening in surface, which fluids may pass
Porous: a. full of pores (lit. or fig.); hence opf cogn.
Porosity: porousness, ns 8
Pores are minute openings in a surface which fluids may pass.
To be porous is to be full of pores. Porosity is the state of being porous.

De strategie die ik heb aangenomen in relatie tot deze hoedanigheid
beweegt zich op stedelijke schaal. Vanwege het vermengen van begrippen
die geassocieerd worden met exoskelet (een – extra- skelet aan de
buitenkant van het lichaam) en parasiet bepaalt poreusheid de manier
waarop het openbare en particuliere domein in elkaar kunnen grijpen.
Als sculptuur of installatie gebruikt worden als parasitaire toevoeging aan
de stedelijke maat kunnen architectuur of plekken die ongeschikt zijn voor
gebruik toegankelijker worden gemaakt voor de voetganger of inwoner van
de stad. Vanuit dit standpunt heb ik de principes geconstrueerd voor mijn
onderzoek onder dezelfde vlag van poreusheid. Door middel van mijn
onderzoek (en met Sydney als model) heb ik een manier uitgevonden om
de Poreusheid van een gebouw te meten met behulp van research naar
index en plaats die ruimtes in de corporatieve architectuur in kaart brengt
en rubriceert als types van openbare ruimte. Vanuit dit onderzoek is het
mogelijk gebleken om beelden te maken van wat een gebouw vervolgens
'verlangt', graag zou willen doen of hoe een aansluiting bij andere
gebouwen tot stand kan worden gebracht. Op deze manier kan de
ontwerper de voortdurende beweging van de architectuur versnellen.
Deze veranderlijkheid of virale groei is tot nu toe onvermijdelijk gebleken
maar gaat zo langzaam dat het publiek het niet opmerkt. Observatie:
de meerderheid van de architectuur in de stad bevindt zich in een

Richard Goodwin's proposal for a para-site-installation at The Hague Sculpture (20 11 2006)

*I am hoping to create an installation which both
explores my research into public space titled 'Porosity' and the idea of 'Parasitic structures' which attach to the skin of architecture.*

*Porosity
Pore: n. minute opening in surface which fluids may pass
Porous: a. full of pores (lit. or fig.); hence of cogn.
Porosity: porousness, ns 8
Pores are minute openings in a surface which fluids may pass. To be porous is to be full of pores. Porosity is the state of being porous.*

*The strategy I have adopted relating to this quality is at the urban scale. Amalgamating the concepts associated with exoskeleton and parasite, porosity is an assessment of the way in which the public and private realms can be made to mesh. Using sculpture or installation, as parasitic attachments at the urban scale, architecture or unusable spaces can be made more accessible to the pedestrian or city dweller.
From this position I have built the rationale for my research under the same banner Porosity. Through my research (and using Sydney as a model) I have invented a way of measuring the Porosity of a building via an index and site research that maps and classifies spaces within the corporate structures as types of public space. From this*

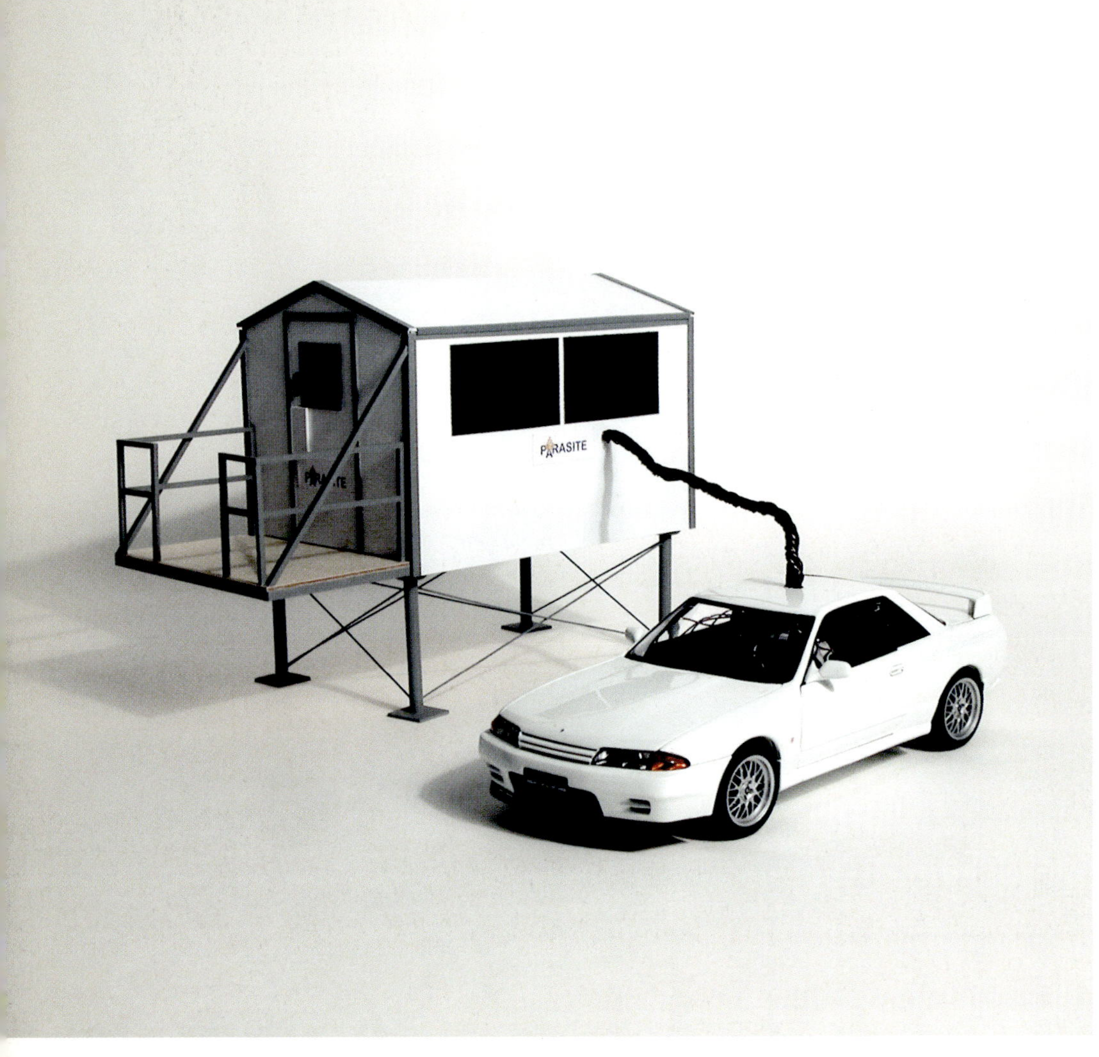

permanente staat van onvolkomenheid. Zij is al onderworpen
aan een proces van eindeloos en permanent aanbrengen van
protheses. Dit is altijd een uitdaging geweest voor de Modernistische principes. Bruggen, bushaltes, verkeersborden, uitbouwen,
openbare toiletten e.d. vechten allemaal op verschillende
manieren voor het vergroten van de poreusheid van de architectuur. De kunst kan dit doen, maar alleen met een uitgebreid en
dubbelzinnig programma. Wat is het doel van deze opknapbeurt
van de hele stad? Dat in laatste instantie het beeld van de stad
overeen komt met de doorlopende verandering van een groot
bos. Kunst in de openbare ruimte versterkt de behoefte aan
sociale constructies die in die ruimte ontstaan en zich vasthechten

*research it has been possible to create images of
what a building 'desires' to do next or how it might
connect to other structures. In so doing the designer
can accelerate the flux of architecture. This flux or
viral growth is or has been to date inevitable, but so
slow that the public do not detect it. Observation:
the body of architecture is in perpetual state of
defect in the city. It is already subject to infinite
and perpetual prosthesis. This has always been a
challenge to the Modernist tenets. Bridges, bus
stops, signs, extensions, public toilets and so on, all
fight in various ways to increase the porosity of the
architecture. Art can do this but with an extended
and ambiguous program. What is the aim of this*

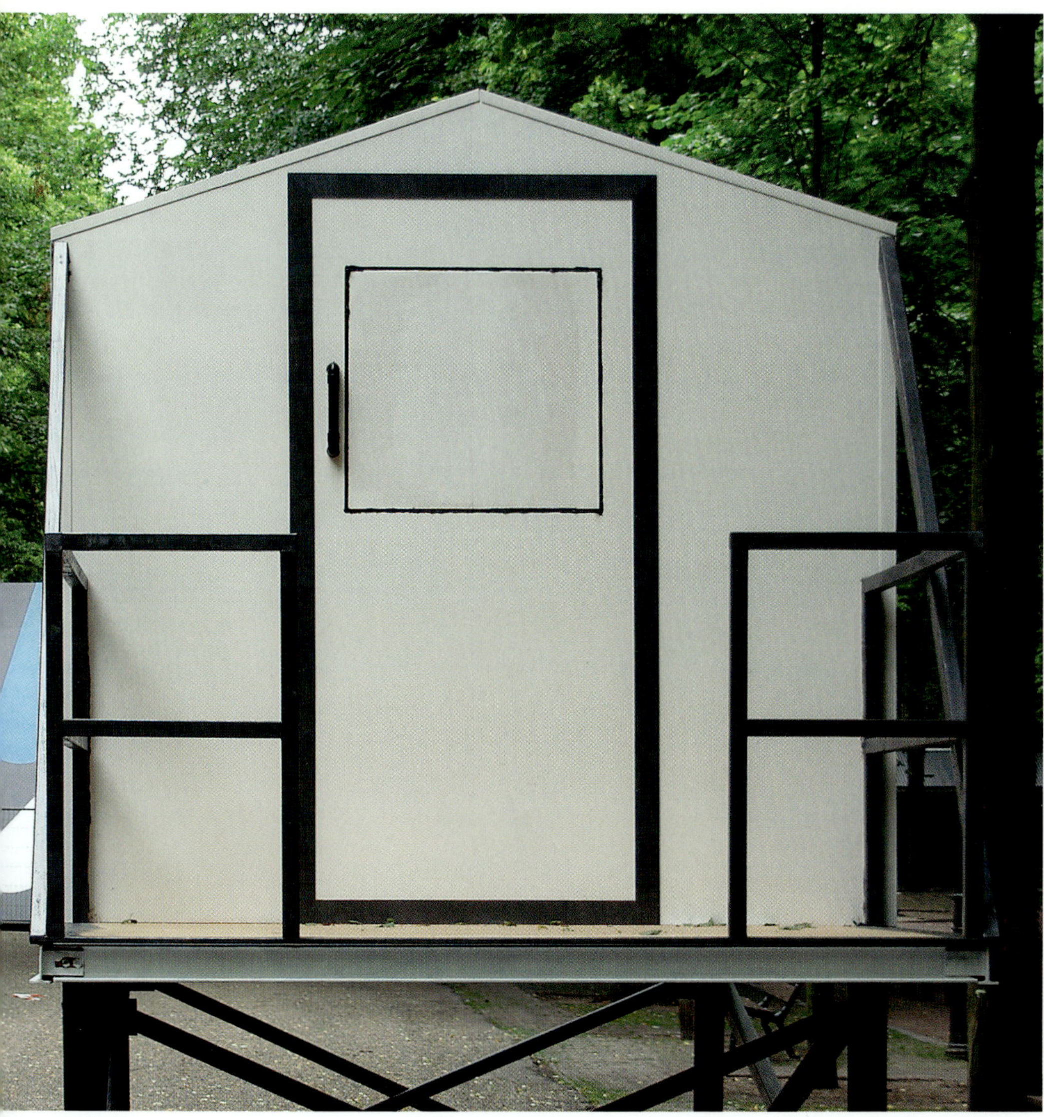

aan de huid van de architectuur en daardoor de concrete grenzen tussen kunst en architectuur laten verdwijnen. Het historische gebied bij het Lange Voorhout is vastgesteld als werkplek. Het toont een rijke mengeling van gemiddelde dichtheid aan historische ambtelijke en regeringsgebouwen en ook musea en commercieel uitgebate panden die allemaal met de voorkant naar het zware geboomte op de lanen van het Lange Voorhout gericht zijn. Ik ben van plan om dit gebied te onderwerpen aan een onderzoek naar 'poreusheid' of de mate van doordringbaarheid in de richting van de openbare ruimte. Om dat te doen zal ik alle mogelijkheden tot infiltratie vanuit de openbare ruimte in het interieur van ieder gebouw in kaart brengen *'mappen'* en verder onderzoeken.

entire repair of the body of the city? Ultimately the vision for the city is parallel to the ongoing flux of a great forest. Public art reinforces the need for social constructions which generate in public space and attach the the skin of architecture, thus physically dissolving the boundaries of art and architecture. The historic precinct of Lange Voorhout has been identified as the site. It presents a rich medium density mix of historic official and government buildings as well as museums and commercial premises, all facing the heavily treed avenues of Lange Voorhout. I intend to subject this precinct to a study of 'Porosity' or permeability to public space. To do this I will map and explore all the possibilities

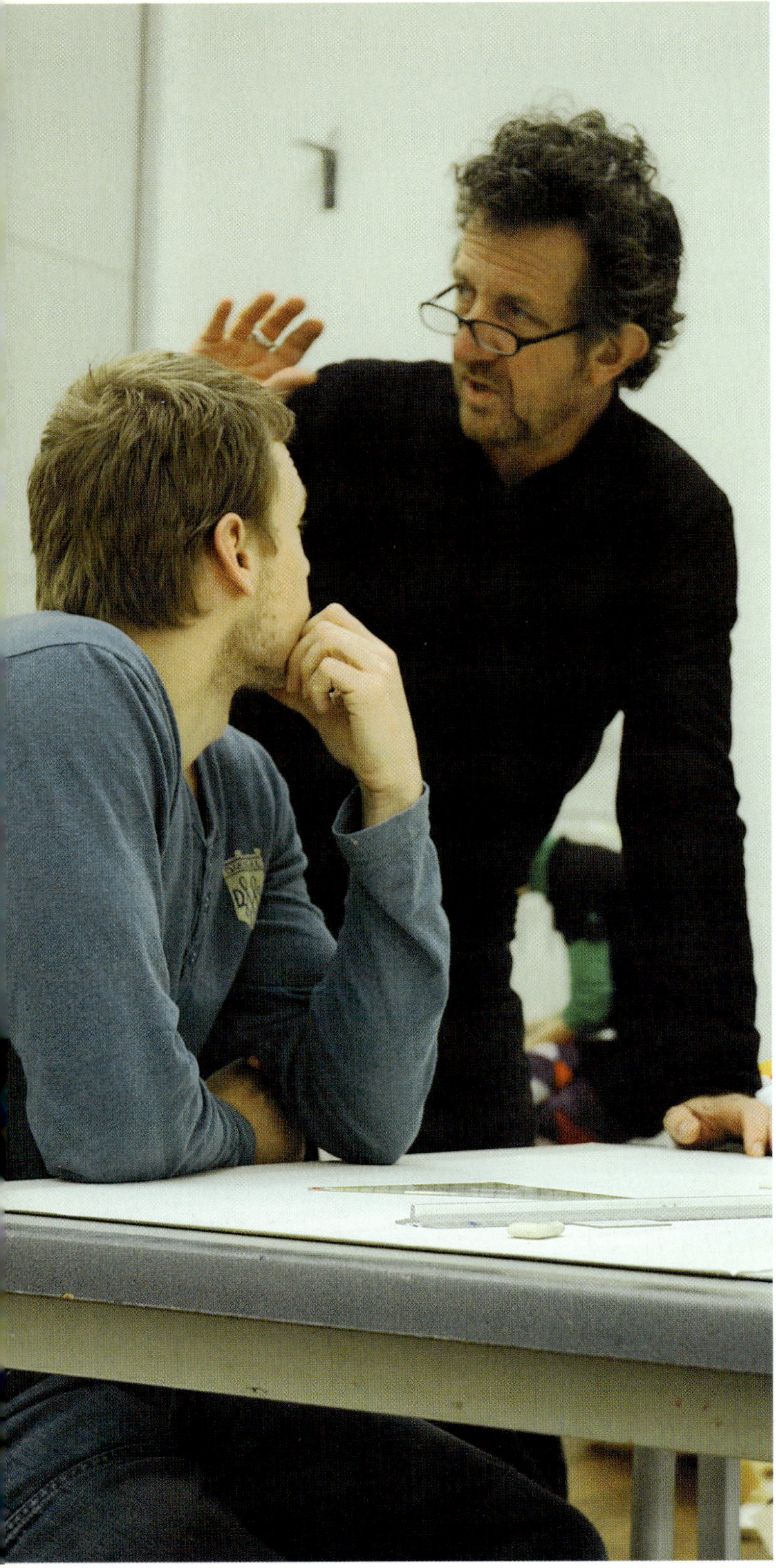

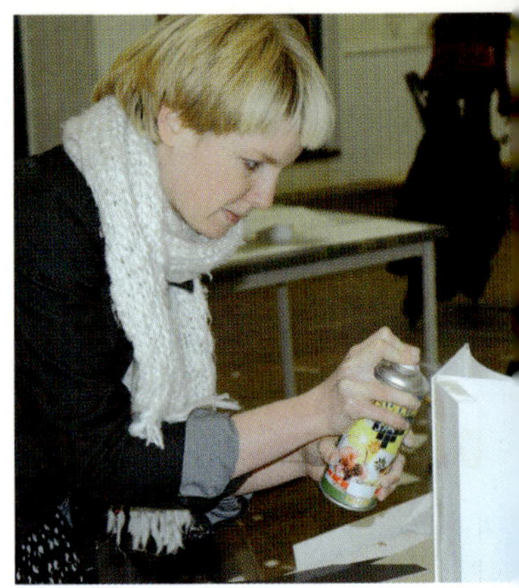

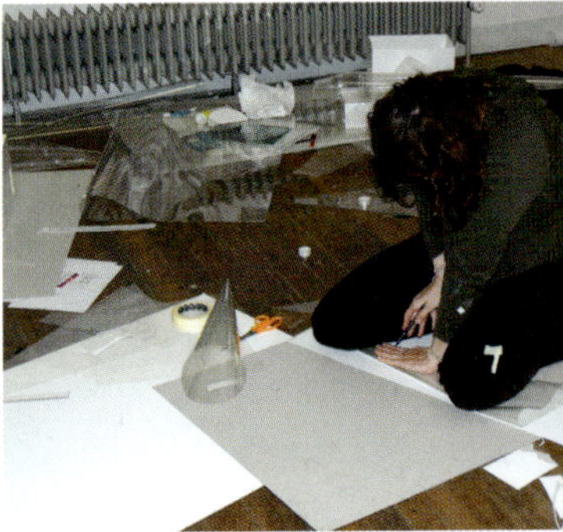

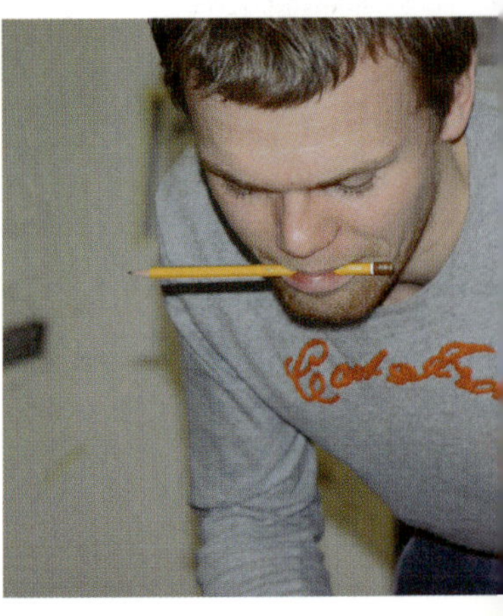

De structuur die daaruit voortkomt is een parasitaire vorm en zal uit eenvoudige materialen worden opgebouwd zoals een houten skelet en platen van vezelcement. Het is misschien ook mogelijk om autocarrosserieën en containers voor luchttransport te gebruiken voor dragende delen van de constructie. De structuur die hiervan het resultaat is weerspiegelt binnenruimtes maar aan de buitenkant is de constructie meer een deel van de straat – een soort stedelijk 'ruimte'afval. Richard Goodwin

of infiltration from public space into the interiors of each building. The resulting structure is a parasite form, and will be constructed in simple materials, such as timber framing and fibre-cement sheet. It may also be possible to use car bodies and air-transport containers to form parts of the supporting structures. The resulting structure mirrors internal spaces but externally its structure is more part of the street – a type of urban 'space'-junk.

WORKSHOP
MAPPING THE SYSTEM

Goodwin te gast bij KABK / *Goodwin as guest of KABK*

At the invitation of The Hague Sculpture and in cooperation with The Hague Royal Academy of Visual Arts (KABK) Richard Goodwin gave a workshop MAPPING THE SYSTEM (12 - 16 / 2 / 2007) and a lecture on February the 15th. 2007.

Op uitnodiging van Den Haag Sculptuur en in samenwerking met de Koninklijke Academie van Beeldende Kunsten Den Haag (KABK) gaf Richard Goodwin een workshop MAPPING THE SYSTEM (12 - 16 / 2 / 2007) en een lezing op 15 februari 2007.

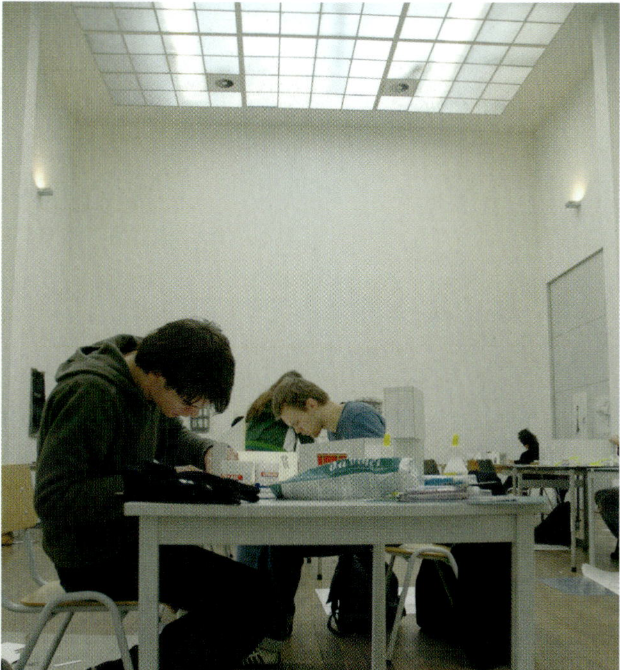

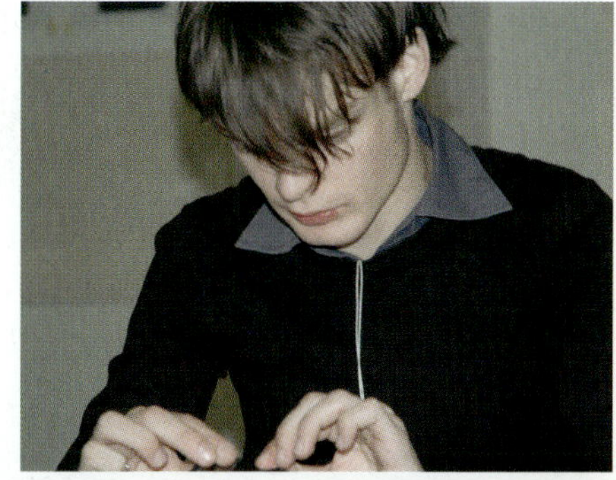

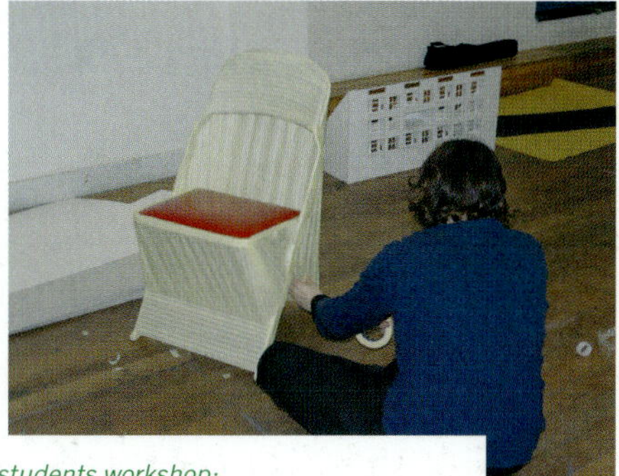

Deelnemende KABK-studenten aan de workshop /*Participating KABK-students workshop:*
Zoe Reddy, Tim van Zoelen, Judith van Oostrum, Floris Schaefer, Nika Neelova, Edjerkan Tastekin, Lev Kazachenko, Wiebe van der Hoven, Zahra Doai, Benjamin Kazachenenko, Laura Abbink.

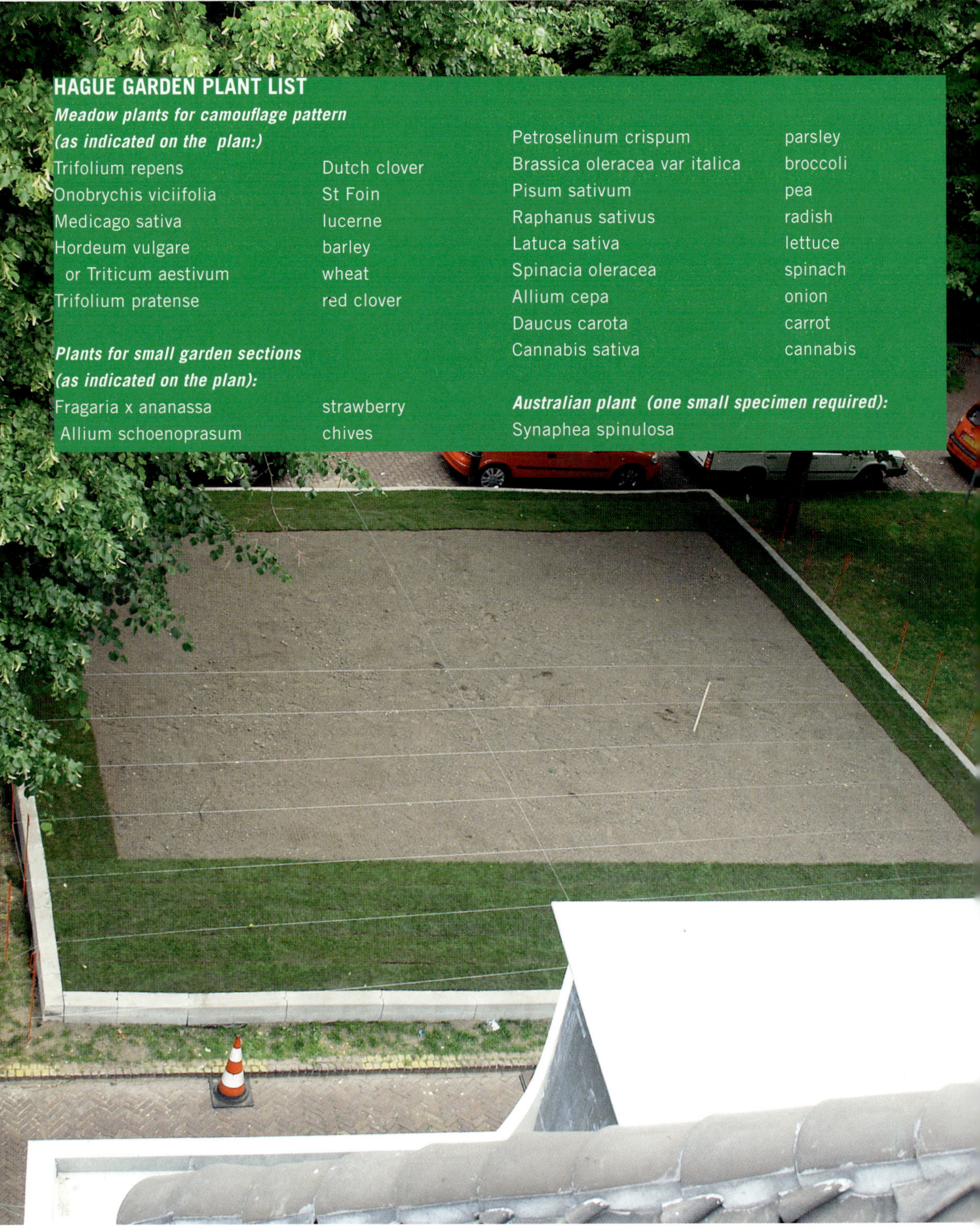
HAGUE GARDEN PLANT LIST
Meadow plants for camouflage pattern
(as indicated on the plan:)
Trifolium repens	Dutch clover
Onobrychis viciifolia	St Foin
Medicago sativa	lucerne
Hordeum vulgare	barley
 or Triticum aestivum	wheat
Trifolium pratense	red clover

Plants for small garden sections
(as indicated on the plan):
Fragaria x ananassa	strawberry
 Allium schoenoprasum	chives

Petroselinum crispum	parsley
Brassica oleracea var italica	broccoli
Pisum sativum	pea
Raphanus sativus	radish
Latuca sativa	lettuce
Spinacia oleracea	spinach
Allium cepa	onion
Daucus carota	carrot
Cannabis sativa	cannabis

Australian plant (one small specimen required):
Synaphea spinulosa

FORCE FIELD
(in situ project. Tuininstallatie Den Haag, 2007)

Fiona Hall Australia 1953

Force Field is de derde tuin die Fiona Hall dit jaar heeft gerealiseerd op verschillende plekken op de aardbol. Het is intrigerend om te zien hoe haar interesse in biologie in relatie met de politiek van nu (doorlopende, schijnbaar onoplosbare conflicten op verre plekken) en van het verleden (met name de koloniale tijd) zich zo vanzelfsprekend vertaalt in een gelaagd politiek geladen tuininstallatie, hoewel deze zich op het eerste gezicht laat aanzien als de onschuldigste en aangenaamste open lucht-tervaring die je je kunt voorstellen. Fiona Hall verklaart haar plan zelf als volgt: *"De meeste soorten die ik zal gebruiken werden naar Australië vervoerd door de First Fleet [Eerste Vloot], een term die we gebruiken om de schepen mee aan te duiden die de eerste gevangenen-kolonisten in 1788 van Engeland naar Australië brachten. Deze schepen brachten veel soorten planten, groenten, granen en fruit in de vorm van zaden of levende planten om ze te laten groeien in de nieuwe kolonie. Deze episode uit het vroege Europese kolonialisme interesseert me bijzonder omdat toen voor het eerst planten uit andere plekken de Australische kust bereikten (veel van die planten gingen al snel dood nadat ze in het nieuwe land waren geplant op de plek waar nu de Botanische Tuin van Sydney is omdat de bodem ongeschikt voor ze was). Sommige zaden die met de First Fleet naar Australië reisden, werden meegebracht uit Engeland, maar planten werden ook onderweg gekocht in Rio de Janeiro en in Kaapstad van de Nederlandse Verenigde Oostindische Compagnie (de First Fleet maakte een stop in Kaapstad van 12 oktober tot 12 november 1787 en werd niet erg welkom onthaald door de Nederlanders!)."*
"…alle planten, behalve die ene Australische plant, zijn gemakkelijk om aan te komen en alle weideplanten die het grootste deel van de tuin uitmaken groeien gemakkelijk nadat ze zijn ingezaaid. […] de tuin is gebaseerd op het Australische militaire camouflagepatroon dat wordt gepresenteerd in de vorm van de kaart van Australië. De tuin bestaat helemaal uit camouflagepatronen uit verschillende landen in relatie met de oorsprong van de planten. Het is mijn bedoeling dat de tuin eruit ziet als een weideveld als een tapijt van planten, met een onderliggende politieke boodschap. De bijenkorven [met camouflagetekeningen] zullen er nieuwe lagen van patronen en politieke verwijzingen aan toevoegen, met name omdat de meeste landen die door de bijenkorven vertegenwoordigd worden en de planten die erbij horen in het Midden-Oosten liggen of betrokken zijn bij het huidige conflict in Irak." MJdR

GIANT SQUID (Stranger than fiction)

Peter Hennessy Australia 1968

Tot voor kort was de reuzeninktvis *(Architeuthis dux)* een mythisch schepsel. Hij bestond voornamelijk in maar half te geloven verhalen van walvisvaarders en wanneer er soms een enkel incompleet lijk aanspoelde. In feite werd de eerste video van een levend exemplaar pas in 2005 gemaakt. Daarom leeft de reuzeninktvis op een plek waar fictie nog maar net gestalte heeft gekregen in de werkelijkheid, daar waar onze 'fictieve' kennis nog van groter gewicht is dan de 'wetenschappelijke'. Voor mij onthult deze overgangsstatus van de reuzeninktvis het proces van de Verlichting om de wereld te mappen, in kaart te brengen en al zijn verborgen geheimen aan het licht te brengen. Deze buitengewone koppotige symboliseert de onvermijdelijkheid van dit proces maar trekt tegelijkertijd de perfecte rationaliteit ervan in twijfel. We weten nog steeds bijna niets over de zestig tot zeventig procent van de wereld die zich onderin de diepe oceanen bevindt.

Het is teleurstellend dat we er niet tevreden mee zijn om het mysterieuze mysterieus te laten zijn. We hebben meer zeemonsters en verschrikkelijke sneeuwmannen nodig. Op allerlei manieren is de inktvis interessanter als mythe dan als wetenschappelijk feit. Het schrikbeeld van de inktvis heeft vanaf het begin af aan het science fictiongenre geobsedeerd, van zijn gevecht met de Nautilus in Jules Verne's *"Twintigduizend mijlen onder zee"* via John Wyndams *"De kraak"* tot de aanvallen op boten in *"De Matrix"* van A. en L. Wachowski. In deze verhalen is de inktvis nooit de goeie jongen. Hij is altijd een sluwe maar in essentie gevoelloze kracht die koste wat het kost moet worden getemd. Zelfs in deze context bewaakt de reuzeninktvis de grens van de redeloze dierlijke wereld van de natuur die de rationele wereld zo graag wil annexeren. Toch staat de reuzeninktvis bekend in de echte wereld als de intelligentste variant vande ongewervelde dieren, Het zijn zich aanpassende, sociale en communicatieve wezens. Het zijn weliswaar jagers, maar zeker niet wreder dan mensen.

Mijn *Reuzeninktvis* (Giant Squid) is van triplex op ware grootte nagebouwd en zijn armen zitten verward in een van de bomen

Up until quite recently, the giant squid (Architeuthis dux) was a creature of myth. It existed as halfbelieved tales told by whalers and the occasional incomplete corpse, washed ashore. In fact, the first ever video of a live specimen was only captured in 2005. The squid therefore lives at a point where fiction has only just solidified into reality, where our 'fictional' knowledge still outweighs our 'scientific'. For me, the giant squid's transitional status exposes the Enlightenment's process of mapping the world and bringing all of its hidden mysteries to light. This extraordinary cephalopod symbolises both the inevitability of this process but also questions its perfect rationality. We still know almost nothing of the 60-70% of the world that lies beneath the deep oceans.

It is disappointing that we can't be content to let the mysterious remain mysterious. We need more sea monsters and yetis. In many ways the squid is more interesting as a myth than as a scientific fact. The spectre of the squid has haunted the sci-fi genre from the beginning; from it's battle with the Nautilus in Jules Verne's "40000 Leagues Under The Sea", through John Wyndam's "The Kraken" to the attack ships in A & L Wachowski's "Matrix". The squid is never the good guy in these stories. It is always a cunning but essentially insensate force, a beast to be subdued at all costs. Even in this context, the giant squid guards the border of the brutish natural world that the rational seeks to annex. Yet in real life, the squid is renowned as the most intelligent of the invertebrates. They are adaptive, social and communicative creatures. Certainly they are hunters, but no more savage than humans.

My Giant Squid is produced from plywood and recreated at full size, its tentacles entangled in one of the trees of the Lange Voorhout. The squid's emormous size is implausible, absurd really, like its location on dry land. In many ways, this is a work

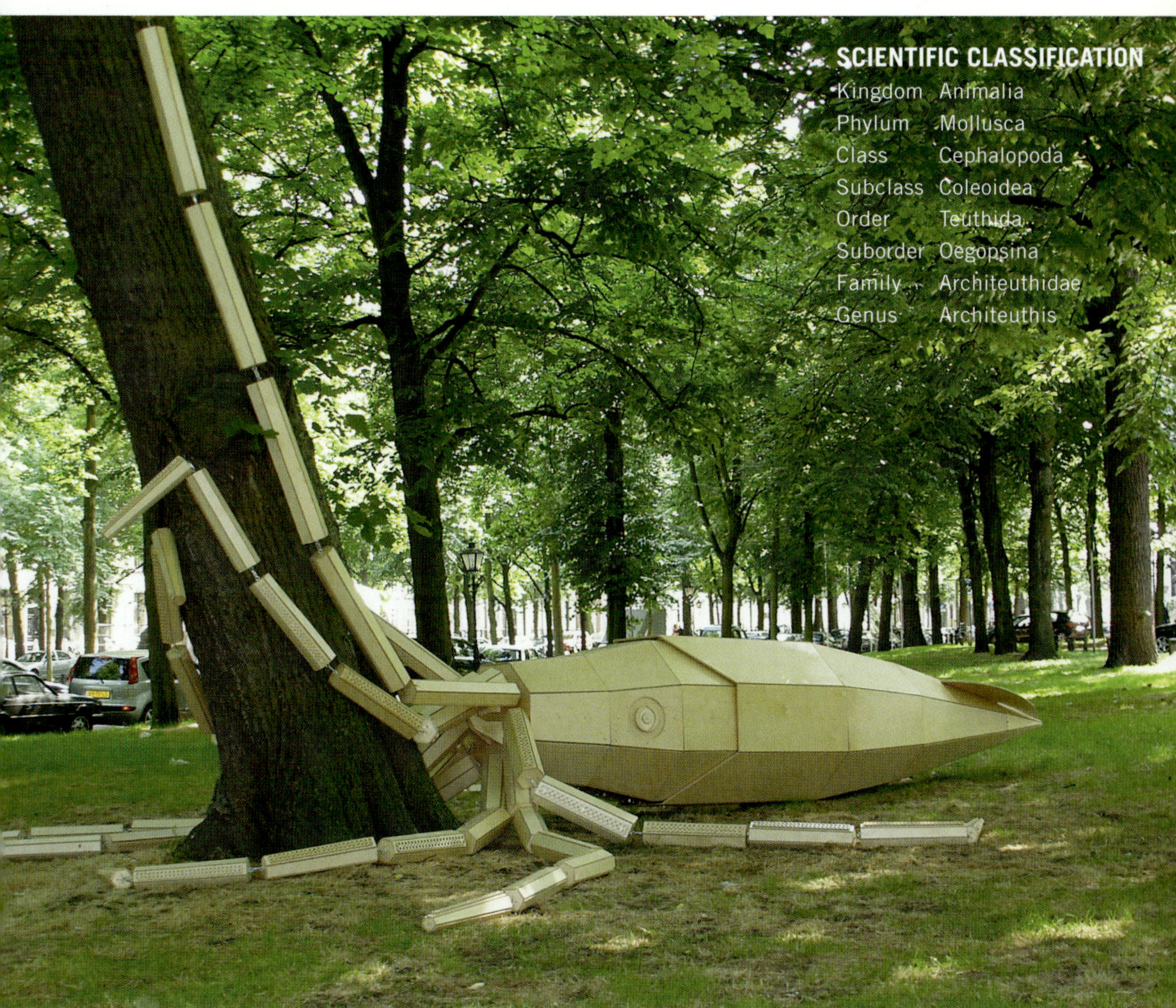

van het Lange Voorhout. Het enorme formaat van de inktvis is ongeloofwaardig, absurd eigenlijk, net als zijn situering op het droge. Op meer dan een manier zet dit werk in op het verschil tussen het echte en het imaginaire en speelt het tegen elkaar uit. We moeten ons realiseren dat Den Haag technisch gezien onder de zeespiegel ligt en dus bevindt mijn inktvis zich theoretisch eigenlijk onder water. Ik beleef plezier aan de ironie van een kunstmatig houten weekdier dat in een dodelijke strijd verwikkeld is met een echte boom. Het vieren van een mislukking is zeer Australisch – denk maar aan Ned Kelly of de Anzacs. Mijn Reuzeninktvis past in die traditie en vecht er – zonder succes – voor om onopgemerkt te blijven. Hij worstelt met de knoestige maar ordelijke Europese boom maar is al naar de oppervlakte getrokken. Maar ook verslagen heeft hij een indrukwekkende en volumineuze aanwezigheid en een zekere majestueuze allure.
Peter Hennessey

that plays off the difference between the real and the imaginary. We should remember that Den Haag is technically below sea level and so theoretically my squid is actually under water. I enjoy the irony of an artificial wooden mollusk locked in deadly combat with a real tree. It is very Australian to celebrate failure – think of Ned Kelly or the Anzacs. My Giant Squid fits in with that tradition, fighting – unsuccessfully – to remain obscure. It grapples with the gnarled but orderly European trees, but it has already been pulled to the surface. Even so it has an impressive and bulky presence and a certain majesty in defeat. Peter Hennessey

Courtesy of: Darren Knight Gallery, Sydney

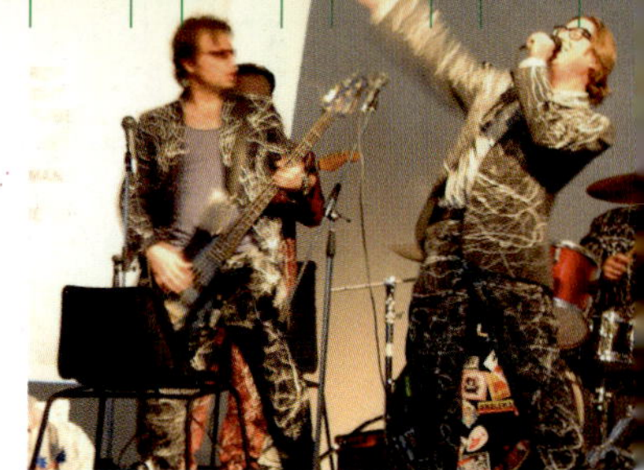

DANIUS KESMINAS & THE HISTRIONICS

Australia 1953 (Kesminas)

Danius Kesminas is de drijvende kracht achter de band 'The Histrionics'. De naam van deze band, hoe kort ook, is niet eens zo heel simpel te vertalen: het woord *histrionic* betekent bijvoorbeeld acteur (maar dan vooral in de zin van 'komediant') maar het kan ook 'aansteller' betekenen. In het Nederlands kán een komediant wel weer een soort aansteller zijn, maar alleen in de positieve zin van iemand die grappen en grollen maakt terwijl een aansteller nu juist ook iemand kan zijn die overal over zeurt en zanikt en alles naar buiten toe erger maakt dan het is – een voetballer die krimpend van de pijn op de grond ligt, bijvoorbeeld om een vrije trap te forceren of zijn tegenstander een gele of rode kaart aan te smeren is zo'n aansteller, maar dan een aansteller 'met voorbedachten rade', met een duidelijk doel voor ogen (uiteindelijk natuurlijk het vijandelijke doel).

Ik denk dat al deze betekenisvarianten tegelijk bedoeld zijn in de naamgeving van de band, hun oeuvre is ook zo ambivalent als het maar kan: tegelijkertijd lollig én serieus, lichtvoetig én zwaarwichtig. Ze spelen uitsluitend covers uit allerlei hoeken van de popmuziek die van nieuwe teksten zijn voorzien. En die gaan over beeldende kunst. Tot nu toe zijn er twee CDs uitgebracht: 'Never Mind The Pollocks, Here's the Histrionics' (naar analogie van The Sex Pistols' 'Never Mind The Bollocks') en 'Museum Fatigue'. Die titels geven al aan wat voor soort teksten je kunt verwachten: slimme, scherpe en ultrakorte beschouwingen over kunst en kunstwereld. Het zijn allemaal kritische statements, positiebepalingen.

Ik citeer hieronder delen van de tekst van 'Sculpture's Back in Town' (muziek: Thin Lizzy, 1976 onder de titel: 'The Boys are Back in Town', want tenslotte hebben we het hier steeds over een tentoonstelling van sculptuur in de stad in letterlijke zin:

De eerste strofe: 'Guess what's back in vogue today? / Them 3-D forms that had never been away / Haven't changed, haven't much to say / A bastard version of Brancusi'.

Met andere woorden: Kesminas signaleert dat ouderwetse sculptuur weer overal te zien is, onveranderd en met weinig te zeggen: het is tenslotte nooit meer dan een bastaard-Brancusi, wiens

Danius Kesminas is the driving force behind the band 'The Histrionics'. The name of this band, although seemingly short and simple, is not easy to translate; the word histrionic means actor, for example, (but then particularly in the sense of 'comedian') but it can also mean a 'drama queen'. In Dutch, it's possible that a comedian could be a sort of drama queen, but only in the positive sense of the word, meaning a joke cracker, while a drama queen can also refer to someone who makes it all much worse than it is. A football player writhing in pain on the ground with a view to getting a free kick or getting his opponent landed with a yellow or red card is such a drama queen for example, but then 'with premeditation', with a clear goal in mind, (in the final analysis of course the opponent's goal).

In my opinion, all these different meanings are meant to be understood in the name of the band, as its music is also as ambivalent as can be, at the same time silly and serious, light-footed and heavy-going. The band exclusively plays covers from a variety of kinds of pop music, to which they add their own lyrics which deal with the visual arts. Up to the present, the group has brought out two CDs; 'Never Mind The Pollocks, Here's the Histrionics' (by analogy with The Sex Pistols' 'Never Mind The Bollocks') and 'Museum Fatigue'. The titles give you an idea of what to expect; smart, keen and ultra-short dissertations on art and the world of art, critical statements which take a clear position.

Below are quotes from parts of the lyrics of 'Sculpture's Back in Town' (music: Thin Lizzy, 1976 under the title: 'The Boys are Back in Town'), because in the final analysis, we are discussing a sculpture exhibition in the city in a literal sense;

The first stanza: 'Guess what's back in vogue today? / Them 3-D forms that had never been away / Haven't changed, haven't much to say / An bastard version of Brancusi'.

In other words, Kesminas is pointing out the fact that old-fashioned sculpture can now be seen all over the place again, unchanged but still with little to say for itself; when all's said and done, it's never

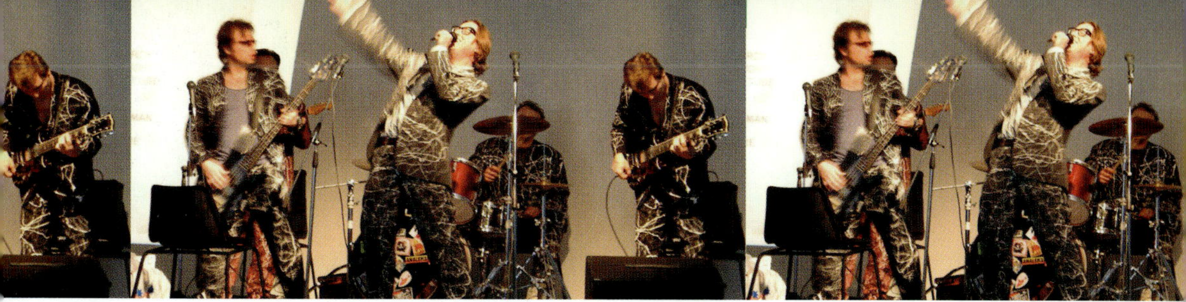

The Histrionics band members: Dave O'Brien, Craig Fermanis, Danius Kesminas, Stepas Levickis, Tony Millilo & Tommy Zdanius.

'Eindeloze zuil' bijvoorbeeld wel degelijk een revolutionair beeld was dat je tachtig jaar na dato beter niet kunt blijven herhalen. De derde strofe: *'Way back when bronze was cast a lot / The foundry floor was shaking / With the load it got / Man, I tell you, it was cool, / It was red hot / I mean it was steamin'*, steekt de draak met het ambachtelijke en nep-indrukwekkende gedoe met heftige materialen en wat een 'geweld' daar niet allemaal bij kwam kijken: wie dit leest ziet zonder moeite een propaganda-schilderij van een heroïsche arbeider-beeldhouwer voor zijn ogen opdoemen en dat vindt Kesminas geen aangenaam gezicht. Tenslotte eindigen het liedje met de strofe: *'Yet another corporate sculpture prize / For the property market to popularise / And the kids to vandalise / Now that's sculpture back again'*, en bekriti-seert Kesminas hiermee deze vorm van sculptuur als verhandel-baar object in een kapitalistische sculptuur terwijl jongeren het vooral interessant vinden om te vandaliseren.

Zulke kritiek is op zich natuurlijk niet bepaald nieuw maar de vorm waarin hij hier verschijnt wel en die vorm levert tegelij-kertijd een alternatief: muziek kan niet zo gemakkelijk worden gevandaliseerd en als je er een beetje handig mee omgaat en je CDs niet uitlevert aan de grote platenmaatschappijen (die ze trouwens toch niet wil hebben) maar de distributie in eigen hand houdt ontsnap je aan de kapitalistische structuur en tegelijker-tijd druk je kritische inhoud over 'high culture' uit in termen van 'low culture' en behoudt het resultaat een letterlijke vluchtig-heid – als de muziek voorbij is, is het werk verdwenen – en een komische lichtvoetigheid die de ernst van de mededeling lijkt te ondergraven maar deze in feite, als hij goed gehoord wordt, alleen maar kracht bijzet. *PP*

p.s. The Histrionics speelden op de opening van Den Haag Sculptuur 2007 op vrijdag 15 juni in de Kloosterkerk, *Sculp-ture's Back in Town*, in een unplugged–versie. The Histrionics treden later die avond ook op tijdens de afterparty van DE OVERKANT / DOWN UNDER in de Haagse popmuziektempel Het Paard van Troje.

anything more than a bastard Brancusi, whose 'Endless column' for example was a totally revolutionary image which eighty years later, however, should preferably not be continuously repeated. The third stanza: 'Way back when bronze was cast a lot / The foundry floor was shaking / With the load it got / Man, I tell you, it was cool, / It was red hot / I mean it was steamin', makes fun of the traditional and fake impressive carryings-on with heavy duty material and the 'brute force' involved; anyone reading this will immediately see a propaganda painting of a heroic worker-sculptor loom up before him and for Kesminas, this is not a pretty sight.

The number finally ends with the stanza: 'Yet another corporate sculpture prize / For the property market to popularise / And the kids to vandalise / Now that's sculpture back again'. With these words, Kesminas criticizes this form of sculpture as a tradable object in a capitalist sculpture while for young people, it is particularly interesting as an object to be vandalized. This kind of criticism is naturally not particularly new, but the form in which it appears in this context is.

At the same time, the form also provides an alternative; music cannot be as easily vandalized, and if you are a bit clever about it and don't hand over the control of your CDs to the large 'record companies' (who don't want them anyway) but organize your own distribution, you can escape the capitalist structure and at the same time express critical ideas about 'high culture' in terms of 'low culture'. The result will retain a literal fleeting-ness – when the music is over, the work will disappear – and a comical light-footedness which seems to undermine the seriousness of the statement but in fact, if heard properly, serves to strengthen it. *PP*

P.S. The Histrionics will perform an unplugged version of Sculpture's Back in Town *at the opening of The Hague Sculpture 2007 in the Kloosterkerk on Friday 15 June. The Histrionics will also be performing later that evening at the after-party of DE OVERKANT / DOWN UNDER in the Hague pop music temple Het Paard van Troje. And they intend to leave an after-image behind of their performances in The Hague.*

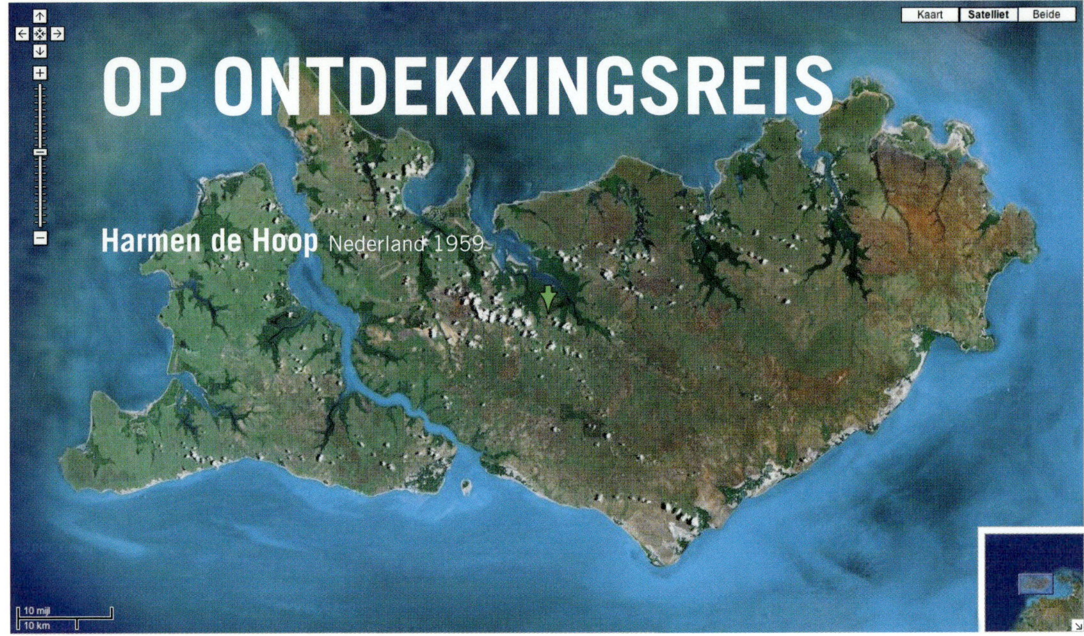

Het werk van Harmen de Hoop voor Den Haag Sculptuur is niet te zien. In de eerste plaats omdat het nog niet gemaakt is en in de tweede plaats omdat het, ook als het wel gemaakt zou zijn, onduidelijk is of het dan daadwerkelijk als kunstwerk 'gezien' zou zijn. De Hoop is een van die kunstenaars die uitsluitend in de 'openbare ruimte' werken waarbij het werk inspeelt op en zich aanpast aan de bestaande omgeving – gewoonlijk onaanzienlijke plekken in de stad – en bovendien anoniem is.

Voorbeelden: de lijnen (maar niet de basket) van een basketbalveld op de plaats van een gesloopt huis of een parkeerplaats, een zandbak met speelgoed in een vierkant rondom een jonge boom. Soms lijken (of zijn) het 'alternatieve voorzieningen' aansluitend bij de behoeften van het leven in de stad, vaker lijken het eenvoudige en zinvolle toevoegingen die bij nader inzien onbruikbaar of absurd zijn en dus ontregelend werken: een brandblusser die muurvast aan een brievenbus is vastgemaakt, een kapstok in de vorm van een onopvallende plank met haakjes in een abri. Andere werken bestaan alleen als fotosculptuur: een jongetje voetballend op een heel klein met gras bedekt vluchtheuveltje. In veel polemische teksten heeft De Hoop zich uitgesproken tégen de klassieke presentatieplekken (musea, galerieën, de van de rest van de wereld geïsoleerde 'witte kubus') en tegen het plaatsen van kant en klare kunstwerken in de 'openbare ruimte'. Zijn werkterrein is de dynamiek van de stad waarbij zijn minimale ingrepen wel worden opgemerkt door bewoners en passanten

The work of Harmen de Hoop for The Hague Sculpture is not able to be seen. In the first place it has not yet been made and in the second place, even if it had been made, it is unclear whether it would actually be 'seen' as a work of art. De Hoop is one of those artists who only works in the 'public space', and his work capitalizes on and adapts to the existing environment – usually at unpretentious spots in the city – and is moreover anonymous. Two examples are the lines (but not the basket) of a basketball field at the spot of a demolished house or a parking place, and a sandpit with toys in a square around a young tree. His works sometimes appear to be (or are) 'alternative facilities' that meet the needs of life in the city, but more often seem to be simple and meaningful additions that on further consideration are unusable or absurd and therefore have a disorganizing function; a fire extinguisher firmly attached to a letterbox, a hat rack in the form of an inconspicuous shelf with hooks in a bus shelter. Other works only exist as photo sculptures, such as a boy playing football on a very small grass-covered traffic island.

In many polemic texts, De Hoop has spoken out against the classic presentation places (museums, galleries, the 'white cube' isolated from the rest of the world) and against placing ready-made works of art in the 'public space'. His work area is the dynamic of the city whereby although his minimal

www.harmendehoop.nl

maar niet per se als 'kunst' hoeven te worden herkend om te kunnen functioneren. Een citaat: *'Er zijn mensen die denken dat mijn werken pas bestaan als ze op enige wijze in het kunstcircuit worden gepresenteerd. Die mensen kan ik geruststellen. Mijn werken voelen zich daar buiten best op hun gemak en ze zijn heel tevreden met hun uitzicht.'* En: *'Op de omgeving reageren, er in opgaan, en zo een plaats proberen te veroveren tussen de vanzelfsprekende dingen. Dat is het doel.'*
Niettemin leiden De Hoops werken óók een bestaan in de kunstcontext door bijvoorbeeld zijn eigen website, zijn deelname aan kunstprojecten, afbeeldingen in kunstpublicaties enz. waar ze trouwens niet meer anoniem zijn. En in de laatste jaren ontstond ook een reeks werken die direct ingrepen in bestaande kunstwerken, ik noem hier alleen de Nederlandse vlag die uit een kier in een groot beeld van Rückriem hangt en daarmee de indrukwekkende monumentaliteit van dat werk ironiseerde en aantastte met de op de lachspieren werkende toevoeging van de vaderlandse driekleur (zelf ook een symbool van macht en van nationalisme, kolonialisme en noem maar op).
Met andere woorden: het is als kunstenaar moeilijk ontsnappen aan de kunstcontext, kennelijk is een dubbel(zinnig) bestaan het resultaat.
Inmiddels 'stuurt' Den Haag Sculptuur De Hoop voor vier weken naar de Tiwi-eilanden, waar de populatie voor meer dan negentig procent uit Aboriginals bestaat en die samen met andere eilandengroepen in de buurt een zeker mate van autonomie hebben (terug)gekregen. Dit gedrag van de organisatie is vergelijkbaar met hoe verenigingen in de negentiende eeuw vooral in Engeland mensen wetenschappers in de gelegenheid stelde om op afgelegen plekken onderzoek te doen en bij terugkomst daarover te rapporteren in lezingen en publicaties. Als ik me niet vergis was de nog steeds bestaande National Geographic Society oorspronkelijk op een dergelijke leest geschoeid. Het heeft zin om zo, ironisch (anti)koloniaal, met kunst en kunstenaar om te gaan: tenslotte is een kunstenaar ook een ontdekkingsreiziger (*"Mr. De Hoop, I presume?"*). Het is de bedoeling dat De Hoop zich ter plekke verstaat met de aanwezige visuele, ruimtelijke, culturele en/of sociale structuren en er 'iets' achterlaat, zoals hij dat altijd doet. Tijdens zijn verblijf zullen de organisatoren en mogelijk ook het publiek in de gelegenheid zijn om contact met de kunstenaar te onderhouden via email e.d. Het zal interessant zijn om te zien hoe De Hoop omgaat met de gewoontes, maatstaven en coderingen van deze van de westerse afwijkende cultuur. PP

interventions are noticed by residents and passersby, they do not necessarily have to be recognized as 'art' to be able to function. A quote: 'There are people who think that my art only exists if it is presented in the art scene in some way or another. I'd like to reassure these people. My works feel quite at ease outside this scene and are very satisfied with the view they have.' And 'To respond to the environment, merge with it, and thus attempt to secure a place among self-evident objects. That's the goal.'
De Hoop's works nevertheless also have a place within the context of art, for example as a result of the artist's own website, his participation in art projects, illustrations in art publications etc. where they are, in fact, no longer anonymous. In the past years, a series of works were also realized that directly intervened in existing artworks, an example being the Dutch flag hanging from a crack in a large sculpture of Rückriem's, thereby ironizing and eroding the impressive monumentality of the artwork by the amusing addition of the national tricolour (itself also a symbol of power and of nationalism, colonialism and so forth).
In other words, as an artist, it is difficult to escape the context of art, and a double life/ ambiguity is the obvious result.
The Hague Sculpture has now 'sent' De Hoop to the Tiwi Isles for four weeks. Here, the population is over ninety percent Aboriginal, and together with other island groups in the area, the islands have (re) acquired a certain degree of autonomy. This behaviour of the organization is reminiscent of the way that particularly in nineteenth century England, societies gave scientists the opportunity to carry out research in remote spots and to report on their findings in lectures and publications on their return. If I am not mistaken, the still existing National Geographic Society originally worked along these lines. It makes sense to deal with art and artists with such ironic (anti)colonialism, as in the final analysis, an artist is also an explorer ("Mr. De Hoop, I presume?"). The idea is that De Hoop will build up a relationship with the visual, spatial, cultural and/or social structures on the Isles and leave 'something' behind, as is his custom. During his stay, the organisators and possibly the public will be able to maintain contact with the artist by e-mail etc. It will be interesting to see how De Hoop responds to the customs, standards and codes of this culture so deviant to western culture. PP

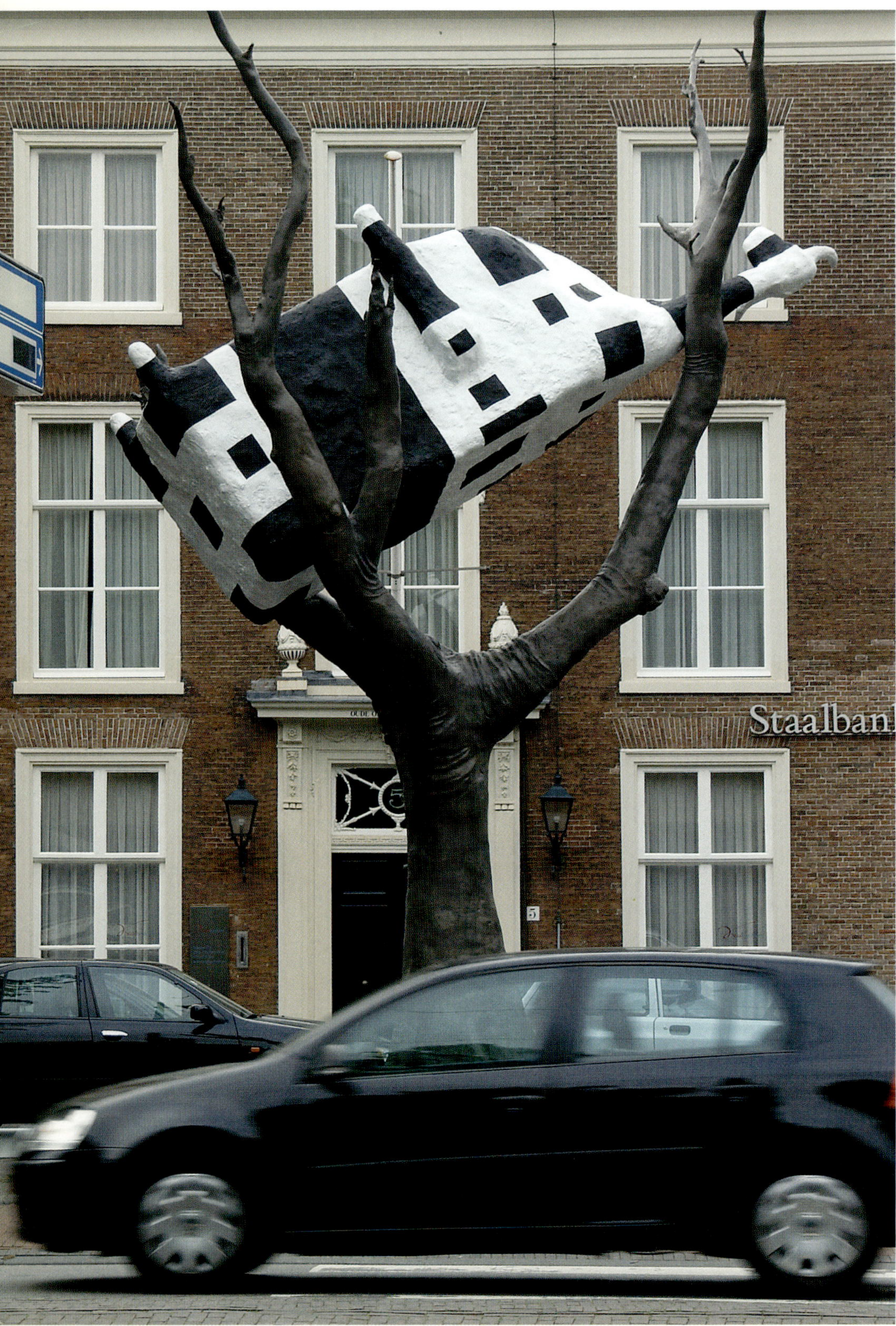
Staalban

www.niagara-galleries.com/au/artists

COW UP A TREE

John Kelly United Kingdom / Australia 1965

Wat doet een koe in een boom? En áls een koe al ooit iets in een boom te zoeken zou hebben, wat doet zij dan in een boom in het centrum van de stad? De bronzen, sterk gestileerde zwartbonte koe die John Kelly in de boom heeft gesitueerd is daar volledig misplaatst. Mis-plaatsen kan in de kunst vanzelfsprekend ook een vorm van plaatsen zijn, de kunst kan haar territorium kiezen zoals dat haar goeddunkt als wetten en praktische bezwaren een beetje kunnen worden opgerekt. Nederland is een land van koeien, zeker als het om zwart- en roodbonte koeien gaat, maar in Australië, waar deze koe vandaan komt, komen ze ook voor. Dat bracht William Dobell en een paar andere Australische kunstenaars tijdens de tweede wereldoorlog op een idee: ze gingen zwartbonte koeien van papier-maché maken om ze vervolgens vlakbij strategische vliegvelden neer te zetten teneinde Japanse piloten in verwarring te brengen: als er daar beneden koeien zijn, dan is daar kennelijk alleen maar weiland. Deze gedachte, tegelijkertijd volledig naïef en fantasierijk, was in zekere zin zonder het te willen (er werd geen artistiek maar een praktisch doel mee nagestreefd) zijn tijd ver vooruit – hoewel eerder Dada-kunstenaars er ongetwijfeld enig enthousiasme voor zouden hebben opgebracht. Een aardige omkering is nog gelegen in het feit dat de koe, die met haar zwarte en witte vlekken in de verte associaties heeft met camouflagepakken, hier juist gebruikt werd om zoveel mogelijk op te vallen. De koe in de Haagse boom is dus eigenlijk een Australische koe uit de jaren veertig, opnieuw gethematiseerd ('uit de sloot gehaald') door John Kelly, en nu eenduidig binnen het domein van de kunst. Want hoewel het handig is om de historische achtergrond te kennen blijft een koe in een boom toch ook een typisch voorbeeld van een surrealistische ontmoeting zoals die door Breton oorspronkelijk werd beschreven als *"de ontmoeting van een paraplu met een naaimachine op een snijtafel"*. In onze boom valt de koe ook op, maar dan door zijn totale anders-zijn, door het idiote contrast met de omgeving. Om met hard-boiled misdaadauteur Raymond Chandler te spreken en tegelijkertijd nog een Australische analogie aan te halen: *"The subject stood out like a kangaroo in a dinner jacket."*

Dat is het verschil tussen Dobells koe en die van Kelly: de laatste is van context veranderd terwijl de eerste juist in een vermeend

What is a cow doing in a tree? And even if there was a reason for a cow to be in a tree, what is it doing in a tree in the centre of the city?

The bronze, strongly stylized black-spotted cow that John Kelly has situated in the tree is completely misplaced. In art, mis-placing can naturally also be a form of placing, as art can choose its territory as it sees fit as long as laws can be somewhat stretched and practical objections smoothed over.

The Netherlands is a country of cows, certainly where black and red spotted cows are concerned, but in Australia, where this cow comes from, they can also be found. During the Second World War, this gave William Dobell and a couple of other Australian artists an idea. They made black-spotted cows from papier-maché and then placed them nearby strategic airports in order to confuse Japanese pilots. The idea was to make them think that if there were cows down there, the landscape was obviously just meadows.

In a certain sense, without wanting to (it was not an artistic but a practical goal that was pursued), this both very naive and highly imaginative idea was far ahead of its time, although earlier Dada artists would have undoubtedly shown a fair amount of enthusiasm. An apt reversal is the fact that the cow, which with its black and white patches evokes mild associations with camouflage suits, was used in this context with a view to being in fact as conspicuous as possible.

The cow in the Haguian tree is therefore in actual fact an Australian cow from the forties, rethematized and dredged up from the past by John Kelly, and now univocally within the domain of art. Because although it is handy to be familiar with the historic background, a cow in a tree remains a typical example of a surrealist meeting as originally described by Breton as "the meeting of an umbrella with a sewing machine on a cutting table". In our tree, the cow is conspicuous, but only on account of its total differentness and its idiotic contrast with the environment. To cite hard-boiled crime-writer Raymond Chandler as well as an Australian analogy: "The subject stood out like a kangaroo in a dinner jacket."

'passende' context werd ingebracht. Aan de andere kant is het ook weer niet zo dat alleen die vervreemdingsfactor de betekenis van het werk uitmaakt. Australië zoals we het nu kennen is ontstaan als een land van immigranten. Niet veel anders dan het geval was in Amerika, werd het land hardvochtig buit gemaakt op de oorspronkelijke bewoners, de Aborigines. Dat is een onderwerp dat nog altijd speelt in Australië en die geschiedenis is ook aan dit werk niet vreemd: de koe neemt met haar grote botte onhandige lijf de kwetsbare en verfijnde stam, twijg- en bladconstructie van de boom in bezit met net zo weinig égards of begrip als de Australische kolonisten destijds aan de dag legden voor de rijke, hoog ontwikkelde en fascinerende beschaving van de Aborigines. De koe in de boom is dus eigenlijk 'een olifant in de porseleinkast'. Wat doet een koe in een boom? Kán een koe ooit in een boom terechtkomen? Jawel, dat kan inderdaad en daar is zelfs geen kunstenaar voor nodig. En hier stuiten we op een verschijnsel dat Nederland en Australische in zekere zin gemeen hebben: de overstroming. In Australië komt die op gezette tijden voor, hier hebben we vooral de herinnering aan de watersnood van 1953. Iedereen kent de foto's van mensen op het dak van hun huis die hopen op redding terwijl het water nog blijft stijgen. Toen kwamen koeien ook wel eens in een boom terecht, door de kracht van wind en water en door wanhopige pogingen om aan de verdrinkingsdood te ontsnappen. In Australië is dat beeld ook niet onbekend. En dus is een koe in een boom eigenlijk helemaal niet zo ondenkbaar als het op het eerste gezicht leek.

In de kunst zijn de dingen zelden één op één (als er iets klopt is er iets mis, zou je met enige overdrijving kunnen stellen) maar, meer *to the point*, het gaat hier om een ver-beelding van een imaginaire situatie na een fictieve ramp: het water is gezakt en de koe zit nog steeds in de boom. Zij zit daar eigenlijk in zekere zin gevangen want ze kan niet weg; als het eerst de vraag was hoe de koe in de boom kwam is het nu de vraag hoe ze er weer uitkomt. Zo lijkt de voormalige kolonist nu de gevangene van het stempel dat hij zelf op de oorspronkelijke cultuur gezet heeft: boontje komt om haar loontje. Er kwam nog één andere gedachte bij mij op, die behoorlijk bizar is, maar niet zonder enige poëzie: als je naar de situatie kijkt zou je je ook nog kunnen voorstellen dat deze koe kon vliegen en als een vogel in de boom is beland, een boom die daar net zo weinig geschikt voor is als de koe voor dat vliegen. Het zou nog een ander imaginair beeld kunnen zijn voor de gevolgen die optreden wanneer tussen groepen migranten in deze wereld surrealistische ontmoetingen plaatsvinden, koloniaal of anderszins. De vraag wordt dan uiteindelijk niet hoe de koe in of uit de boom komt, maar hoe koe en boom zich met elkaar moeten gaan verhouden als ze tot elkaar veroordeeld zijn. PP

This is the difference between Dobell's cow and Kelly's; the latter has been subjected to a change of context, while the former was placed in a supposedly 'fitting' context. On the other hand, it is not just the alienation syndrome that gives the work its meaning. Australia as the country is known today arose as a country of immigrants. Not dissimilar to the history of America, the country was hard-heartedly captured from the original inhabitants, the Aborigines. This is still a vexed question in Australia and that history is not alien to this work of art; with its large, clumsy body, the cow has taken possession of the vulnerable and refined trunk, twig and leaf construction of the tree with as little consideration or understanding as the Australian colonists displayed in the past for the rich, highly developed and fascinating civilization of the Aborigines. The cow in that tree is therefore in actual fact 'a bull in a china shop'. What is a cow doing in a tree? Can a cow ever end up in a tree? Yes it can, and an artist is not even needed. It is at this point that we arrive at a phenomenon which in a certain sense, the Netherlands and Australia have in common – flooding. In Australia, flooding occurs at regular intervals, while here in the Netherlands we particularly have memories of the flood of 1953. Everyone is familiar with the photos of people on the roofs of their houses hoping to be rescued while the water continued to rise. Cows occasionally ended up in trees then too, a a result of the forces of wind and water and desperate attempts to avoid death by drowning. Australia is not unfamiliar with those images. And so a cow in a tree is actually not as unthinkable as may appear at first sight. In art, things are rarely one-to-one (with a little overstatement, you could even say that if something's right, something's wrong) but more to the point, this sculpture concerns the imagining of an imaginary situation following a fictive disaster; the water has gone down and the cow is still in the tree. She's up there in a certain sense a prisoner as she is unable to leave. If the first question was how a cow ended up in the tree, the question now is how she will get down. The former colonist thus appears to be the prisoner of the mark that he himself put on the original culture, and is getting a taste of his own medicine, so to speak. Another thought occurred to me that is quite bizarre, but not without a certain amount of poetry; considering the situation, it's easy to imagine that the cow can fly and got into the tree like a bird, a tree that is equally unsuited for that purpose as a cow for flight. It could also be another imaginary symbol for the consequences of surrealist meetings between different groups of migrants in this world, whether colonial or otherwise. The final question is not therefore how the cow got up in or should get down from the tree, but the way in which the cow and the tree relate now that they are stuck with each other. PP

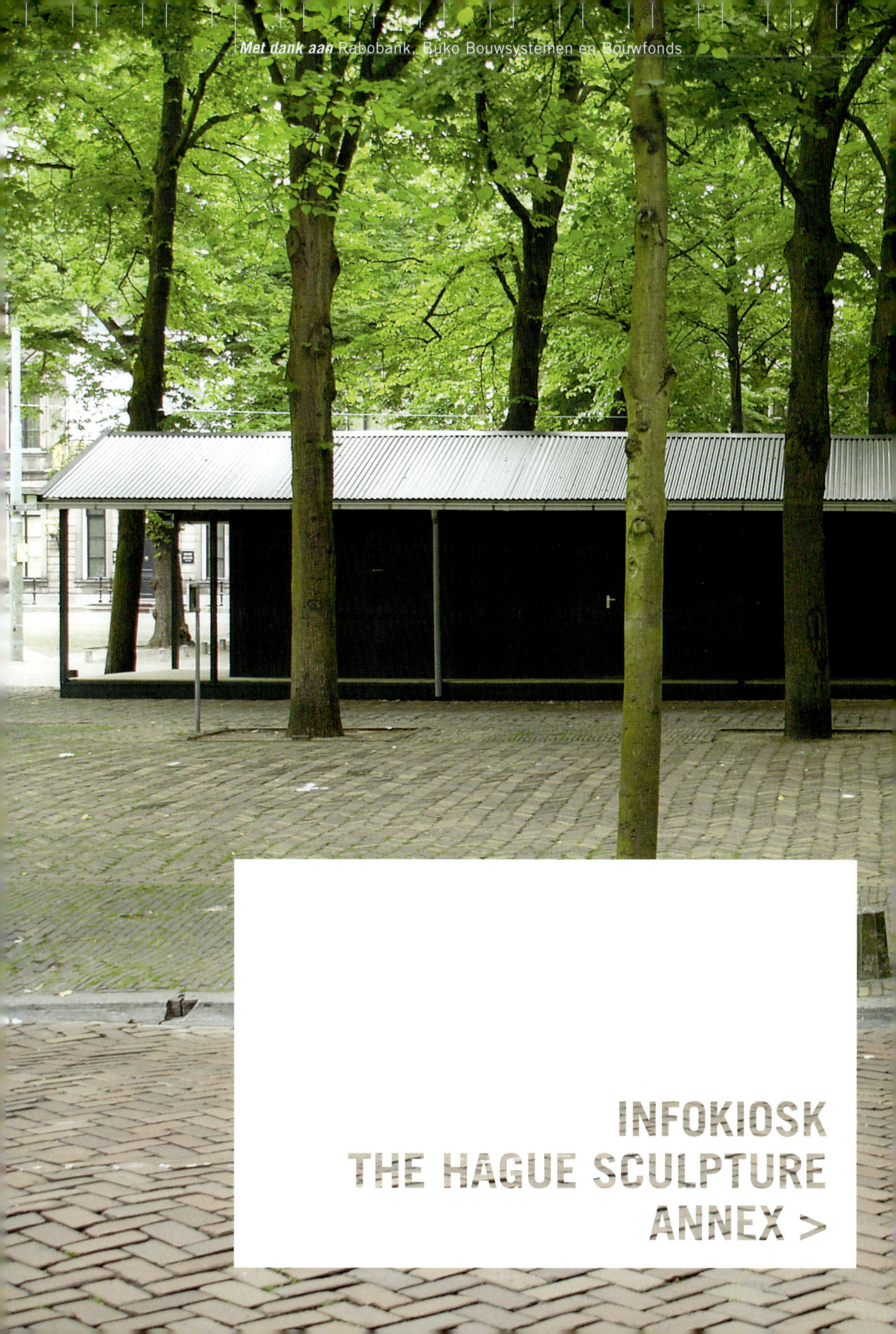

Met dank aan Rabobank, Buko Bouwsystemen en Bouwfonds

INFOKIOSK
THE HAGUE SCULPTURE
ANNEX >

BUREAU VOOR HEDENDAAGS AVONTUUR

Een project van Erik Jutten en Ramon Ottenhof

Uitgenodigd door Den Haag Sculptuur als Social Mapping-project verzorgt Het Bureau voor Hedendaags Avontuur uitwisselingen tussen kunstenaar en publiek. Van 15 juni tot en met 5 augustus 2007 ieder weekend is het Bureau voor Hedendaags Avontuur actief op het Lange Voorhout. Meer informatie op www.bureauvoorhedendaagsavontuur.nl en www.denhaagsculptuur.nl.

Ontmoetingen

Wij leven in een tijd van steeds verdergaande individualisering. Vooral in de stad, maar niet alleen daar, zijn de oude structuren van groepsgebondenheid en solidariteit verdwenen. Het leven in de stad is relatief anoniem wat voor sommigen een voordeel is en voor anderen een nadeel.

Het is hier niet de plek om uitvoerig in te gaan op oorzaken en gevolgen van deze ontwikkeling. Wel relevant is het feit dat werkelijk overal ter wereld, van Indonesië tot Canada en van de Filippijnen tot Zuid-Amerika, zich in stijgende mate kunstenaarscollectieven manifesteren die erop uit zijn om op wat voor manier dan ook ontmoetingen te organiseren. Afhankelijk van geografie en ideologie hebben die al dan niet het karakter van een emancipatiebeweging op sociaal, etnisch, politiek en gendergebied. In veel gevallen zijn de ideeën over auteurschap ook veranderd: niet langer is er 'een' kunstenaar die een werk maakt, het werk is geestelijk eigendom van iedereen die eraan meewerkt. Of hier sprake is van een veranderende kunstopvatting (die in het westen natuurlijk ook herinneringen aan sommige bewegingen uit de jaren zestig oproept) of van projecten die zich op zeker moment zozeer buiten de kunstcontext begeven dat ze daar ook daadwerkelijk niet meer toe gerekend kunnen worden is een kwestie die, samen met vele andere, nog ter discussie staat. Deze collectieven ontmoeten elkaar ook, er is sprake van een levendige internationale uitwisseling, waarin onder meer een uit het Sandberginstituut voortgekomen groep een initiërende rol speelt. De Rotterdamse kunstenaar Erik Jutten afgestudeerd aan de Koninklijke Academie van Beeldende Kunsten Den Haag (KABK), werd door Den Haag Sculptuur uitgenodigd om een

Having been invited to The Hague Sculpture as Social Mapping project, the Office for Contemporary Adventure organizes exchanges between artists and the public. From 15 June to 5 August 2007, the Office for Contemporary Adventure will be active on the Lange Voorhout every weekend. More information can be found at www.bureauvoorhedendaagsavontuur.nl and www.denhaagsculptuur.nl.

Meetings

We live in an age of increasingly far-reaching individualism. Especially in the city, but not only there, the old structures of collectiveness and solidarity have disappeared. Life in the city is relatively anonymous, which for some people is an advantage and for others a disadvantage.

This is not the place to extensively examine the causes and consequences of this development. What is, however, relevant is the fact that throughout the world, from Indonesia to Canada and from the Philippines to South America, to an increasing degree, artists collectives are manifesting which aim in different ways to organize meetings. Depending on geography and ideology, these meetings may possibly take on the character of an emancipatory movement at a social, ethnic, political and gender-area level. In many cases, ideas about authorship have changed; there is no longer 'an' artist who makes a work, but rather, the work is the spiritual property of everyone who has taken part. Whether a changed concept of art is behind this (which in the west naturally also evokes memories of some movements from the sixties) or projects which at a certain moment move so far outside the art context that they can be no longer be actually attributed to it, is a question that, together with many others, is still being debated. These collectives meet up and have lively international exchanges, in which among others a group that arose from the Sandberg Institute (Amsterdam) plays an initiating role. The Rotterdam artist Erik Jutten graduated at the Koninklijke Academie van Beeldende Kunsten Den

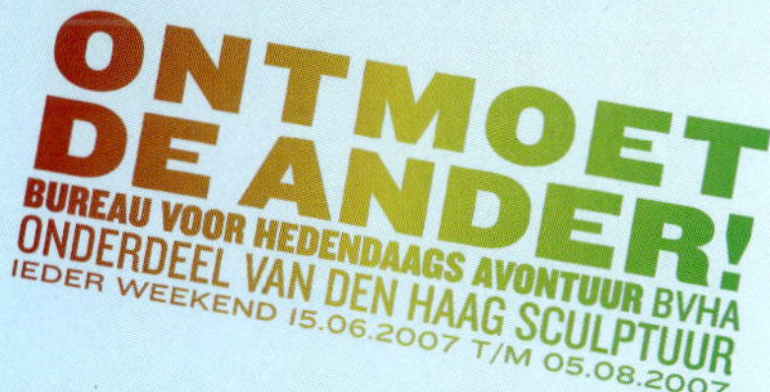

avontuurlijk Social Mapping-project te bedenken voor DE OVER-KANT / DOWN UNDER. Samen met Ramon Ottenhof ontwierp hij eigenlijk een project in een project. Onder de noemer 'Bureau voor Hedendaags Avontuur' verzorgen zij 'eigenzinnige uitwisselingen' tussen kunstenaars en publiek rondom het Voorhout, waar tussen de overige beelden van Den Haag Sculptuur een bureau is ingericht waar men zich kan inschrijven voor en deelnemen aan projecten van dertig verschillende kunstenaars en die projecten gaan allemaal over ontmoeting, of, liever gezegd, ze zíjn ontmoetingen.

Ramon Ottenhof verwierf zich in Den Haag bekendheid als gangmaker achter een heel stel kunstenaarsinitiatieven in het Oude Centrum op een moment dat de stad een dergelijke impuls hard nodig had. Als gevolg van zijn activiteiten, die door anderen worden voortgezet, is er nu sprake van een bloeiend 'alternatief' circuit wat des te verheugender is nu het beleid van de gemeente zich richt op het centraliseren van wat men met een ongelukkig woord 'broedplaatsen' is gaan noemen. Dat is op zich geen slechte zaak, maar er is altijd ook een noodzaak tot het ontwikkelen van grassroots bewegingen die uit het veld zelf voortkomen.

De oorspronkelijk uitgenodigde kunstenaars, Jutten en Ottenhof, produceren dus met Bureau voor Hedendaags Avontuur een werk dat gelegenheid geeft aan andere kunstenaars om die ontmoetingen tot stand te brengen. Zoiets zou je in zekere zin een genereus gebaar kunnen noemen, een soort ontmoeting op zich en tegelijkertijd een haast guerilla-achtige methode om allerlei kunstenaars in Den Haag Sculptuur te laten infiltreren. Aan de andere kant is de organisatie van Den Haag Sculptuur nu juist (onder meer) uit op het 'in kaart brengen' *(mapping)* van 'het systeem', waarbij het 'systeem' in engere zin kan worden opgevat als betrekking hebbend op het insluizen van Australische kunst (ooit werd Australië vanuit Engeland 'the system' genoemd als eufemisme voor een bijzondere vorm van emigratie) maar ook als een poging om de kunstcontext te onderzoeken. Van een strijd tegen de gevestigde orde is in dit werk dus niet echt sprake omdat deze orde zich hier gedraagt als een medestander en facilitator.

Maar mooie ontmoetingen kan het Bureau voor Hedendaags Avontuur wel opleveren. Na afloop van het project zal een aparte catalogus verschijnen waarin die ontmoetingen gedocumenteerd worden, ook door auteurs die eraan hebben deelgenomen. PP

Haag [The Hague Royal Academy of Visual Arts] (KABK), and was invited by The Hague Sculpture to think up an adventurous Social Mapping project for DE OVERKANT / DOWN UNDER. Together with Ramon Ottenhof he designed a project within a project. Under the denominator 'Office for Contemporary Adventure', they are organizing 'self-willed exchanges' between artists and the public around the Voorhout. Between the other sculptures of The Hague Sculpture, an agency has been set up where people can register to take part in projects of thirty different artists. Each project will concern a meeting, or rather actually is a meeting.

Ramon Ottenhof made a name for himself in The Hague as the driving force behind a whole series of artists' initiatives in the Old Centre at a time that the city was in great need of such a boost. As a result of his activities that are currently being continued by others, there is now a thriving 'alternative' scene, which is all the more fortunate in view of the fact that the municipality's policy aims to centralize what has become known by the unfortunate name of 'breeding grounds'. This is not a bad thing in itself, but the need for the development of grassroots movements with their roots in the field will always remain.

The artists first invited, Jutten and Ottenhof, have thus produced for the Office for Contemporary Adventure, a work that gives other artists an opportunity to realize these meetings. This could be seen as a generous gesture, a sort of meeting in itself and at the same time an almost guerila-like method of having all sorts of artists infiltrate into The Hague Sculpture. On the other hand, among other things, the organization of The Hague Sculpture is currently aiming to map the 'system', whereby in a more narrow sense, the system can be understood to mean the co-opting of Australian art (Australia was once referred to as 'the system' by England as a euphemism for a special form of emigration), but also as an attempt to examine the art context. The work does not really bear witness to a fight against the establishment, as in this case, the establishment has taken on the role of partner and facilitator. However, the Office for Contemporary Adventure can and will certainly realize interesting meetings. Following the project, a separate catalogue will appear documenting these meetings, also by participating authors. PP

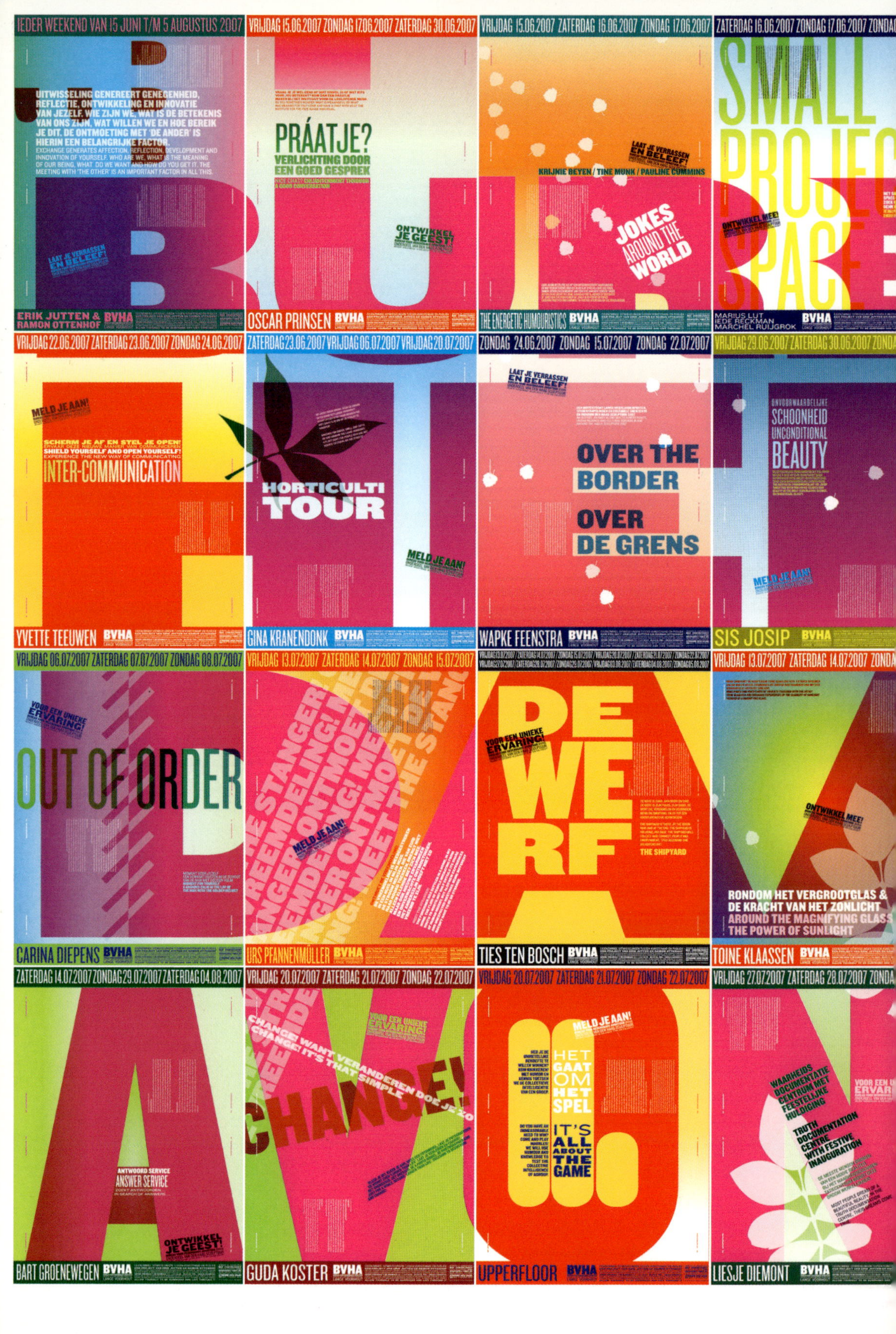
IEDER WEEKEND VAN 15 JUNI T/M 5 AUGUSTUS 2007
UITWISSELING GENEREERT GENEGENHEID, REFLECTIE, ONTWIKKELING EN INNOVATIE VAN JEZELF. WIE ZIJN WE, WAT IS DE BETEKENIS VAN ONS ZIJN, WAT WILLEN WE EN HOE BEREIK JE DIT. DE ONTMOETING MET 'DE ANDER' IS HIERIN EEN BELANGRIJKE FACTOR.
EXCHANGE GENERATES AFFECTION, REFLECTION, DEVELOPMENT AND INNOVATION OF YOURSELF. WHO ARE WE, WHAT IS THE MEANING OF OUR BEING, WHAT DO WE WANT AND HOW DO YOU GET IT. THE MEETING WITH 'THE OTHER' IS AN IMPORTANT FACTOR IN ALL THIS.
LAAT JE VERRASSEN EN BELEEF!
ERIK JUTTEN & RAMON OTTENHOF
BVHA

VRIJDAG 15.06.2007 ZONDAG 17.06.2007 ZATERDAG 30.06.2007
PRÁATJE?
VERLICHTING DOOR EEN GOED GESPREK
A GOOD CONVERSATION
ONTWIKKEL JE GEEST!
OSCAR PRINSEN
BVHA

VRIJDAG 15.06.2007 ZATERDAG 16.06.2007 ZONDAG 17.06.2007
LAAT JE VERRASSEN EN BELEEF!
KRIJNIE BEYEN / TINE MUNK / PAULINE CUMMINS
JOKES AROUND THE WORLD
THE ENERGETIC HUMOURISTICS
BVHA

ZATERDAG 16.06.2007 ZONDAG 17.06.2007 ZONDA
SMALL PROJEC SPACE
ONTWIKKEL MEE!
MARIUS LUT IEDE RECKMAN MARCHEL RUIJGROK
BVHA

VRIJDAG 22.06.2007 ZATERDAG 23.06.2007 ZONDAG 24.06.2007
MELD JE AAN!
SCHERM JE AF EN STEL JE OPEN!
ERVAAR DE NIEUWE MANIER VAN COMMUNICEREN
SHIELD YOURSELF AND OPEN YOURSELF!
EXPERIENCE THE NEW WAY OF COMMUNICATING
INTER-COMMUNICATION
YVETTE TEEUWEN
BVHA

ZATERDAG 23.06.2007 VRIJDAG 06.07.2007 VRIJDAG 20.07.2007
HORTICULTI TOUR
MELD JE AAN!
GINA KRANENDONK
BVHA

ZONDAG 24.06.2007 ZONDAG 15.07.2007 ZONDAG 22.07.2007
LAAT JE VERRASSEN EN BELEEF!
OVER THE BORDER
OVER DE GRENS
MELD JE AAN!
WAPKE FEENSTRA
BVHA

VRIJDAG 29.06.2007 ZATERDAG 30.06.2007 ZONDA
ONVOORWAARDELIJKE SCHOONHEID
UNCONDITIONAL BEAUTY
MELD JE AAN!
SIS JOSIP
BVHA

VRIJDAG 06.07.2007 ZATERDAG 07.07.2007 ZONDAG 08.07.2007
VOOR EEN UNIEKE ERVARING!
OUT OF ORDER
CARINA DIEPENS
BVHA

VRIJDAG 13.07.2007 ZATERDAG 14.07.2007 ZONDAG 15.07.2007
DE STANGER
MEET THE STANG
MELD JE AAN!
URS PFANNENMÜLLER
BVHA

VRIJDAG 13.07.2007 ZATERDAG 14.07.2007 ZONDAG 20.07.2007 ZATERDAG 21.07.2007 ZONDAG 22.07.2007 ZONDAG 28.07.2007 VRIJDAG 03.07.2007 ZATERDAG 08.07.2007 ZONDAG 05.07.2007
VOOR EEN UNIEKE ERVARING!
DE WE RF
THE SHIPYARD
TIES TEN BOSCH
BVHA

VRIJDAG 13.07.2007 ZATERDAG 14.07.2007 ZONDA
ONTWIKKEL MEE!
RONDOM HET VERGROOTGLAS & DE KRACHT VAN HET ZONLICHT
AROUND THE MAGNIFYING GLASS THE POWER OF SUNLIGHT
TOINE KLAASSEN
BVHA

ZATERDAG 14.07.2007 ZONDAG 29.07.2007 ZATERDAG 04.08.2007
ANTWOORD SERVICE
ANSWER SERVICE
ZOEKT ANTWOORDEN
IN SEARCH OF ANSWERS
ONTWIKKEL JE GEEST!
BART GROENEWEGEN
BVHA

VRIJDAG 20.07.2007 ZATERDAG 21.07.2007 ZONDAG 22.07.2007
VOOR EEN UNIEKE ERVARING!
CHANGE! WANT VERANDEREN DOE JE ZO
CHANGE! IT'S THAT SIMPLE
CHANGE!
GUDA KOSTER
BVHA

VRIJDAG 20.07.2007 ZATERDAG 21.07.2007 ZONDAG 22.07.2007
MELD JE AAN!
HET GAAT OM HET SPEL
IT'S ALL ABOUT THE GAME
UPPERFLOOR
BVHA

VRIJDAG 27.07.2007 ZATERDAG 28.07.2007 ZONDA
VOOR EEN U ERVAR
WAARHEIDS DOCUMENTATIE CENTRUM MET FEESTELIJKE HULDIGING
TRUTH DOCUMENTATION CENTRE WITH FESTIVE INAUGURATION
LIESJE DIEMONT
BVHA

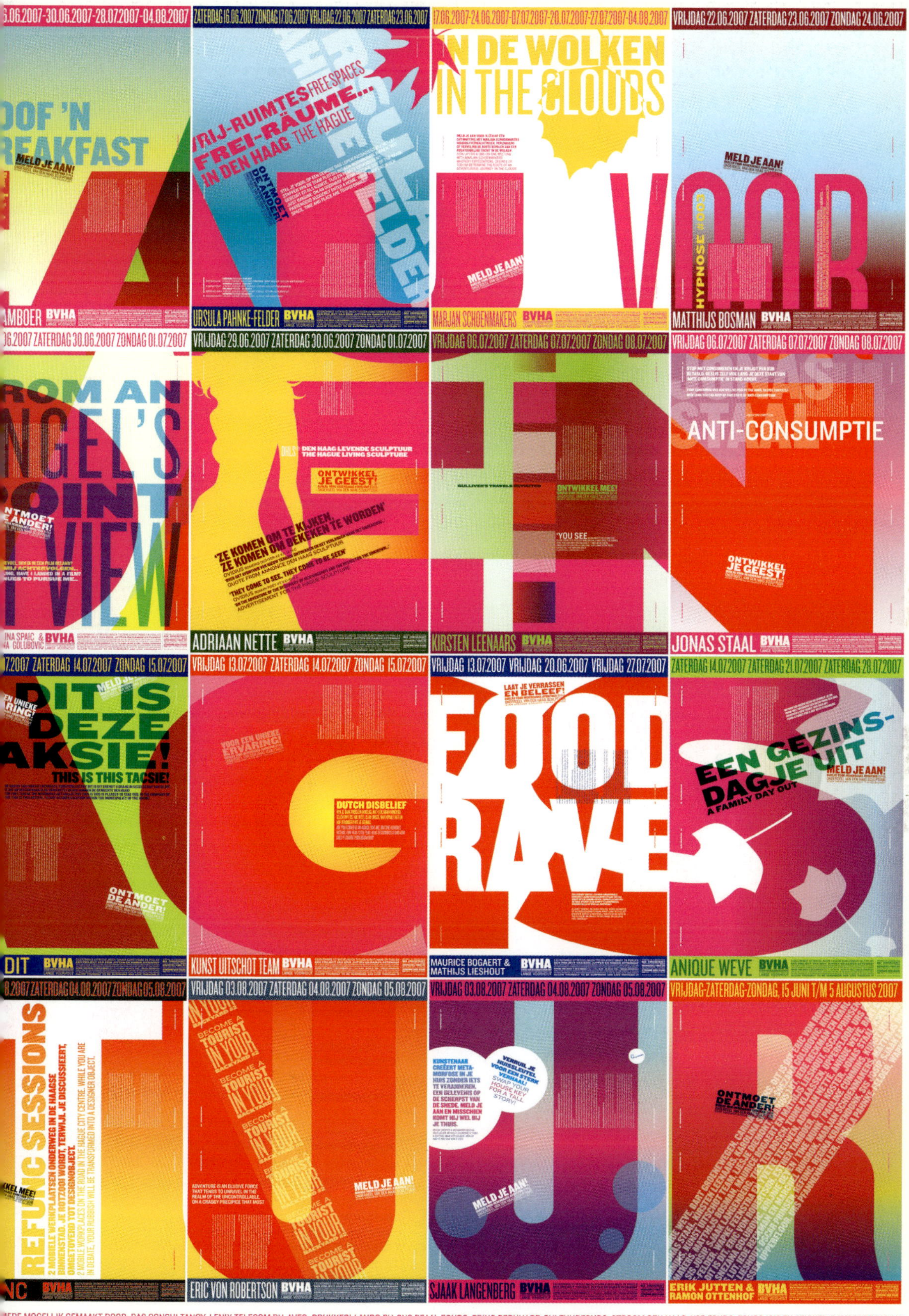

MEDE MOGELIJK GEMAAKT DOOR: BAS CONSULTANCY, LENIX TELECOM BV, AVEQ, DRUKKERIJ ANDO BV, SNS REAAL FONDS, PRINS BERNHARD CULTUURFONDS, STROOM DEN HAAG, VSB FONDS, FONDS 1818 EN STICHTING IMPONDERABILIA

Thanks to: Friso Lieflang, BUKO Bouwsystemene, BAS Consultancy, Marie-José Sondeijker

SUITCASE IN A BOTTLE

Ram Katzir Israel / Australia 1969

Ergens op het Lange Voorhout staat een fles van meer dan twee en een halve meter lang en daarin bevindt zich een koffer die er doorleefd uitziet; er is kennelijk veel gereisd.

Reizen is een wonderlijke bezigheid, je kunt het om allerlei redenen doen: voor je plezier, omdat je van A naar B moet in verband met werk, omdat je moet vluchten, omdat je rusteloos bent en je nergens thuis voelt, omdat je een nieuw leven wilt beginnen en zo is er nog wel wat te verzinnen. Meestal neem je dan een koffer mee en in ieder geval is een koffer een goed symbool voor reizen. Dat is ook het geval in dit werk van Ram Katzir. Maar je kunt je afvragen hoe, waarom en waarheen er gereisd wordt als de koffer in een fles zit.

In een fles kunnen twee dingen zitten (afgezien van de drank die er dan al uit is): een modelschip en een brief. Het schip staat in de woonkamer vanwege zijn kunstigheid, de brief zwalkt rond op zee en spoelt dan ergens aan in de hoop dat iemand hem vindt en leest. Daarbinnen onderscheiden we nog twee categorieën: de brief die, romantisch gepost, iemand in een ver land ('aan de andere kust') wil bereiken en de noodkreet vanaf bijvoorbeeld een onbewoond eiland of een kaperschip.

Tot welke categorie behoort de koffer?

De koffer is een attribuut van de reiziger maar omdat er weinig reden is voor een reiziger om zijn koffer in een fles te stoppen kunnen we er misschien beter van uitgaan dat de koffer staat voor de reiziger zelf. Maar wat doet een reiziger in een fles?

Naar analogie met het bovenstaande veronderstelt zijn positie een zekere stuurloosheid: zonder motor, zeilen of navigatiemogelijkheden is hij overgeleverd aan de elementen en komt daar terecht waar wind en water hem brengen. De verweerdheid van de koffer duidt erop dat de reiziger niet voor het eerst onderweg is maar op dit gebied al het nodige heeft meegemaakt. Je kunt je daarbij afvragen of hij altijd in die fles gezeten heeft, dat weten we eigenlijk niet maar als we ervan uitgaan dat de voorwerpen metaforisch bedoeld zijn en de koffer de reiziger personifieert, dan staat de fles voor de reisomstandigheden, voor de manier waarop de reis wordt ondernomen en als we het begrip 'reis' dan weer verder metaforiseren moet er wel sprake zijn van de reis die we allemaal maken: de reis die leven heet en waarvan je je kunt

Somewhere on the Lange Voorhout is a bottle of over two-and-a-half metres in length and in that bottle is a worn-out looking suitcase which has evidently done a lot of travelling. Travelling is a weird and wonderful occupation which you can do for all sorts of reasons; for pleasure, because you have to get from A to B for your work, because you need to escape, because you are restless and don't feel at home anywhere, because you want to begin a new life and many more reasons that may come to mind. You generally take a suitcase with you and in any case, a suitcase is a good symbol for travelling. This is also the case in this work of Ram Katzir. However, you may be forgiven for wondering how, why and where any travelling will be able to take place while the suitcase is in a bottle. A bottle can hold two things (apart from the drink that has been emptied); a model ship and a letter. The ship is displayed in the living room on account of its ingenuity, while the letter is drifting somewhere out at sea in the hope that there will come a time that it will be washed ashore and someone will find and read it. There are two categories of letters in a bottle; the letter posted romantically and destined to reach someone in a far country ('on the other coast'), and the cry for help, for example from an uninhabited island or a privateer. Which category does this suitcase belong to?

The suitcase is an attribute of the traveller but because there is little reason for a traveller to put his suitcase in a bottle, it may be better to assume that the suitcase stands for the traveller himself. But what is the traveller doing in a bottle?

By analogy with the above, his position assumes a certain degree of disorientation; without motor, sails or navigation possibilities, he is at the mercy of the elements and consequently ends up wherever wind and water take him. The weather-beaten appearance of the suitcase indicates that the traveller is not on the road for the first time, but has been around, as it were. You may wonder whether he has always been in a bottle, and this we do not know but if we assume that the objects are supposed to be metaphorical and the suitcase personifies the traveller, then the bottle stands for the travelling conditions, for the way in which the journey is undertaken. If we subsequently further metaphorize the 'journey',

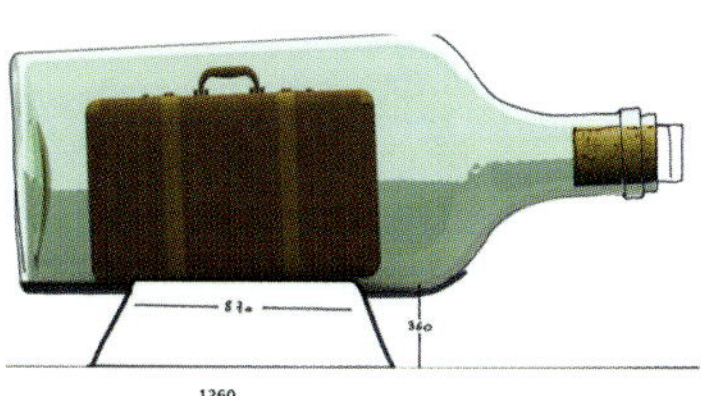 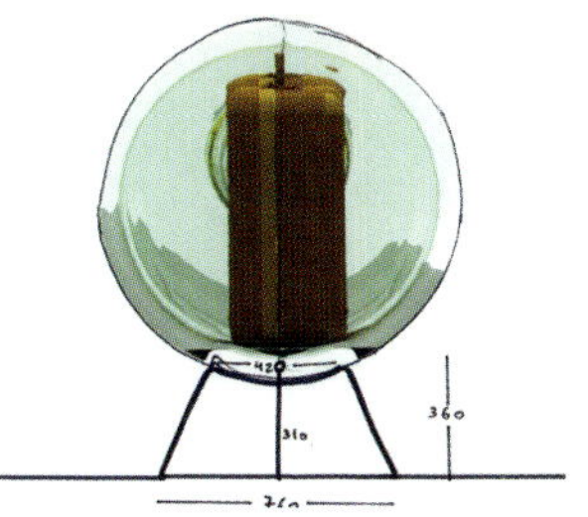

afvragen hoeveel procent daarvan beheersbaar is, een kwestie van bewuste keuze en hoeveel het gevolg van toeval en vectoren van buitenaf. Binnen onze fles hebben we het voor het zeggen maar de fles zelf kunnen we niet besturen.

De koffer bestaat natuurlijk ook – of misschien vooral – uit bagage, uit wat de reiziger heeft meegemaakt en ook is het mogelijk om er nieuwe dingen in te stoppen, nieuwe ervaringen opgedaan op een plek waar de fles is aangespoeld.

Maar wat is de positie van koffer en fles, reiziger en bagage op het moment dat we hem tegenkomen op een tentoonstelling van sculptuur? Hij bevindt zich op het droge, waarschijnlijk – zo stel ik me voor – tussen twee reizen op zee in, een tijdelijke pleisterplaats waar de balans kan worden opgemaakt. Je zou met evenveel recht kunnen volhouden dat de fles hier is aangespoeld en nooit meer wegkomt, maar dat lijkt mij niet juist, want hij kan, in de meest letterlijke zin (dat is het aardige, dat letterlijke en overdrachtelijke betekenissen in dit geval als vanzelf door elkaar gaan lopen), na deze tentoonstelling verder reizen naar een volgende presentatieplek; tenslotte is deze tentoonstelling tijdelijk en staat het werk niet permanent op het Voorhout.

Dan bevinden we ons dus op een moment van schijnbare rust, een situatie waarin proviand kan worden ingeslagen – nieuwe ervaringen in de koffer dus – alvorens verder te reizen naar nog onbekende verten. Op deze manier is de reiziger ook een nomade, iemand die nergens thuis is (behalve in zijn eigen fles – maar daar is hij toe veroordeeld; je kunt je ook nog afvragen hoe de relatie van de reiziger is ten opzichte van al die andere hier niet getoonde flessen en óf er wel een relatie(mogelijkheid) bestaat: zitten we allemaal in onze eigen afgesloten cocon en is iedere notie van contact een fictie, een illusie?) maar altijd onderweg en dan is de weg zijn eigen doel omdat er geen ander doel is – heeft het leven wel een 'doel'? In deze optiek gaat het werk over constante migratie, een dominant thema in de wereld van onze tijd. Migratie betekent beweging en verandering, weg van huis en nooit aangekomen. Dan is de associatie met water zo gek nog niet: de wereld is op *drift* en misschien zijn we allen *drenkelingen in een fles.* PP

FROG POEMS

Twenty frog poems: distant thunder (a memorial) for D.M., 1987-1989

Robert McPherson Australia 1937

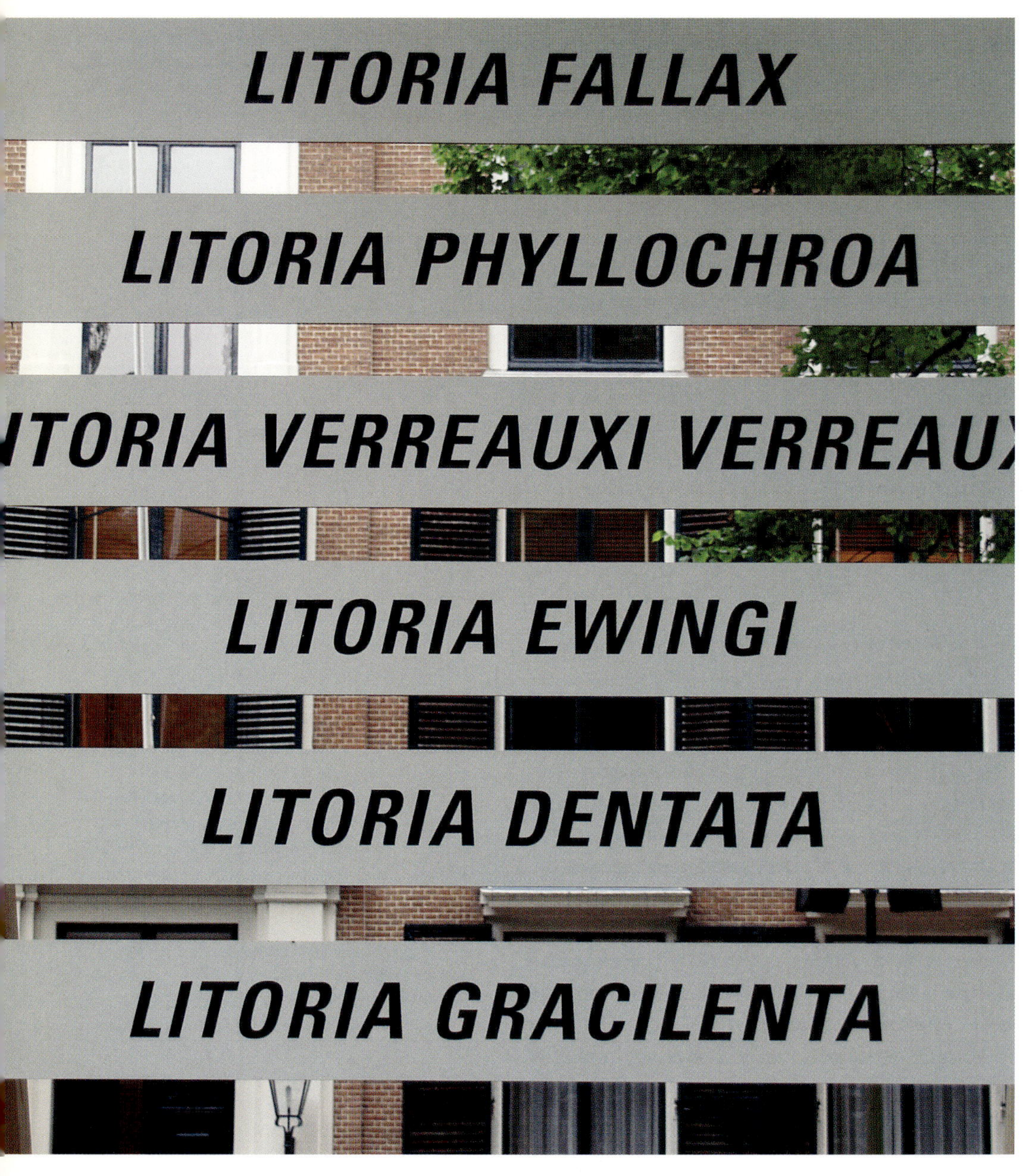

Toen Magritte een pijp schilderde met daaronder de tekst *'Ceci n'est pas une pipe'* maakte hij daarmee duidelijk dat er verschil is tussen een object en een afbeelding daarvan. Kosuth ging in de late jaren zestig een stapje verder door het gezamenlijk exposeren van een echte stoel, een foto van een stoel en de woordenboekdefinitie van 'stoel', waarmee zowel paradoxale als tautologische relaties werden geanalyseerd.

De verhouding tussen beeld en taal is per definitie een moeizame omdat ze zich nu eenmaal niet in elkaars vocabulaire manifesteren. In de conceptuele kunst – vooral door Art & Language en Lawrence Weiner – , de performance, de filosofie (met name in de hypertekst) en in veel mindere mate in de typografie van sommige poëzie zijn verschillende pogingen gedaan om de kloof te overbruggen of juist als middel in te zetten op basis van linguïstiek, semiotiek en andere hulpwetenschappen.

Het werk van Robert MacPherson uit de serie *'Frog Poems'* dat nu op het Voorhout staat kiest een hele andere benadering die juist niet uit lijkt op een wetenschappelijke analyse van de relatie maar eerder op een associatieve, meer vergelijkbaar met die van Broodthaers: een 'afdeling adelaars' (waar geen adelaar in voorkomt) in een kunstmuseum is minstens even ongerijmd als gedichten van een kikker. Dit verband is wel eerder gelegd en terecht wijst Trevor Smith op de omgekeerde richting die Broodthaers (aanvankelijk een slecht verkopende dichter) en MacPherson (schilder) gevolgd hebben: *"One artist superseded poetry to become an artist, the other superseded painting to become a poet."* Ik geloof dat dat in essentie juist is en dat ze elkaar ergens in het midden ontmoeten waar betekenissen niet vastliggen, in geen enkele discipline, op geen enkele manier.

Het werk waar we het hier over hebben bestaat uit twee zich herhalende beeldelementen: twintig bijenkasten en een aantal houten planken met Latijnse woorden. De bijenkasten hebben een vorm die je, als je inderdaad formeel kijkt, enigszins aan minimal art doen denken: simpel, geometrisch, identiek. Maar ze hebben met minimalisme niets van doen en daarom staan ze ook niet netjes in slagorde opgesteld zoals het geval zou zijn bij werk van Judd of Andre. Het is van belang dat dit soort associaties vermeden worden. Wat het wel zijn: containers, eenvoudige, praktische systemen van ordening. En dit speciale systeem ordent (een deel van) de natuur en maakt het productief voor de mens die het ontworpen heeft. Tegelijkertijd roepen de kasten associaties op met zoemende zwermen bijen, imkers met maskers om niet te worden gestoken, en uiteindelijk: zoete honing. Het blijft een wonderlijke gedachte dat je de natuur in een laatje kunt stoppen; letterlijk om haar te conserveren en productief te maken, overdrachtelijk om haar te classificeren, van een etiket te

When Magritte painted a pipe with the caption 'Ceci n'est pas une pipe' he made it clear that there is a difference between an object and its depiction. In the late sixties of the last century, Kosuth went a step further by collectively exposing a real chair, a photo of a chair and the dictionary definition of 'chair', thereby analyzing both paradoxal and tautological relationships.

The relationship between image and language is a complex one by definition as they are simply not manifest in each other's vocabularies. In conceptual art, especially by Art & Language and Lawrence Weiner, performance art, philosophy (particularly hypertext) and to a lesser extent the typography of some poetry, various attempts have been made to bridge the gap between the two or to use the disparity between them as an instrument on the basis of linguistics, semiotics and other auxiliary sciences.

The work of Robert MacPherson in the series 'Frog Poems' which is currently on display on the Voorhout opts for a completely different approach that does not appear to pursue a scientific analysis of the relationship but rather an associative relationship, more comparable with that of Broodthaers. A 'department of eagles' (without any eagles) in an art museum is equally absurd as poetry by a frog. This connection had been made before and Trevor Smith rightly pointed out that Broodthaers (initially a poorly selling poet) and MacPherson (a painter) chose to take opposite directions: "One artist superseded poetry to become an artist, the other superseded painting to become a poet." I believe that in essence, this is correct and that they meet somewhere in the middle where meanings are not fixed in any discipline or in any way.

The work discussed here consists of two repetitive sculptural elements; twenty beehives and a number of wooden shelves, with texts in Latin. The beehives have a form which, when looked at formally, somewhat resembles minimal art; simple, geometric and identical. However, they have nothing to do with minimalism and are consequently not neatly drawn up in battle array as they would be in a work of art by Judd or Andre. It is important that these kinds of associations are avoided. What are they then? They are containers – simple, practical ordering systems. This special system orders (part of) nature and makes it productive for the person who has designed it. At the same time, the beehives evoke associations with swarms of buzzing bees, beekeepers wearing masks to avoid being stung and last but not least, sweet honey. It remains a

voorzien, onschadelijk te maken, te domesticeren.

Wie ervan uitgaat dat de teksten op de houten planken hierover wel enig uitsluitsel zullen geven komt bedrogen uit. Niettemin is de opstelling wel zodanig dat je kunt verwachten dat het ene element iets over het andere zal zeggen: het geheel vertoont overeenkomst met bijvoorbeeld een bouwterrein waarbij op een staketsel van planken een aantal bijzonderheden over de bouw wordt vermeld (wat wordt er gebouwd, wie is de architect, de aannemer, telefoonnummers etc.). Dat is hier niet het geval. Op de planken staan teksten als "litaria infrarenata", "litaria fallax" en "litaria chloris". Dat zijn Latijnse namen voor kikkersoorten. Hier is dus opnieuw sprake van een manier om met een verschijnsel uit de natuur om te gaan, dit keer kikkers, en hier gaat het om het classificeren door middel van benoeming in taal. Maar het zijn *'Frog Poems'* en hoewel wetenschappelijke namen worden gebruikt dienen die geen wetenschappelijk maar een artistiek doel; er zit voor zover mij bekend ook geen logische volgorde in de kikkernamen en dat maakt deze verzameling teksten eerder literair: ze zijn dus geordend om redenen van esthetica – ook al is de betekenis van een combinatie van teksten als deze in de eerste plaats: ik ben een gedicht en is ook de titel daardoor tegelijkertijd het gedicht zelf, met andere woorden tegelijkertijd de algemene definitie en het individuele werk zelf.

Nu hebben we dus woord en beeld, kikkergedichten en bijenkasten. Hoe verhouden bijen zich tot kikkers? Ik zou zeggen: niet. Ik geloof niet dat de twee soorten 'in het wild' ooit in interactie met elkaar raken en eigenlijk doen ze dat hier ook niet. Want de betekenaar 'kikker' ketst af op het te betekenen 'bijenkast', kikkers zeggen niets over bijen, laat staan dat kikkergedichten iets zouden kunnen zeggen over bijenkasten. In dit geval is het dus niet de logica maar de schijnbare zinloosheid van de combinatie die het werk betekenis geeft en ons verder doet denken over de relatie tussen woord en beeld in de kunst en over hoe schijnbare relaties door de kunstenaar kunnen worden gesaboteerd door een paradoxaal gebruik van de beeldende codering van die relatie (tekst op planken zal wel iets zeggen over getoonde voorwerpen bijvoorbeeld).

In die zin komen we eigenlijk terug bij Magritte wiens pijp geen pijp was. MacPhersons werk zegt naar analogie: *"een kikker is geen bij"*. Dat wisten we al, maar we hadden het niet eerder op deze manier geformuleerd gezien, net als bij het voorbeeld van Magritte. En op de aard en kwaliteit van de formulering komt het aan: dat maakt het werk tot een *Frog Poem* en niet zomaar wat tekst en beeld. PP

curious idea that you can put nature away in a drawer, literally conserve it and make it productive, metaphorically classify it, label it, render it harmless and domesticate it. Anyone presuming that the captions on the wooden shelves will provide a decisive answer on the matter will be disappointed. The set-up is nevertheless such that you may expect one element to say something about the other; the whole displays similarities with a building lot, for example, whereby on a picket fence shelf a number of particulars about the construction are stated (what is being built, the name of the architect, the contractor, telephone numbers etc.). This is not the case here. The shelves have wording on them such as "litaria infrarenata", "litaria fallax" and "litaria chloris". These are Latin names for frog sorts. This is a new way of dealing with a phenomenon in nature, namely frogs, and concerns classification by means of designation in language. However, they are 'Frog Poems' and although scientific names are used, these serve not a scientific but an artistic purpose. As far as I know, there is no logical order to the frog names and this means that the collection of texts is literary rather than scientific. They are ordered on the basis of aesthetic considerations, even though the meaning of a combination of texts such as these is firstly: "I am a poem", making the title also the poem itself – in other words, at the same time both the general definition and the individual work itself. We now therefore have wording and images, frog poems and beehives. How do bees relate to frogs? I don't think they do. I don't believe that the two sorts ever interact 'in the wild' and in actual fact, they don't here either. Because the signifier 'frog' fails when coming to the object to be signified, the 'beehive'. Frogs convey nothing with regard to bees, let alone that frog poems have anything to say about beehives. In this case, it is therefore not the logic but the apparent meaninglessness of the combination that gives the work meaning. It leads us to further reflect on the relationship between wording and image in art and the way in which apparent relationships can be sabotaged by the artist by a paradoxal use of the visual codification of those relationships (e.g. the idea that a text on a shelf will convey something about the object displayed). In this way, we have in fact returned to Magritte, whose pipe was not a pipe. By analogy, MacPhersons work says: "a frog is not a bee". We already knew that, but had not yet seen it formulated like this, as we had not yet seen Magritte's idea thus formulated when it was first presented. In the end, it all comes down to the nature and quality of the formulation, which is what makes the work a Frog Poem and not merely a bit of wording and imagery. PP

WORK IN PROGRESS

Callum Morton Canada / Australia 1965

```
----- Original Message -----
From: callum morton
To: marie-jeanne
Sent: Saturday, March 24, 2007 3:30 AM
Subject: Re: the hague sculpture 2007


hi Marie,

I have been working on a plan for an old billboard and
will send through some drawings very soon. I think the
sites included here will sit the best.
I just felt that it would be quite hard for you to
realise a large one of the Drive -In screens with their
exaggerated trusses, so I have in mind something made
from old wood that is quite provisional.

I include an image of the Venice project under
construction here which is something you wanted to see.
I am rebuilding a family home at 3/4 scale that
was recently destroyed. The interior is an office foyer.

More soon,

best,

Callum.
```

----- Original Message -----
From: marie-jeanne
To: callum morton
Sent: Monday, March 12, 2007 5:57 PM
Subject: the hague sculpture 2007

hi Callum,
As promised by phone today, I sent you a short e-mail.
I am happy that you have been brainstorming about your
plan for our exhibition. The billboard-idea is just
right for the place and you don't have to worry about
production. I also make sure that you'll keep in touch
with the production/installation-crew so it will be
exactly as you envisioned it.
The official opening is now definitely set on Friday the
15-th. It would be great if you could be there, but I
know that you are extremely busy this year. Well maybe
there is a chance that in between the busy
Europe-schedule (so much is happening this year, apart
from Venice, like Kassel (!) and even Munster after 9
years!! All great must-see art events) you'll find time
to hop over to The Hague. It would be great if we could
also show a small but interesting presentation of your
Venice-work in conceptform/in progress at STROOM HCBK,
the venue I was talking about a few times with you.
This institution is especially interested in public
space projects, city-planning art-projects and linking
art & architecture; just have a look at their website
http://www.stroom.nl/index _ en.php to see what it stands
for. I am by the way very curious what you'll show at
Venice! Looking forward to your idea for The Hague
Sculpture 2007: DE OVERKANT / DOWN UNDER and thanks for
being part of our show!

Kind regards,
enjoy the few weeks of relative calm!
Marie Jeanne

(attached the latest list of artists and the concept-
plan)

----- Original Message -----
From: Callum Morton
To: marie-jeanne
Sent: Saturday, June 02, 2007 7:35 AM
Subject: billboard

Hi Marie,

Here is a dimension sketch of the billboard screen, a
photo of one that can be used and one a small work.I
have descaled the billboard so it is possible to make
it quickly out of timber using standard sheets and you
can use any provisional way to hold it up I do not mind.
Essentially make it out of Plywood on a timber frame,
cover it with posters, stand it up and then smash it up!
I suggest cutting a series of large holes in it..and I
can send an image of this when you get it made.
The back is important to look very ad hoc.hence I have
sent you the image of the little screen with the complex
back framing. If whoever makes it is framing it they
will need to brace it in various spots and this will end
up being what I am after.

Instead of posters it can have a text painted on it but
at this stage I cannot imagine what so I will think
about this. Just let me know if you can get it done.

I understand if this is too late and you need to take
me out of the show and I am sorry I couldn't get to you
sooner. We must finish here in 2 days and I am exhausted.

Let me kwo what you think.

Best wishes,

Callum.

NEST

Patricia Piccinnini Sierra Leone / Australia 1965

Het gebruik van gevonden voorwerpen (*objets trouvés, ready mades*) is sinds Duchamp een gevestigde praktijk in de beeldende kunst. Maar niet altijd gaat het daarbij om een contextuele problematiek: in veel gevallen heeft deze praktijk niets meer te maken met de oorspronkelijke analytisch-polemische opstelling maar gaat het 'gewoon' om een materiaal als alle andere materialen. Dat neemt niet weg dat dit materiaal – opnieuw net als alle andere materialen – eigen mogelijkheden en beperkingen heeft: het blijft bijvoorbeeld altijd herleidbaar tot het oorspronkelijke object, ook in het geval van 'assisted ready mades', zodat vorm en functie daarvan blijven meespelen in het eindresultaat en wanneer dat een autonome sculptuur is, zoals in het onderhavige geval, incorporeert de kunstenaar die elementen zowel automatisch als welbewust in het werk.
Piccinini is bekend geworden met indringende beelden die op allerlei manieren het thema 'kunstmatig leven' belichtten en waarin we geconfronteerd worden met alle ethische dilemma's rondom genetisch onderzoek, cloning etc. In zekere zin is veel

The use of found objects, so-called ready mades, has been an established practice in the visual arts for over a century. However, it is not always a contextual issue that is concerned; in many cases, this practice no longer has anything to do with the original analytical polemic position but 'merely' concerns a material like all other materials. This does not mean that in the same way as all other materials, this material does not have its own possibilities and limitations. The material remains reducible to the original object, also in the case of 'assisted ready mades'. Its form and function therefore continue to influence the final result, and if that is an autonomous sculpture, as it is in this case, the artist will incorporate these elements into the work both automatically and deliberately. Piccinini gained a reputation for her penetrating sculptures which in various ways shed light on the theme of 'artificial life' and in which we are confronted with the various ethical dilemmas attached to genetic research and cloning etc.

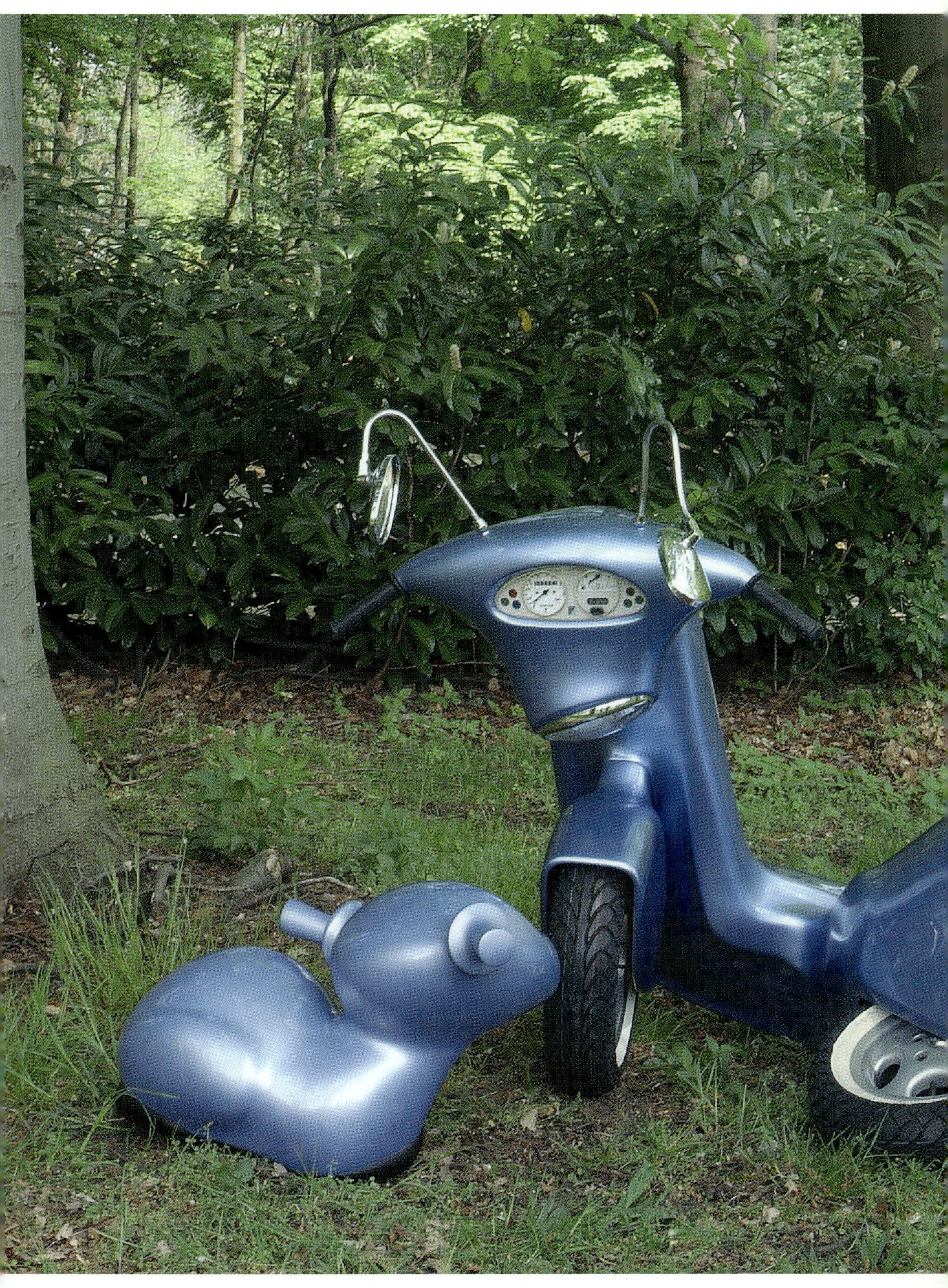

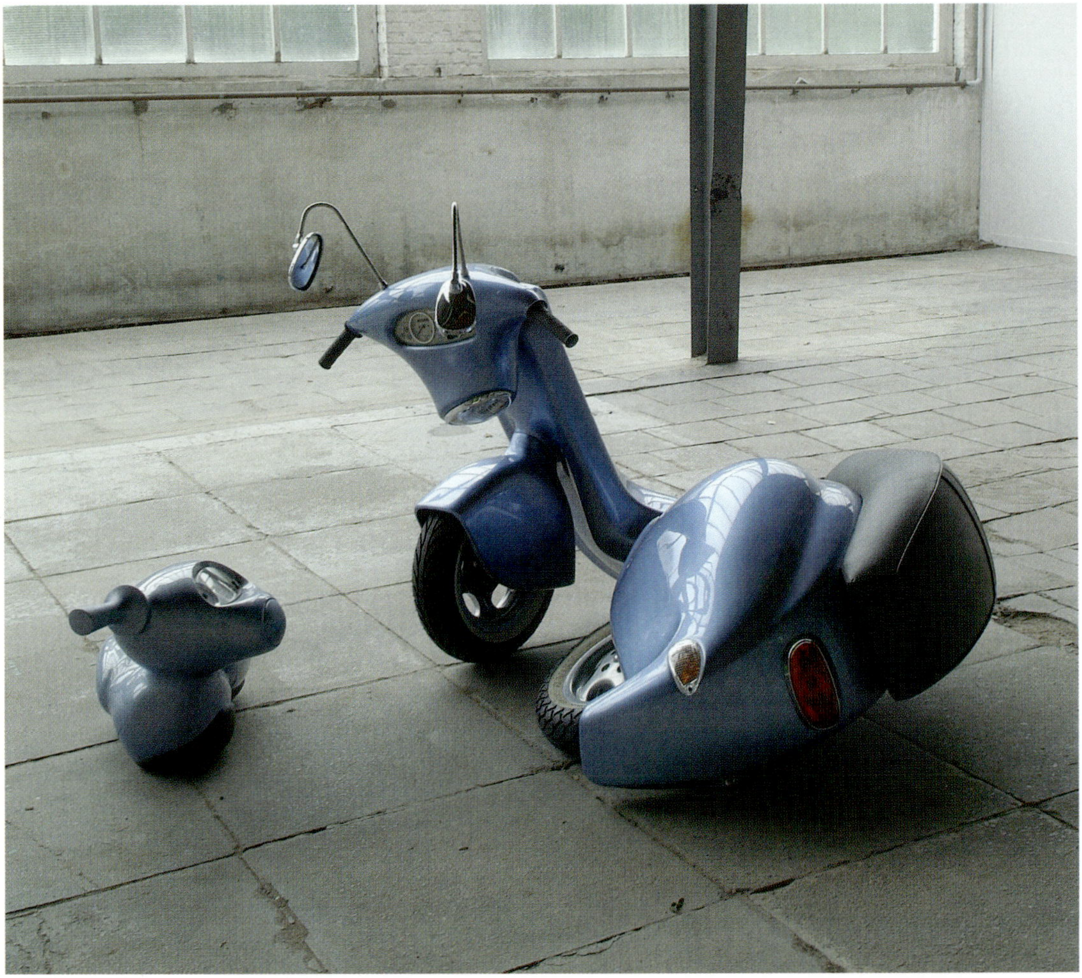

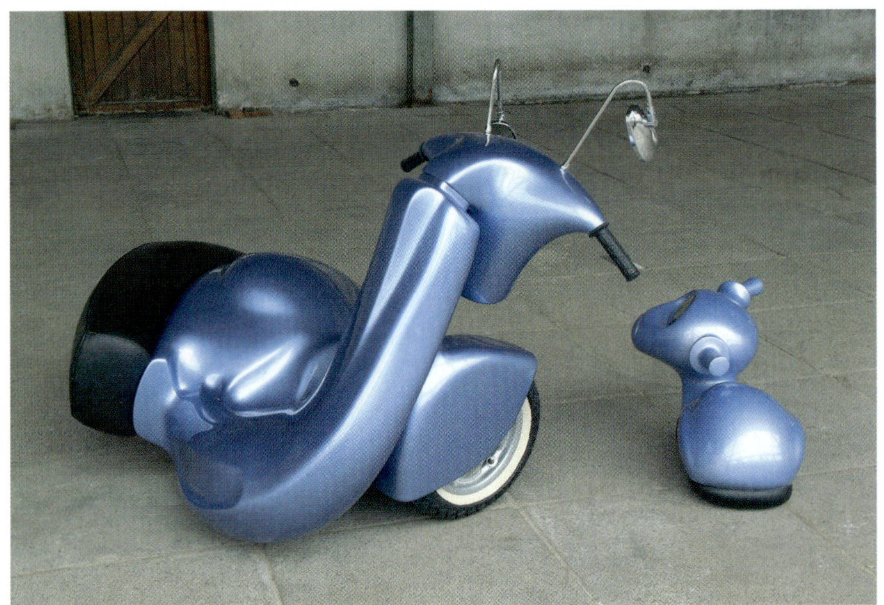

van haar werk verwant met Frankenstein, een roman die vele malen verfilmd is (de tragi-komische versie van Mel Brooks met onder Gene Wilder en Marty Feldman is een absolute *must see*), de archetypische versie van het scheppen van leven door middel van doorgeschoten wetenschap die op dit moment actueler is dan ooit. Naar eigen zeggen speelt Piccinini's werk zich af op de grens van *"wat we natuurlijk vinden en wat kunstmatig"* met als oogmerk *"het creëren van een werkelijke ervaring vanuit kunstmatige vormen."*

Het huidige werk, *Nest*, is opnieuw een variant op dit thema maar onderscheidt zich tegelijkertijd van alles wat ze eerder heeft gemaakt. Hier is een *ready made* gebruikt: een typisch Italiaanse scooter met een metallic-blauwe kleur die als het ware tot twee delen gedeconstrueerd is (als die term hier van toepassing mag worden geacht) die allebei verwijzen naar levende wezens in interactie met elkaar in de rolverdeling moeder – kind. Door de scooter deels te vouwen en de onderdelen (letterlijk) een verschillende richting te geven ontstaat het beeld van een liggende moeder die met haar gezicht ('hoofd') naar het tweede veel kleinere onderdeel kijkt, het kind dus, dat met snelheids- of andere meters als ogen trouwhartig en niet zonder humor naar haar opkijkt.

Met andere woorden: voortbewegingstechnologie is met eenvoudige ingrepen tot met elkaar communicerende diervormen gemaakt. In overeenstemming tot wat ik hierboven schreef is de oorspronkelijke functie van het object van cruciaal belang: zouden we die niet kennen, dan zouden we transformatie van het ene naar het andere betekenisgebied niet kunnen onderkennen en zou het werk aanzienlijk aan inhoud en complexiteit verliezen. Er zit zonder meer een duidelijke 'knipoog' in het beeld, het roept een glimlach op vanwege het idee alleen al en vanwege de op een bepaald niveau stripverhaal- of animatiefilmachtige eigenschappen van het beeld. Wie dat mist heeft geen gevoel voor humor en absurditeit.

Maar het beeld doet veel meer dan alleen dat. Het heeft in hoge mate iets roerends, iets intiems, in de onmiddellijk en onmiskenbaar

In a certain sense, much of her work is related to Frankenstein, a novel filmed many times (the tragicomic version of Mel Brooks starring Gene Wilder and Marty Feldman is an absolute must see), the archetypical version of the creator of life by science run rampant, which is currently more topical than ever. According to Piccinini herself, her work is situated on the borderline of "what we find natural and what we find artificial" with as its objective "the creation of a real experience from artificial forms." The work at hand, Nest, is a new variation on this theme but at the same time, is distinguishable from everything she has previously made. Here, a ready made is used; a typical Italian scooter of a metallic-blue colour which has been deconstructed (if that term can be considered applicable here) into two parts as it were, which both refer to living creatures in interaction with each other in the division of the roles of mother – child. By partly folding the scooter and (literally) giving its parts a different direction, the image arises of a recumbent mother whose face ('head') is looking at the second much smaller part, the child, who is faithfully looking up at her, not without humour, through the eyes of some speed-metre or another.

In other words, by means of simple interventions, locomotive technology has been transformed into mutually communicative animal forms. In accordance with what I wrote above, the original function of the object is of crucial importance; if we were not aware of it, we would not be able to acknowledge the transformation of one field of meaning into another and the work would lose considerable content and complexity. There is without a doubt a clear 'tongue-in-cheek' component to the sculpture which evokes a smile on account of the idea alone, and at a certain level due to its comic strip-like or animation film-like characteristics. If you miss that, you just have no sense of humour or sense of the absurd.

However, the sculpture also does a lot more.

opgeroepen associatie van moeder met kind. Er is sprake van een tedere relatie die vanuit technologie is ontstaan; het spoor wordt als het ware terug gevolgd: allerlei vervoermiddelen vertonen zoogdierachtige trekken en ik denk ook inderdaad dat ze – al dan niet bewust – daarvan zijn afgeleid, ook in hun functioneren. Er moet brandstof (voedsel) in en er komen afvalstoffen (ontlasting) uit, het stuur van een tweewieler lijkt altijd wel een beetje op een hoofd en ook heeft het een soort armen. Voeten trouwens ook in de vorm van wielen. Met andere woorden: de mens heeft het moderne vervoermiddel in zekere zin naar zijn eigen evenbeeld geschapen.

Vandaar is het maar een kleine stap naar het toeschrijven van menselijke gevoelens aan dit soort objecten (met gebruikmaking van de aloude truc van de *pathetic fallacy*). En dat is gebeurd door de scooter als het ware terug te vormen naar zijn oorsprong: de menselijke vorm, of, in dit geval, die van een dier, hoogstwaarschijnlijk een soort hert of iets dergelijks. Alle zoogdieren zijn in zekere zin familie van elkaar maar misschien heb ik hierboven de volgorde niet precies genoeg beschreven, want eigenlijk is die: van technologisch gebruiksobject naar een diervorm die dan weer naar analogie automatisch door ons als metafoor voor 'menselijk' wordt ervaren – of in ieder geval daar naartoe geredeneerd en geassocieerd.

In het werk van Piccinini is de onmiskenbare klassieke sereniteit van dit beeld een nieuw element. Terugdenkend in de kunstgeschiedenis lever de combinatie van in zichzelf besloten sereniteit en het moeder-met-kind thema haast onvermijdelijk nog een andere associatie op: die met een Madonna. Daarmee plaatst het werk zich in een oude en eerbiedwaardige traditie, de knipoog blijft maar de ernst ook: vanuit het artificiële heeft de kunstenaar inderdaad voor een emotionele ervaring gezorgd en de associatie van de *'Scooter als Madonna'* is enerzijds misschien *tongue-in-cheek* maar anderzijds evenzeer authentiek in de verwijzing naar de schepping van leven door middel van nieuwe technologie en in die zin is het een soort parabel van onze tijd en een vooruitblik in een mogelijke toekomst. PP

There is something highly moving and intimate about the immediate and unmistakably evoked association of mother and child. There is a tender relationship which has arisen from technology; the trail is followed back, as it were. Various means of transport display mammalian characteristics and in my opinion, whether consciously or otherwise, they are derived from the idea of the mammal, also in terms of the way they function. They require fuel (food) and they excrete waste (defecation), the handlebars of a bicycle somewhat resemble a head and it also has arms of a sort and feet too in the form of wheels. In other words, in a certain sense, man has created the modern means of transport in his own image. It is therefore only a small step to attributing human feelings to these sorts of objects (using the time-honoured trick of the pathetic fallacy*). And this has been done by reforming the scooter in the image of its original concept as it were, the human form, or in this case that of an animal, very probably a sort of deer or suchlike. In a certain sense, all mammals are each other's family, but perhaps I have failed to set out above the exact order, which is: from technological implement to animal form, which we then by analogy automatically experience as a metaphor for 'human' – or from which we reason and with which we make associations in that general direction. In Piccinini's work, the unmistakable classic serenity of the image is a new element. Thinking back in art history, the combination of serenity closed in on itself and the mother-with-child theme almost inevitably evokes another association; that of Madonna. In this way, the work situates itself within an ancient and time-honoured tradition, thus retaining both its humour and its seriousness. From artificiality as starting point, the artist has indeed provided an emotional experience and although the association of the 'Scooter as Madonna' may on one hand be* tongue-in-cheek*, it is just as authentic on the other in its reference to the creation of life by means of new technology and in that sense, a sort of* parable *of our time and a look ahead to a possible future. PP*

TIWI PUKAMANI PALEN IN DEN HAAG EN DOWN UNDER

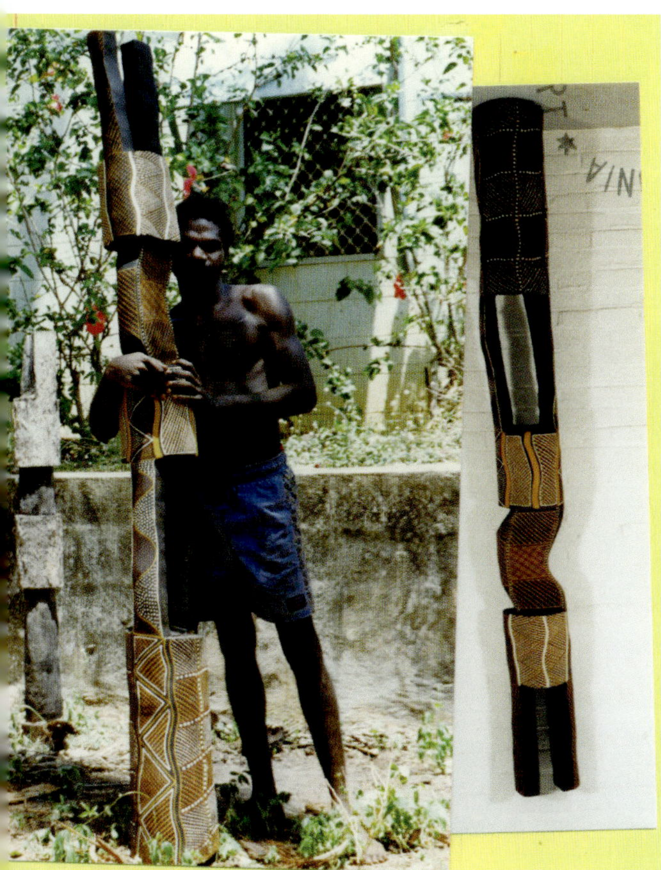

Andrew Freddy Puruntatameri

Lokale kunstproductie versus internationaal kunstproject: het simulacre van traditionalisme.

In Den Haag Sculptuur 2007: *DE OVERKANT / DOWN UNDER* worden een aantal Pukamani grafpalen – zogenaamde *tutuni* – uit de Tiwi eilanden getoond. Deze hardhouten, met okers beschilderde palen ogen door de aangewende materialen en in vorm sterk traditioneel. Echter, onder deze laag vernis van traditionalisme schuilt een verhaal van innovatie, van kunst en

TIWI PUKAMANI POLES IN THE HAGUE AND DOWN UNDER.
Local art production versus international art project: the simulacre of traditionalism

In The Hague Sculpture 2007: DE OVERKANT / DOWN UNDER, a number of Pukamani grave poles, so-called tutuni, *from the Tiwi Isles will be on display. Due to the material used and their form, these ochre-painted hardwood poles have a very traditional appearance. However, under the varnished layer of traditionalism lies a story of innovation, of art and artists who have managed to introduce cultural individualism into the bastions of contemporary art with a view to challenging on its own grounds the western, modernist model of presentation of Aboriginal art.*
The Tiwi island group in the tropical north of Australia, approximately 100 km above the city of Darwin, consists of two islands: Bathurst Island and the larger Melville Island. Due to the sea canal which separates these islands from the Australian mainland, permanent contact with the outside world was not established until late. This isolation is reflected in the cultural differences between the Tiwi and the Aboriginal population of the mainland. The Tiwi have developed a number of unique art forms that are closely linked to ceremonial life. Two important cycles occupy a central position in the ceremonial experience. While the kulama *initiation ritual focuses on life, the* pukamani *rites are related to death and the funeral.[1] It is especially these* pukamani *rites which are at the basis of the art of the Tiwi. Characteristic for this visual art is its explicit esoteric character and the lack of figurative elements. Particularly geometric motives, which are seen in many designs, are prevalent. Within the apparently tautly-defined spectrum of art, there is nevertheless space for individual interpretation and innovation.*

Sculptured and painted Pukamani grave poles are reputed to be the Tiwi art form with the most

kunstenaars die een culturele eigenheid hebben weten binnen te brengen in de bastions van de hedendaagse kunst om het westerse, modernistische presentatiemodel van Aboriginal kunst op eigen terrein uit te dagen.

De Tiwi eilandengroep in het tropische noorden van Australië, zo'n 100 km boven de stad Darwin, bestaat uit twee eilanden: Bathurst Island en het grotere Melville Island. Door het zeekanaal dat deze eilanden scheidt van het Australische vasteland is er pas relatief laat een blijvend contact ontstaan met de buitenwereld. Deze isolatie weerspiegelt zich in de culturele verschillen tussen de Tiwi en de Aboriginal bevolking van het vasteland. De Tiwi hebben een aantal unieke kunstvormen ontwikkeld die nauw verband houden met het ceremoniële leven. Twee belangrijke cycli staan centraal in de ceremoniële beleving. Terwijl het *kulama* initiatieritueel gericht is op het leven, houden de pukamani riten verband met de dood en begrafenis.[1] Het zijn vooral deze *pukamani* riten die aan de basis liggen van de kunst van de Tiwi. Kenmerkend voor deze beeldende kunst is het uitgesproken esoterisch karakter en het gebrek aan figuratieve elementen. Vooral geometrische motieven, die veelal in patronen terugkomen, domineren. Toch is er in de ogenschijnlijk strakke, afgebakende kunstuitingen ruimte voor individuele interpretatie en innovatie. Gebeeldhouwde en beschilderde Pukamani grafpalen gelden als de Tiwi kunstvorm met de meest complexe betekenis.

De sculpturen worden vervaardigd uit zwaar ijzerhout en vervolgens beschilderd met okerpigmenten. Geschilderde motieven worden rond de cilindrische vorm van de *tutuni* aangebracht. Deze roepen de lichaamsbeschildering van de rouwenden op. De zwarte achtergrond waarop geometrische patronen worden aangebracht, staat symbool voor de menselijke huid. Pukamani motieven, zo wordt gezegd, maken de palen zoals mensen. Versierde *tutuni* vervaardigd voor Pukamani ceremonies symboliseren menselijke gedaanten en worden rond het graf geplaatst. Ze bevatten letterlijk de geest van de overledene op het ogenblik dat de begrafenisceremonie plaatsvindt. De Tiwi kennen de grafpalen spirituele dimensies toe die afwezig zijn van andere (kunst)voorwerpen zoals schilderijen op boombast, linnen of papier en artefacten (speren, manden, ornamenten). Er wordt beweerd dat de palen perfect en levend worden als het begrafenisritueel is afgelopen en wanneer ze worden overgelaten aan de elementen/wispelturigheden van de natuur (regen, vuur en termieten). Na enkele maanden verdwijnen de geschilderde motieven als voorbode van de volledige desintegratie van de *tutuni* onder de tropische vegetatie.

Op deze manier symboliseren deze palen en hun desintegratie de vergankelijkheid van het lichaam en de overgang van het leven naar de dood. Elke grafpaal stelt een nieuw overleden lichaam

complex meaning. The sculptures are made of heavy ironwood and then painted with ochre pigment. Designs resembling the body painting of people in mourning are painted around the cylindrical form of the tutuni. *The black background that geometric patterns are painted on is symbolic of the human skin. It is said that Pukamani designs make the poles as human beings. Decorated* tutuni *made for Pukamani ceremonies symbolize human forms and are placed around the grave of the deceased. They are said to literally contain the spirit of the deceased at the moment that the funeral ceremony takes place. The Tiwi attribute spiritual dimensions to the grave poles which are absent in other (art) objects such as tree bark paintings, or paintings on linen or paper, and artefacts (spears, baskets, ornaments). It is claimed that the poles become perfect and living after the funeral ritual has taken place and when they are left to the elements/ capriciousness of nature (rain, fire and termites). After some months, the painted motives disappear, heralding the complete disintegration of the* tutuni *in the tropical vegetation.*

In this way, these poles and their disintegration symbolize the perishability of the body and the transition from life to death. Each grave pole represents a new deceased body that commences a process of decomposition. The poles can be interpreted as protheses of people in the earth. They are both a symbolic and a physical link between earth and spirit.

Parasitism

Termites play an important role in the disintegration of the grave poles. In this way, termites make an effective contribution to the function performed by the Pukamani poles. It is notable that the termite mounds of the Belgian artist Koen Wastijn are hollow casts of constructions which in the first place were the work of termites. His artificial termite mounds (Termite One) are an interpretation of nature. Wastijn has very precisely positioned his termite constructions in the public space of the city (the town hall in The Hague designed by Richard Meier). He has alienated the termite hills from their natural environment with a view to realizing a new perception of artificial space. In their ritual function, the Tiwi poles also have no autonomous existence separate from the natural landscape. In their physical connectedness with the earth, they are a prothesis of the deceased and decomposing body, and as such are subjected to a parallel process of decomposition.

voor dat een proces van ontbinding aanvat. De palen kunnen geïnterpreteerd worden als prothesen van mensen in de aarde. Ze zijn zowel een symbolische als een fysieke verbinding tussen aarde en geest.

Parasitisme

Termieten spelen een belangrijke rol in de desintegratie van de grafpalen. Termieten dragen op deze manier effectief bij in de volbrenging van de functie van de Pukamani palen. Het is noemenswaardig dat de termietenheuvels van de Belgische kunstenaar Koen Wastijn holle afgietsels zijn van constructies die in de eerste plaats tot stand kwamen door termieten. Zijn artificiële termietenheuvels *(Termite One)* zijn een interpretatie van de natuur. Wastijn positioneert zijn termietenconstructies precies in de publieke ruimte van de stad (het door Richard Meier ontworpen stadhuis in Den Haag). Hij ontvreemdt de termietenheuvels uit hun natuurlijke omgeving om een nieuwe gewaarwording van de artificiële ruimte te bewerkstelligen. De Tiwi palen, in hun rituele functie, bestaan evenmin autonoom van het natuurlijke landschap. In hun fysieke verbondenheid met de aarde, zijn zij een prothese van het overleden en ontbindende lichaam, en ondergaan als dusdanig een parallel proces van ontbinding. Natuurwetenschappelijke referenties zijn ook terug te vinden in het werk van andere deelnemende kunstenaars aan Den Haag Sculptuur dit jaar, o.a. Fiona Hall en Lisa Roet. Het werk van deze kunstenaars heeft te maken met het in kaart brengen van de natuur (het land) om ze te (her)interpreteren. Callum Morton, Hans Ligteringen en Richard Goodwin beroepen zich daarentegen vooral op de verstedelijking van het landschap. In hun werk wordt de artificiële omgeving van de mens onderzocht en herdacht. Tussen deze twee tegenpolen, het land en de stad, beweegt de westerse wereld zich. Bij de Tiwi lijkt het anders te zijn. Hun leefwereld bevindt zich op de breuklijn van land en gefabriceerd landschap. Hun kunst, en met name de Pukamani grafpalen, is daarvan een reflectie, niet alleen in de gebruikte materialen, maar ook in betekenis. In tegenstelling tot de Tiwi kunstenaars, zijn de westerse kunstenaars opgegroeid met het idee van museale presentatie en werken ze binnen deze context of stellen ze deze context juist bewust aan de orde. De huidige kunstervaring van de Tiwi is sterk verbonden met een prewesters verleden waar kunst ingebed was in het ceremoniële leven. Toch kan men niet stellen dat de verschillen in perceptie van kunst onoverbrugbaar zijn.

Terwijl het rituele belang van grafpalen onverminderd blijft bestaan, zijn de Pukamani palen over de laatste paar eeuwen onderhevig aan ontwikkeling. Deze doorlopende innovatie is

Scientific references can also be found in the work of other participating artists in The Hague Sculpture this year, including Fiona Hall and Lisa Roet. The work of these artists involves mapping nature (the land) in order to (re)interprate it. In contrast, Callum Morton, Hans Ligteringen and Richard Goodwin particularly refer to the urbanization of the landscape. In their work, the artificial environment of human beings is examined and commemorated. The western world operates between the two opposites of the land and the city.
With the Tiwi, things seem to be different. The world they live in is situated on the fault line between the land and the fabricated landscape. Their art, and particularly the Pukamani grave poles, are a reflection of this, not only in the material used but also in terms of meaning. In contrast to the Tiwi artists, western artists grew up with the idea of museal presentations, and either work within this context or consciously bring it up for debate. The current art experience of the Tiwi is very much connected to a pre-western past where art was imbedded in ceremonial life. It cannot nevertheless be argued that the differences in the perception of art are irreconcilable.

While the ritual importance of grave poles remains undiminished, in the last few centuries, the Pukamani poles have been subjected to certain new developments. This continual innovation is the consequence of contact with people from South-East Asia, other Aboriginal groups on the mainland and missionaries. The use of material alone was subject to great changes. Before the arrival of the Europeans, for example, stone tools and mussel shells were used as carving instruments. In a later phase, these were replaced by metal objects and at the present, in the first instance, chain saws and files are used. This innovation is not only found in the materials used. Certain decorative geometric Tiwi motives, for example, may have been inspired by contact with the inhabitants of the island of Macassar (Indonesia) and their textile designs.

The simulacre of traditionalism

Particularly due to their traditional appearance and the use of natural material, contemporary tutuni are all too easily labelled ethnographic or even traditionalist. However, there is at the most a mere semblance of traditionalism or, expressed in a term coined by the French philosopher Jean Baudrillard, a simulacre of traditionalism. This simulacra, or in other words illusion, relates to the current western perception of Aboriginal art.

John Wilson

IJzerhout / Ironwood, h. 198 cm

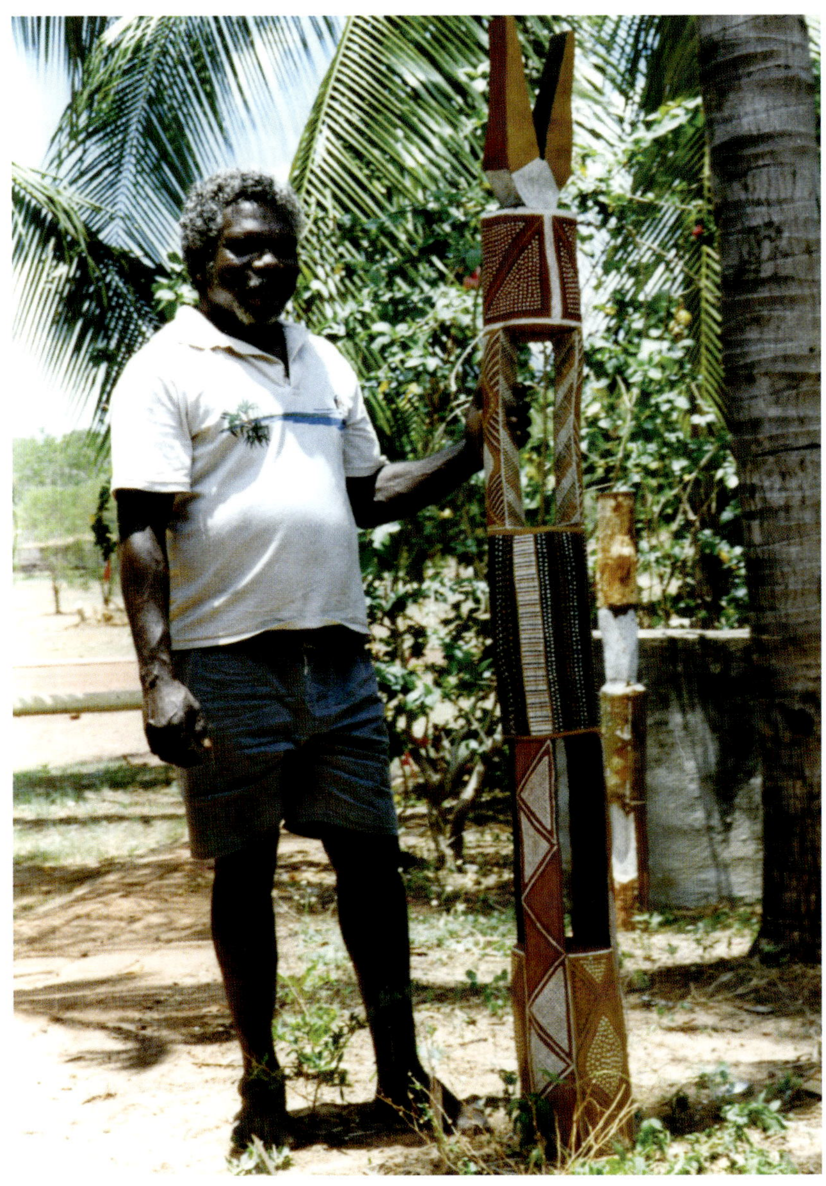

een gevolg van contacten met mensen uit Zuidoost Azië, andere Aboriginal groepen op het vasteland en missionarissen. Het materialengebruik alleen al kende grote verandering. Zo werden voor de komst van de Europeanen stenen bijlen en mosselschelpen gebruikt als kerfmaterialen. In een latere fase werden deze vervangen door metalen voorwerpen en in de huidige tijden worden in eerste instantie kettingzagen en vijlen aangewend. Deze innovatie komt niet enkel voor in de gebruikte materialen. Bepaalde decoratieve geometrische Tiwi motieven, bijvoorbeeld, zouden zo geïnspireerd kunnen zijn door contacten met de inwoners van het eiland Macassar (Indonesië) en hun textielpatronen.

Het simulacre van traditionalisme

Vooral door hun traditionele uiterlijk en het gebruik van natuurlijke materialen worden hedendaagse *tutuni* al te gemakkelijk als etnografisch, zelfs traditionalistisch bestempeld. Toch is er hier hoogstens sprake van een schijn van traditionalisme of, om het met een term van de Franse filosoof Jean Baudrillard uit te drukken, een *simulacre* van traditionalisme. Dit *simulacre* oftewel schijnbeeld heeft betrekking op de gangbare westerse perceptie van Aboriginal kunst.

Traditie wordt vaak gezien in termen van volkenkunde. Uitwisseling met of bronnen uit het (prewesterse) verleden – het 'traditionele' – wordt al te vaak als onverzoenbaar met de westerse notie van 'hedendaagse kunst' beschouwd. Dit werd geïllustreerd in verscheidene recente voorvallen. We hoeven maar te denken aan de aanvankelijke weigering om Gallery Gabrielle Pizzi (een gerespecteerde galerie in Melbourne) te laten deelnemen aan de Duitse kunstbeurs Art Cologne in 1994. *Magiciens de la Terre*, de befaamde tentoonstelling van Jean-Hubert Martin gehouden in het Centre Pompidou, Parijs, in 1989, wordt nog steeds als problematisch ervaren. In deze tentoonstelling werd niet-westerse kunst op een gelijkwaardige manier naast westerse kunst getoond. Door de vrij directe link met traditionele geloofspatronen en gewoonten, en de relatieve afwezigheid van de Europese en Noord Amerikaanse kunsthistorische regels, ontbreekt in de Aboriginal kunst de confrontatie met het Moderne. Uiteraard hoeft deze kunst niet te beantwoorden aan de paradigma's van dit modernisme om hedendaagse kunst te zijn. Het aan de orde stellen van noties zoals originaliteit, individualiteit, authenticiteit en stijl, is bij deze kunst juist actueel. Het verbaast mij dan ook dat dit essentiele punt van discussie steeds opnieuw pertinent uit de weg wordt gegaan.

De mogelijkheid van *tutuni* als hedendaags kunstwerk kan nog het best geïllustreerd worden met een voorbeeld dat op Den Haag Sculptuur 2007 te zien is. Een van de palen uit de collectie

Tradition is often seen in terms of cultural anthropology. Exchanges with or sources from the (pre-western) past, 'tradition', are far too often seen as being irreconcilable with the western notion of 'contemporary art'. This is illustrated by various recent incidents. A case in point was the initial refusal to allow the Gallery Gabrielle Pizzi (a respected gallery in Melbourne) to participate in the German art fair Art Cologne in 1994. Magiciens de la Terre, the renowned exhibition of Jean-Hubert Martin held in the Centre Pompidou, Paris in 1989 is still regarded as something of a problem. In this exhibition, non-western art was displayed side by side western art as its equal. Due to the fairly direct link with traditional patterns of belief and customs and the relative absence of European and North-American art historical rules, Aboriginal art lacks a confrontation with the Modern World. Of course, Aboriginal art is not obliged to comply with the paradigms of modernism to qualify as being contemporary art. Among other things, the fact that it brings notions such as originality, individualism, authenticity and style up for debate makes it highly contemporary. I am therefore astonished that this essential point of discussion is continuously sidestepped.

The possibilities of tutuni as contemporary art can be best illustrated by an example that can be viewed at The Hague Sculpture 2007. One of the poles in the collection of the Aboriginal Art Museum Utrecht (AAMU) was made by Pedro Wonaeamirri (1974). This artist is considered one of the most important artists of the Tiwi Isles (see biography below). His work focuses on the connection between contemporary artistic practices in Milikapiti on Melville Island and the past. In his own art, by further developing body paintings (pwoja), Wonaeamirri is searching for an up-to-date way of connecting with both his fellow Tiwi clan members and outsiders.

When in 1999 Wonaeamirri was commissioned to make six hardwood Pukamani poles for the contemporary manifestation Australian Perspecta 99 – Living Here and Now: Art and Politics held in the Museum of Contemporary Art (MCA) in Sydney, a remarkable study was first carried out. A year before, in 1998, the artist had visited the Art Gallery of New South Wales (AGNSW) in Sydney and had been deeply impressed by a group of seventeen monumental tutuni. This group of Pukamani poles had been made in 1958 after having been commissioned by Dr. Stuart Scougall,

van het Aboriginal Art Museum Utrecht (AAMU) werd vervaardigd door Pedro Wonaeamirri (1974). Deze kunstenaar wordt als een van de belangrijkste kunstenaars uit de Tiwi eilanden beschouwd (zie biografie hieronder). Zijn werk situeert zich in de verbinding tussen hedendaagse artistieke praktijken in Milikapiti op Melville Island met het verleden. Wonaeamirri zoekt in zijn eigen kunst, door verder te bouwen op de lichaamsbeschilderingen (pwoja), een actuele manier om bij zowel zijn Tiwi clangenoten als bij buitenstaanders aan te sluiten.

Toen Wonaeamirri in 1999 de opdracht kreeg om zes hardhouten Pukamani palen te vervaardigen voor de hedendaagse kunst-manifestatie *Australian Perspecta 99 – Living Here and Now: Art and Politics*, gehouden in het Museum of Contemporary Art (MCA), Sydney, ging er een opmerkelijk onderzoek aan vooraf. Een jaar eerder, in 1998, bezocht de kunstenaar de Art Gallery of New South Wales (AGNSW) in Sydney en werd gegrepen door een groep van zeventien monumentale *tutuni*. Deze groep Puka-mani palen werd in 1958 vervaardigd in opdracht van Dr. Stuart Scougall, een belangrijk kunstmecenas. Deze kunstopdracht zou van cruciaal belang zijn voor de Australische kunstgeschiedenis en de manier waarop Aboriginal kunst gezien werd; als groep waren deze grafpalen het eerste Aboriginal kunstwerk dat als kunst in een openbaar museum werd opgenomen.[2] Hun inclusie in de collectie van het museum en opstelling vlakbij de ingang in 1959 door toenmalig afgevaardigd directeur en abstract expressionis-tisch schilder Tony Tuckson werd als erg controversieel ervaren. Met deze opstelling in een expliciete kunstcontext gaf Tuckson het startschot tot een omkering in de perceptie van Aboriginal kunst. Daar waar Aboriginal kunst voordien enkel te zien was in etnografische musea, kende Tuckson het het statuut van 'kunst' toe. Deze oorspronkelijke *tutuni* uit 1958 inspireerden de jonge Pedro Wonaeamirri bij het creëren van de zes nieuwe Pukamani palen. Na de *Perspecta 99* werden Wonaeamirri's palen in de collectie van de AGNSW (Art Gallery of New South Wales) opge-nomen waar ze tegenover de originele groep werden opgesteld. Deze kleine excursie in de recente kunstgeschiedenis van de Tiwi leidt ons verder in de paradox. In 1954 ondernam de Australische antropoloog Charles P. Mountford een wetenschap-pelijke expeditie naar Melville Island. Daar kwam hij tot de bevin-ding dat de lokale kunstproductie weliswaar verbonden was met de ceremoniële riten, maar niet echt met de Dromen of schep-pingsverhalen uit de Droomtijd. Dit was namelijk wel het geval met de kunst uit andere delen van Australië waar innovatie aan veel strakkere regels onderworpen was en zelfs niet gedoogd werd. Deels uit noodzaak om een eigen referentiekader te scheppen dat paste binnen de tijdsgeest, deels uit wetenschappelijke overwegingen,

an important art maecenas. This art assignment is said to have been of crucial importance for the history of Australian art and the way in which Aboriginal art was viewed; as a group, these grave poles constituted the first Aboriginal artwork that was displayed in a public museum as art.[2] Their inclusion in the collection of the museum, as well as their place of display nearby the entrance in 1959 by the delegate director at that time and the abstract expressionist painter Tony Tuckson was considered extremely controversial. Displaying the tutuni in such an explicit art context, Tuckson gave the starting shot for a turnaround in the perception of Aboriginal art. While before, Aboriginal art had only been able to be viewed in ethnographical museums, Tuckson assigned it the statute of 'art'. These original tutuni from 1958 inspired the young Pedro Wonaeamirri in creating the six new Pukamani poles. After the Perspecta 99, Wonaeamirri's poles were included in the collection of the AGNSW (Art Gallery of New South Wales) where they were displayed opposite the original group.

This brief excursion into the recent art history of the Tiwi leads us further into the paradox. In 1954, the Australian anthropologist Charles P. Mountford undertook a scientific expedition to Melville Island. There, he discovered that local art production was connected to the ceremonial rites, but not really with the Dreams or stories of creation from Dreamtime. This was the case, however, with the art from other parts of Australia where innovations were subject to much stricter rules or were not tolerated at all. Partly due to the necessity to create his own framework of reference that fitted in with the spirit of the times, and partly for scientific reasons, Mountford commissioned two local artists to paint works on tree barks that illustrated these stories of creation. Before this period, tree-bark paintings scarcely occurred on the Tiwi Isles. Painting on tree bark was originally practiced in Arnhem Land, an area that the anthropologist knew very well. In other words, these 'traditional' paintings with mythical themes were produced in response to an explicit request made by Mountford. The demand that thereafter arose for art from the Tiwi Isles stimulated the production of carved objects and paintings depicting a mythological story. Up until today, the works produced for Mountford are seen as an positive example and source of inspiration for the art production of artists who work for Jilamara Arts and Crafts.[3] The founding of this art centre in 1989 fitted in well with the initiative to encourage young Tiwi people to work in the old style.

droeg Mountford twee lokale kunstenaars op om werken op boombast te schilderen die deze scheppingsverhalen zouden illustreren. Tot voor deze periode kwamen boombastschilderijen nauwelijks voor op de Tiwi eilanden. Boombast als drager werd aanvankelijk in Arnhem Land, een gebied waar de antropoloog goed mee bekend was, gebruikt.

Deze 'traditionele' schilderijen met mythische thema's werden met andere woorden op expliciete vraag van Mountford geproduceerd. De vraag die sindsdien voor de kunst uit de Tiwi eilanden is ontstaan, werkte de vervaardiging van gekerfde objecten en schilderijen die een mythologisch verhaal verbeelden, in de hand. Tot op de dag van vandaag gelden de werken die geproduceerd werden voor Mountford als voorbeeld en inspiratiebron in de kunstproductie van de kunstenaars die verbonden zijn aan Jilamara Arts and Crafts.[3] De oprichting van dit kunstencentrum in 1989 paste zelf binnen het initiatief om Tiwi jongeren terug in de oude stijl te laten werken.

Sinds 1959 heeft Aboriginal kunst – in Australië althans – effectief de status verkregen van hedendaagse kunst. Deze kunst werd opgenomen in het algemene discours over Australische kunst, wordt tentoongesteld in kunstmusea en -galeries en wordt beschreven in Australische kunsttijdschriften. Het leek er niet zo erg lang geleden zelfs op dat Aboriginal kunst nagenoeg de enige Australische kunst was die op enige internationale aandacht kon rekenen (zie tentoonstellingen als *Dreamings* in de VS en *Aratjara* in Europa). De structuur van de kunstwereld is er echter een die *a-priori* weinig te maken heeft met Aboriginal kunst. Verschillende auteurs hebben reeds gewezen op deze dichotomie tussen de Aboriginal auteur van het kunstwerk en de westerse kunstmarkt. Deze tweespalt vindt uiting in de onvermijdelijke dubbele herkomst van Aboriginal kunst; een buiten het (kunst)systeem en een binnen het systeem.[4]

De druk die uitgaat van de westerse kunstmarkt voor kunst met duidelijk herkenbare traditionele referenties heeft er voor gezorgd dat Tiwi kunstenaars noodgedwongen zijn gaan kijken naar de kunstproductie uit het verleden. Een deel van deze traditionele kunst die nu als voorbeeld wordt gebruikt voor de hedendaagse kunst is, op haar beurt, zelf al het product van een confrontatie tussen de Tiwi en bepaalde westerse invloeden.[5] Dit wil echter niet zeggen dat het kijken naar het verleden niet van groot belang is ter herbevestiging van de eigen cultuur. Vele kunstenaars beogen met de vervaardiging van tutuni immers ook het in stand houden van een oude traditie in een opengebroken wereld.

Twee contexten

De Tiwi palen dragen ongetwijfeld de schijn in zich van tra-

Since 1959, at least in Australia, Aboriginal art has effectively acquired the status of contemporary art. Aboriginal art was included in the general discourse on Australian art, and exhibited in art museums and galleries and described in Australian art magazines. Not so very long ago, Aboriginal art even seemed to be the only Australian art to receive international attention (see exhibitions such as Dreamings *in the US and* Aratjara *in Europe). However, the structure of the art world has little to do with Aboriginal art a-priori. Various authors have already pointed out this dichotomy between the Aboriginal artists and the western art market. This divide is expressed in the unavoidable double origin of Aboriginal art, one part of which is outside the (art) system and the other within.[4]*

The pressure exerted by the western art market for art with clearly recognizable traditional references has forced Tiwi artists area to look at the art production of the past. Part of this traditional art that is now used as a model for contemporary art is itself, the product of a confrontation between the Tiwi and certain western influences.[5] However, this does not mean that examining the past is not of great importance with a view to reconfirming one's own culture. After all, by making tutuni, *many artists also aim to maintain an old tradition in a broken-open world.*

Two contexts

The Tiwi poles undoubtedly have the semblance of traditionalism, but in the final analysis, here too is a new context and adaptation. The demand for 'traditional' art is often initiated by the art market. This traditionalism is based on the desire of the western collector and is a simulacre. *At the same time, there is a strong drive arising from the concern felt by artists with regard to keeping the culture alive. In spite of the fact that the art production of the Tiwi reflects a past of disintegrating cultural customs and the consequent fragmentation of social networks within their own community, it remains an art which aims to confirm the connection of the Tiwi to their land. Moreover, the preservation of their own cultural identity in times characterized by increasing contact with the outside world is an important theme. Paradoxically enough, examining the past goes hand in hand with innovations and experiments.*

Displaying the Pukamani poles within the context of an art festival such as The Hague Sculpture 2007 is immediately problematic. On one hand, there are

ditionalisme, maar uiteindelijk is ook hier sprake van een nieuwe context en aanpassing. De vraag naar 'traditionele' kunst wordt vaak geïnitieerd vanuit de kunstmarkt. Dit traditionalisme berust op een wens van de westerse verzamelaar en is een *simulacre*. Tegelijkertijd leeft er een grote drang die voortkomt uit een grote bezorgdheid bij de kunstenaars om de cultuur sterk te houden. Niettegenstaande dat de kunstproductie van de Tiwi een verleden reflecteert van afbrokkelende culturele gebruiken en, hiermee gepaard gaand, afbrokkeling van sociale netwerken binnen de eigen gemeenschap, blijft het een kunst die in het teken staat van de bevestiging van de band van de Tiwi met hun land. Tevens vormt de handhaving van een eigen culturele identiteit in tijden die gekenmerkt worden door een groeiend contact met de buitenwereld een belangrijk thema. Kijken naar het verleden gaat, paradoxaal genoeg, hand in hand met innovatie en experiment.

De Pukamani palen tonen in de context van een kunstenfestival als Den Haag Sculptuur 2007 is al meteen problematisch. Enerzijds gaat het hier om wat ooit traditionele voorwerpen met een duidelijk omlijnde rituele functie waren. Anderzijds werden deze sculpturen speciaal geproduceerd om in de westerse kunstwereld terecht te komen en zijn als zodanig ook voor de makers ervan hedendaagse kunstwerken. De geografisch gebonden betekenis (de oorspronkelijke functie) van de Pukamani palen wordt overstijgt door het kunstwerk dat in een vernieuwde context gemaakt en getoond wordt. De opstelling van de palen in Den Haag Sculptuur toont twee verschillende tentoonstellingscontexten. Drie palen, afkomstig uit de verzameling van het AAMU, worden in een uitgesproken museale context in een vitrine tentoongesteld. Deze kunstwerken van Pedro Wonaeamirri, Patrick Freddy Puruntatameri en John Wilson worden met andere woorden niet toegelaten om in de buitenlucht te functioneren. Ook deze specifieke grafpalen werden, ondanks hun traditioneel uiterlijk, in eerste instantie niet voor traditionele functionele doeleinden vervaardigd, maar voor de kunstmarkt. Vier andere palen werden specifiek voor Den Haag Sculptuur 2007 vervaardigd door Patrick (Andrew) Freddy Puruntatameri en Pius Tipungwuti. In een eerste opzet zouden de kunstenaars naar Nederland komen om ter plaatse in een Europese inheemse boomsoort de palen in deze specifieke kunstcontext te vervaardigen. Dit zou een vrij radicale omkering betekenen in de locale bepaaldheid van deze objecten – en daarmee ook in hun originele functie. Omwille van het lange productieproces van tutuni werd van dit concept afgestapt. Twee van de vier palen worden wel in Den Haag afgewerkt en beschilderd. Deze palen worden als buitensculpturen gepresenteerd. Pukamani palen in Den Haag Sculptuur 2007 tonen, is niet enkel het tonen van een lokaal belangrijke regionale Aboriginal kunststijl

objects that were once traditional and had a clearly defined ritual function. On the other, these sculptures were especially produced for the western art world and as such, are also contemporary works of art for their makers. The geographically-bound meaning (the original function) of the Pukamani poles is surpassed by the artwork made and shown within a renewed context.

The way that the poles are displayed in The Hague Sculpture shows two different exhibition contexts. Three poles, originating from the collection of the AAMU, are exhibited in a showcase within an explicit museal context. In other words, these works of art of Pedro Wonaeamirri, Patrick Freddy Puruntatameri and John Wilson are not allowed to function in the open air. In spite of their traditional appearance, these specific grave poles were not, in the first instance, made for traditionally functional purposes, but for the art market. Four other poles were specifically made for The Hague Sculpture 2007 by Patrick (Andrew) Freddy Puruntatameri and Pius Tipungwuti. In an initial set-up, the artists were to come to the Netherlands to make these poles in situ in a European indigenous tree sort in this specific art context. This would have meant a fairly radical reversal of the local definition of these objects – and thereby also their original function. Due to the long production process involved in making tutuni, this concept was abandoned. Two of the four poles were, however, finished and painted in the Hague. These poles will be presented as outside sculptures.

Displaying Pukamani poles in The Hague Sculpture 2007 is not merely displaying a locally important regional Aboriginal art style in an explicit contemporary art context. It is displaying these Pukamani poles with the semblance (the simulacre*) of traditionalism as a reflection of a modernist model of presentation side by side works of art of other Australian and European artists with a view to prompting a revaluation of these artworks. The poles are topical because as a work of art, they are a medium for bringing about intercultural meetings. It is precisely the special context of the exposition that should create the (intellectual) space required to allow the complex problems connected to this form of contemporary art to be dealt with.*

Georges Petitjean

Georges Petitjean is the curator of the Aboriginal Art Museum, Utrecht (AAMU). He obtained his doctoral degree at the La Trobe University in Melbourne with a dissertation on contemporary art from Central Australia.

Pedro Wonaeamirri — IJzerhout / Ironwood, h. 205 cm.

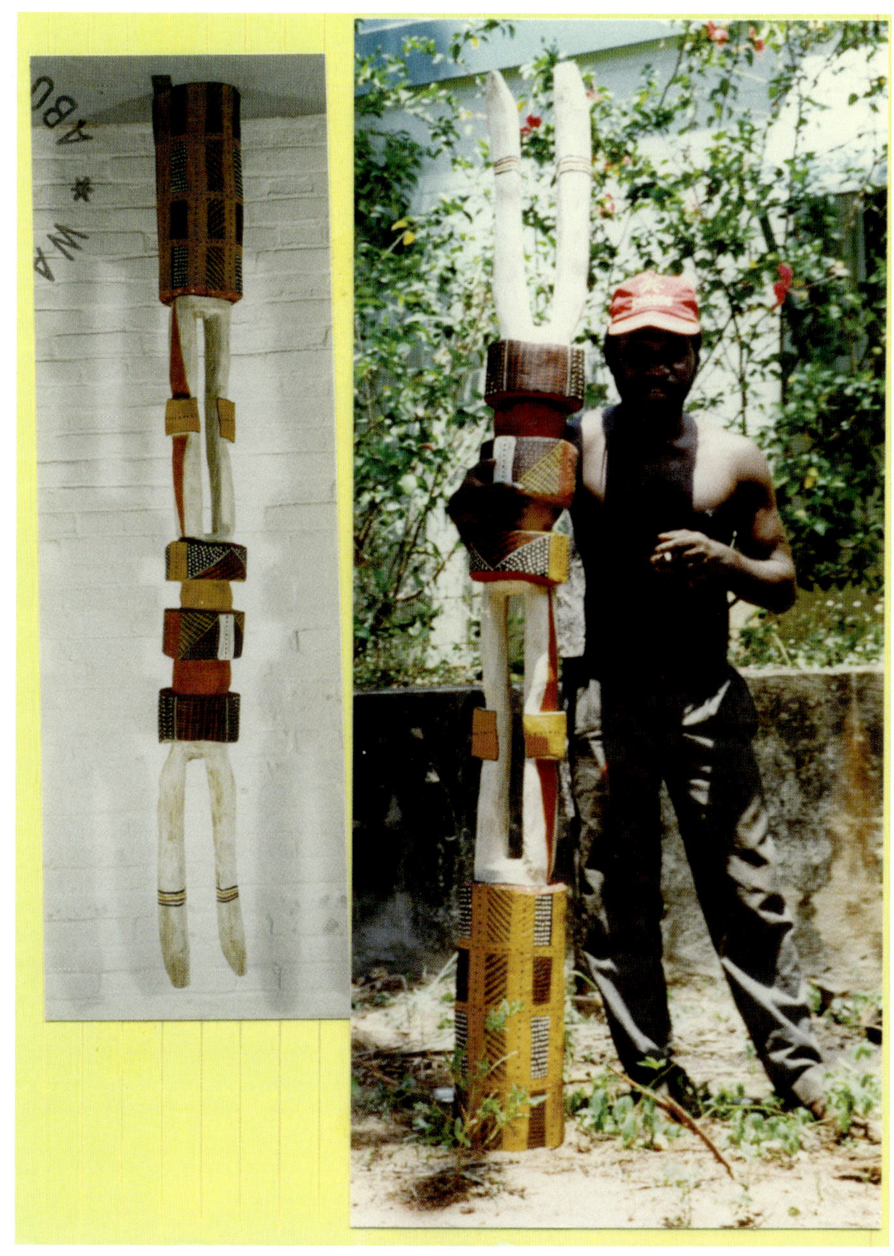

in een uitgesproken hedendaagse kunstcontext. Het is deze Pukamani palen met de schijn (het *simulacre*) van traditionalisme als weerspiegeling van een modernistisch presentatiemodel tonen naast werken van andere Australische en Europese kunstenaars om zo tot een herwaardering van deze kunstwerken te komen. De palen zijn actueel in het feit dat ze als kunstwerk een medium zijn tot het aangaan van een interculturele ontmoeting. Deze bijzondere expositiecontext zou juist de (intellectuele) ruimte moeten scheppen om de complexe problematiek verbonden aan deze vorm van hedendaagse kunst aan bod te laten komen.

Georges Petitjean

Georges Petitjean is de conservator van het Aboriginal Art Museum, Utrecht (AAMU). Hij promoveerde aan de La Trobe University in Melbourne met een proefschrift over hedendaagse kunst uit centraal Australië.

Pedro Wonaeamirri (Melville Island, 1974)

Pedro Wonaeamirri staat bekend als één van de belangrijkste kunstenaars uit de Tiwi eilanden in noord Australië. Wonaeamirri groeide op te Pirlangimpi (Garden Point) op Melville Island, het grootste van de twee Tiwi eilanden. Hij genoot onderwijs in een kostschool in Darwin. Onder de hoede van zijn grootmoeder, Jacinta Wonaeamirri, bekwaamde hij zich in de traditionele culturele praktijken van zijn grootvader. Als een van de weinige Tiwi mensen van zijn generatie die nog de oude Tiwi taal machtig zijn, is hij de verbinding met de traditionele kunstvormen in zijn eigen kunstpraktijk zeer toegenegen. In zijn geschilderde motieven maakt Wonaeamirri gebruik van de zogenaamde pwoja of lichaamsbeschilderingen uit de Tiwi traditie. Hijzelf beschrijft zijn werk als een verlenging van de motieven die aangebracht worden tijdens rituele lichaamsbeschilderingen voor de Pukamani begrafenisceremonie. Wonaeamirri nam eerder met zijn werk deel aan de Australische kunstmanifestatie *Perspecta 99* in Sydney. In 2005 werden Wonaeamirri's schilderijen en sculpturen getoond in de jaarlijkse *Primavera* tentoonstelling in het Museum of Contemporary Art, Sydney. Pedro Wonaeamirri is als cultureel ambassadeur van de Tiwi eilanden vaak op openingen en kunst-evenementen in Australië en zelfs Europa (Würzburg in 2002). Hij is ook een van de kunstenaars die een print maakte voor het Duyken-portfolioproject, dat te zien is in het Haags Historisch Museum, een van de gastlocaties van Den Haag Sculptuur.

Pius Tipungwuti (Melville Island, 1954)

Pius Tipungwuti speelde een bepalende rol in de ontwikkeling van de Jilamara Arts en Crafts associatie eind jaren tachtig van

Pedro Wonaeamirri (Melville Island, 1974)

Pedro Wonaeamirri is known as one of the most important artists from the Tiwi Isles in Northern Australia. Wonaeamirri grew up in Pirlangimpi (Garden Point) on Melville Island, the largest of the two Tiwi Isles. He was educated in a boarding school in Darwin. Under the watchful eye of his grandmother, Jacinta Wonaeamirri, he trained himself in the traditional cultural practices of his grandfather. As one of the few Tiwi people of his generation who still has a command of the old Tiwi language, he sets great store by the link with traditional art forms in his own artist's practice. In his painted designs, Wonaeamirri makes use of so-called pwoja *or body paintings in the Tiwi tradition. He himself describes his work as an extension of the designs applied in ritual body painting for Pukamani funeral ceremonies. Wonaeamirri has taken part in the Australian art manifestation* Perspecta 99 *in Sydney. In 2005, Wonaeamirri's paintings and sculptures were shown in the annual Primavera exhibition in the Museum of Contemporary Art, Sydney. As the cultural ambassador of the Tiwi Isles, Pedro Wonaeamirri is often present at openings and art events in Australia and even Europe (Würzburg in 2002). He is also one of the artists who made a print for the Duyken portfolio project, which can be viewed in the Hague Historic Museum, one of the guest locations of The Hague Sculpture.*

Pius Tipungwuti (Melville Island, 1954)

Pius Tipungwuti played a decisive role in the development of the Jilamara Arts and Crafts association at the end of the eighties of the last century. Tipungwuti was also chairperson of the Milikapiti Council. His impressive career in the field of carving and painting Pukamani poles for ceremonial purposes have strengthened his reputation as an exceptional woodcutter within the Tiwi community. However, it was only in 2003 that Tipungwuti started working for the Jilamara art centre full time, focusing on making wood sculptures intended for the art market. Twice, his work was displayed at the Melbourne Art Fair (in 2002 and in 2004) and since then, has been exposed at exhibitions throughout Australia. The Hague Sculpture 2007 is the first international project that Pius Tipungwuti is participating in. He will make the last paintings on the poles in situ, using natural ochre.

de vorige eeuw. Tipungwuti was ook voorzitter van het Milikapiti Council. Zijn indrukwekkende carriere op het gebied van het kerven en beschilderen van Pukamani palen voor ceremoniële doeleinden hebben zijn reputatie als uitzonderlijk houtsnijder binnen de Tiwigemeenschap versterkt. Toch is het pas in 2003 dat Tipungwuti zich voltijds aansloot bij het Jilamara *art centre* om zich te richten op de vervaardiging van houtsculptuur bestemd voor de kunstmarkt. Tot tweemaal toe was werk van hem te zien op de Melbourne Art Fair (in 2002 en in 2004) en werd sindsdien in tentoonstellingen over heel Australië getoond. Den Haag Sculptuur 2007 is het eerste internationale project waar Pius Tipungwuti aan deelneemt. Hij zal in situ de laatste beschilderingen met natuurlijke okerpigmenten toevoegen aan de palen.

Patrick (Andrew) Freddy Puruntatameri (Melville Island, 1973)

Patrick Freddy Puruntatameri, ook bekend als Andrew Freddy, behoort tot de *miyartini* (Pandanus) huidsgroep en heeft de *jurrukukuni* (uil) als dans. Patrick Freddy begon te schilderen voor Jilamara Arts and Crafts op zeventienjarige leeftijd met de ambitie kunstenaar te worden. Zijn vader, de befaamde houtsnijder Paddy Freddy Puruntatameri, leerde hem alles over de lokale houtbewerking en kerftechnieken. Puruntatameri wisselt zijn beeldbouwkundige activiteiten af met het schilderen op papier, doek en boombast, en het vervaardigen van de karakteristieke gebaarde Tiwi speren. Hij wordt beschouwd als een van de meest vaardige Tiwi beeldhouwers. Tegenwoordig houdt hij zich ook bezig met prentdrukkunst. Zijn werk werd in de verzamelingen van verschillende nationale Australische musea opgenomen. Sinds 1992 nam hij deel aan uiteenlopende groepstentoonstellingen binnen Australië en in Europa. Patrick Freddy zal ter plaatse in Den Haag schilderingen op de nieuwe Pukamani palen aanbrengen.

John Wilson (Melville Island, 1955)

John Wilson is al sinds de oprichting van het Jilamara Arts and Crafts kunstencentrum in 1989 een gedreven Tiwi-kunstenaar. Naast de klassieke kunstvormen, vervaardigd met natuurlijke materialen (beschilderde houtsculptuur en schilderijen op doek, papier en boombast), wijdt hij zich ook aan prentkunst en juweelontwerp. Vanaf 1991 was zijn werk reeds in vele tentoonstellingen te zien. In recente jaren kon een Europees publiek met zijn werk kennis maken op tentoonstellingen in Parijs, Londen, Utrecht, Würzburg en Ljubljana. In mei 2002 reisde John Wilson samen met Matthew Puruntatameri naar Londen voor de opening van de tentoonstelling *This Earth for Us* in The Commonwealth Institute. Zijn werk is aangekocht in Australie door o.a. het Museum of Victoria en de National Gallery of Victoria in Melbourne. In Europa bezitten het Aboriginal Art Museum, Utrecht, en het toekomstige Musée des Confluences in Lyon werk van hem

Patrick (Andrew) Freddy Puruntatameri (Melville Island, 1973)

Patrick Freddy Puruntatameri, also known as Andrew Freddy, belongs to the miyartini (Pandanus) skin group and his dance is the jurrukukuni (owl). Patrick Freddy began painting for Jilamara Arts and Crafts at the age of seventeen with the ambition of becoming an artist. His father, the famous woodcutter Paddy Freddy Puruntatameri, taught him all he knew about local woodworking and carving techniques. Puruntatameri alternates his sculpture activities with painting on paper, canvas and tree bark and making characteristically edged Tiwi spears. He is considered one of the most skilful Tiwi sculptors. At the present, he is also engaged in printmaking. His work has been included in the collections of various national Australian museums. Since 1992, he has participated in a number of group exhibitions in Australia and in Europe. Patrick Freddy will be painting the new Pukamani poles in The Hague in situ.

John Wilson (Melville Island, 1955)

John Wilson has been an enthusiastic Tiwi artist since the founding of the Jilamara Arts and Crafts art centre in 1989. In addition to classical art forms made from natural materials (painted wood sculptures and paintings on canvas, paper and tree bark), he is also involved in printmaking and jewellery design. From 1991 onward, his work has been able to be viewed at many exhibitions. In recent years, a European audience has also been able to make the acquaintanceship of his work at exhibitions in Paris, London, Utrecht, Würzburg and Ljubljana. In May 2002, together with Matthew Puruntatameri, John Wilson travelled to London for the opening of the exhibition This Earth for Us in The Commonwealth Institute. In Australia, his work has been purchased, among others, by the Museum of Victoria and the National Gallery of Victoria in Melbourne. In Europe, the Aboriginal Art Museum, Utrecht, and the future Musée des Confluences in Lyon are also in possession of his work.

[1] Pukamani is meer dan een begrafenisceremonieel. Iedereen die verbonden is met de overledene wordt door deze lange rituele rouwperiode getroffen. Dit vindt bijvoorbeeld uiting in opgelegde verboden inzake het omgaan met elkaar van verschillende clansleden (bvb. schoonmoeder – schoonzoon), taboes op het aanraken van bepaalde voorwerpen en voedsel, en het in acht nemen van bepaalde omgangsvormen en gedragscodes. Zie ook VENBRUX, Eric, *A Death in the Tiwi Islands: Conflict, Ritual, and Social Life in an Australian Aboriginal Community*, Cambridge, Cambridge University Press, 1995

[2] PERKINS, Hetti, *Introduction, in Tradition Today: Indigenous art in Australia – Art Gallery of New South Wales*, Art Gallery of New South Wales, Sydney, 2004, p.13-p.17

[3] Danielle Cullen, persoonlijke communicatie, Melville Island, 18/08/2006

[4] Zie de publicaties van de Amerikaanse antropoloog Fred Myers.

[5] Zie VENBRUX, Eric, *The Postcolonial Virtue of Aboriginal Art from Bathurst and Melville Islands*, in VENBRUX, Eric, SHEFFIELD ROSI, Pamela en WELSH, Robert L., *Exploring World art*, Waveland Press, Long Grove, 2005, p.201-p.218

[1] *Pukamani is more than a funeral ceremony. Everyone connected with the deceased is affected by this long ritual mourning period. This is expressed, for example, in prohibitions relating to social interaction between different clan members (e.g. mother-in-law – son-in-law), taboos concerning the touching of certain objects and food, observing certain forms of social interaction and codes of conduct. See also VENBRUX, Eric,* A Death in the Tiwi Islands: Conflict, Ritual, and Social Life in an Australian Aboriginal Community, *Cambridge, Cambridge University Press, 1995*

[2] *PERKINS, Hetti,* Introduction, in Tradition Today: Indigenous art in Australia – Art Gallery of New South Wales, *Art Gallery of New South Wales, Sydney, 2004, p.13-p.17*

[3] *Danielle Cullen, personal communication, Melville Island, 18/08/2006*

[4] *See the publications of the American anthropologist Fred Myers.*

[5] *See VENBRUX, Eric,* The Postcolonial Virtue of Aboriginal Art from Bathurst and Melville Islands, *in VENBRUX, Eric, SHEFFIELD ROSI, Pamela en WELSH, Robert L.,* Exploring World art, *Waveland Press, Long Grove, 2005, p.201-p.218*

Patrick (Andrew) Freddy Puruntatameri   Australia 1973
Courtesy of Collectie Aboriginal Art Museum Utrecht

John Wilson   Australia 1955
Courtesy of Collectie Aboriginal Art Museum Utrecht

Pedro Wonaeamirri   Australia 1974
Courtesy of Collectie Aboriginal Art Museum Utrecht

Pius Tipungwuti   Australia 1954
Courtesy of Collectie Aboriginal Art Museum Utrecht

Thanks to: Aboriginal Art Museum Utrecht (AAMU) &
Jilamara Arts & Craft - Tiwi Islands

GRIP 2007

Jan van der Ploeg Nederland 1959

Kunst is in de eerste plaats ordening. Dat was al het geval bij prehistorische grotschilderingen, die altijd de wereld afbeeldden waarin de mens, vers uit de bomen gekomen om het zo eens uit te drukken, moest zien te overleven. Eén van de instrumenten tot begrip en daardoor overleving – niet alleen fysiek maar ook mentaal, onze hersens waren gegroeid en dat leidde tot andere eisen en behoeftes – is het in kaart brengen van de 'werkelijkheid'. Eigenlijk is er wat dat betreft niet zo veel veranderd. Integendeel, het verschijnsel van greep krijgen op de wereld door middel van af- of uitbeelding is in de eigentijdse kunst populair geworden en heeft zelfs een nieuwe naam gekregen: *mapping*, en mapping is een van de onderliggende thema's van de tentoonstelling *DE OVERKANT / DOWN UNDER* van Den Haag Sculptuur. Het prehistorische cultische aspect is misschien verdwenen of heeft zich als het ware in de kunst zelf ingewerkt zodat het automatisch meekomt: het in kaart brengen is zélf een cultische handeling.

Ik denk dat *'Grip'* van Jan van der Ploeg in deze context moet worden verstaan. Het is wel handig om te weten dat de kunstenaar de langgerekte, capsule-achtige vorm die op dit werk drie maal voorkomt op zich ook weer een *'grip'* noemt. *'Grip'* betekent 'houvast', 'beheersing', 'begrip'. Met andere woorden: in de titel van het hele werk én in de benoeming van de er in blauw, wit en rood tegen een zwarte achtergrond op voorkomende vormen zijn inderdaad pogingen om een houvast te vinden, te construeren in een wereld die steeds gecompliceerder en veranderlijker wordt en als zodanig even onbegrijpelijk voor ons als de savanne voor de Cro Magnon-mens.

In de stedelijke omgeving moet een werk als dit visueel concurreren met alle andere beelden waarmee de stad bezaaid is en die eigenlijk op een meer praktische manier een zelfde functie vervullen: straatnaambordjes, stoplichten, verkeersborden en ook, in iets andere zin, reclame. Het verschil is dat dit beeld, niets 'betekent', althans niet iets dat direct 'de weg wijst'. Het geeft in zekere zin wel een weg aan, zij het geen praktische maar een overdrachtelijke. In die betekenis is het een *baken*.

In the first place, art is ordering. That was the case with prehistoric cave paintings, which always depicted a world in which human beings, who had just got down from the trees so to speak, had to manage to survive. One of the instruments used for understanding and thereby survival, not only physically but also mentally as our brains had grown which had led to other demands and needs, was the mapping of 'reality'. In this regard, in actual fact not very much has changed. On the contrary, the phenomenon of wanting to get a grip on the world by means of representation and depiction has become very popular in contemporary art and has even acquired a new name: "mapping", which is one of the underlying themes of the exhibition *DE OVERKANT / DOWN UNDER* of The Hague Sculpture. The prehistoric cultic aspect may have disappeared or have incorporated itself into the work, as it were, so that it is automatically apparent, but mapping is a cultic act in itself.

In my opinion, 'Grip' by Jan van der Ploeg should be understood in this context. It is helpful to know that the artist also refers to the three elongated capsule-like forms in this work as 'grips'. 'Grip' means 'hold', 'control' and 'understanding'. In other words, both the title of the work as a whole and the designation of the blue, white and red forms appearing against a black background are attempts to get a grip, to come to grips with a world that is becoming increasingly complicated and changeable and as such, as incomprehensible to us as the savanna must have been to Cro Magnon man. In the urban environment, a work such as this has to visually compete with the abundance of other images in the city which in a practical way, fulfill the same function; street signs, traffic lights, traffic signs and also, in a somewhat different sense, advertising. The difference is that this sculpture does not 'mean' anything, at least not anything that immediately points you 'in the right direction'. In a certain sense, it does indicate a direction, although not a practical but a metaphorical direction.

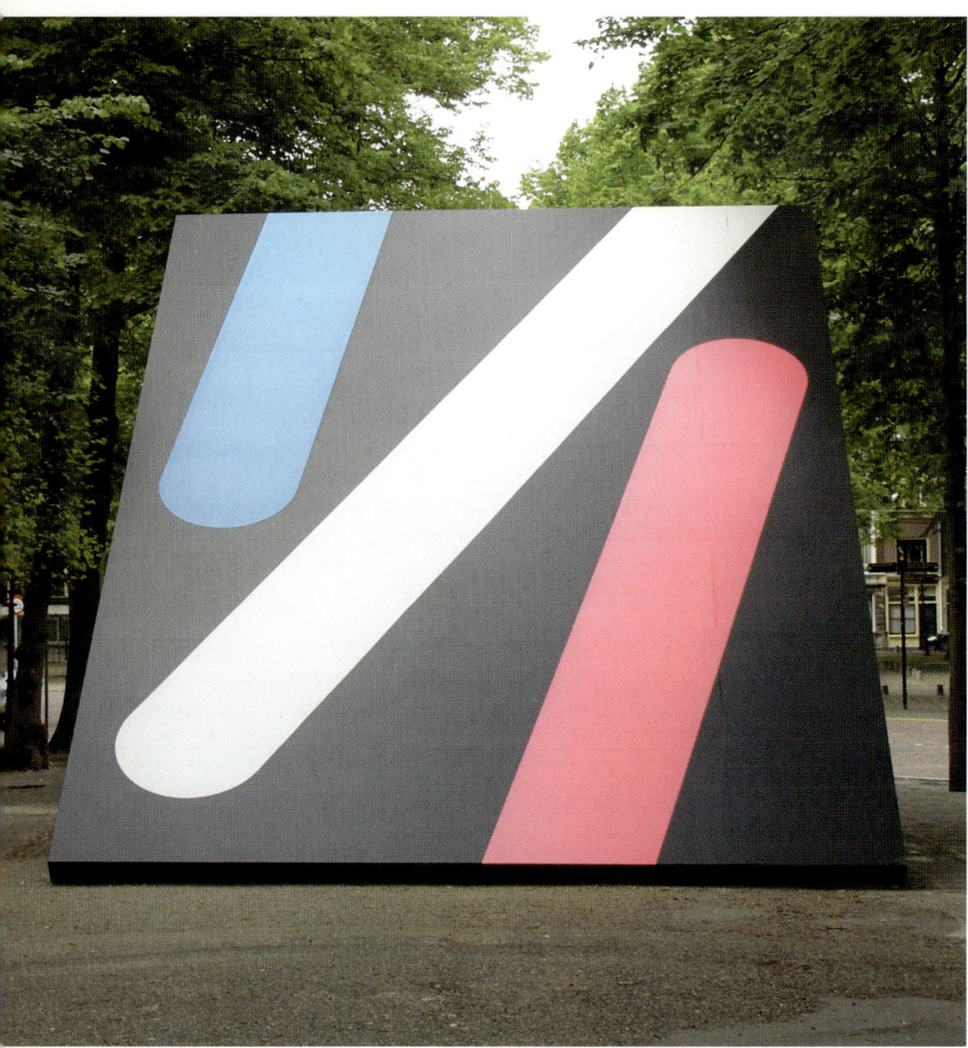

Dat baken verwijst naar een onduidelijk en hermetisch beeld-systeem en richt tegelijkertijd de aandacht óp dat vocabulaire, dat, hoewel niet letterlijk afleesbaar of decodeerbaar, zich ook gedraagt als een *tag* die graffitischrijvers achterlaten: duidelijk een naar verhouding primitieve maar ook effectieve manier om 'grip' te krijgen op de omgeving. Die is gebonden aan de persoon van de schrijver: het schrijven van zijn naam op muren, treinen of waar dan ook is een manier om zich de wereld eigen te maken in de meest letterlijke zin maar wel op een symbolische manier: wat ik kan benoemen is van mij. Het voert wat ver om in te gaan op de complexe en magische betekenis van namen in de stadscul-tuur, feit is wel dat de graffitischrijver tegelijkertijd toch weer anoniem blijft omdat hij een tagnaam hanteert, een pseudoniem, dat is veiliger want wie je naam kent heeft macht over je (*"Ik ben zo blij dat niemand weet/dat ik Repelsteeltje heet"*).

Courtesy of the artist & Aschenbach & Hofland Galleries, Amsterdam | Thanks to Atelier van Zijderveld & Gebr. Fr. v.d. Burg

In essentie gebeurt hetzelfde bij *'Grip'*: de *grip* functioneert ongeveer net zo als de naam van de graffitischrijver. Maar het biedt ook meer: in de eerste plaats is de beeldende mededeling niet uitsluitend op de maker gericht, het werk zoekt duidelijk een publiek, het wil een baken zijn voor iedereen en het wil in de stad functioneren zoals alles in de stad functioneert en er deel van uitmaken, erin opgaan zonder als specifiek beeld onherkenbaar te worden. Het neemt dus juist níet de vorm aan van andere tekens in de stad maar blijft zichzelf als unicum, als kunstwerk te onderscheiden van ieder ander beeld. Tenslotte vertoont het werk zelf ook een soort ordening. De drie *'grips'* staan op een bepaalde manier in het vlak en gaan relaties met elkaar aan die je op allerlei manieren kunt bekijken – de lange witte ('neutrale'?) *grip* scheidt de blauwe en de rode van elkaar; en de *grips* lopen van het vlak af, wat suggereert dat ze buiten het vlak – in 'onze' fysieke wereld dus – verder zouden kunnen gaan en dat hier een deel van een onbekend geheel in beeld is gebracht, er is een stukje wereld in kaart gebracht en op dezelfde manier zou je door kunnen gaan en als dat fysiek mogelijk was het 'hele' werk uitvoeren, dat wil zeggen: de hele wereld ordenen en beeldend definiëren in termen van *'grips'* waarvan dan het uiteindelijke formaat ten opzichte van de wereld die in kaart gebracht wordt één op één zou zijn: de kaart van de wereld is dus even groot als de wereld zelf. Omdat we dat erbij kunnen denken is het niet nodig om zo'n gigantisch project ook echt te realiseren (afgezien van de praktische onuitvoerbaarheid daarvan), of, liever gezegd, dat ís al gebeurd in het werk zelf waarvan de retorische figuur dan *pars pro toto* wordt.

Op een bijzondere manier vertonen de *grips* dan een zekere gelijkenis met de *'songlines'*, de unieke manier van de Aboriginals om de wereld in kaart te brengen. Maar typerend voor onze tijd is die kaart als het ware in fragmenten uit elkaar gevallen, in talloze *'grips'*, om Van der Ploegs vocabulaire aan te houden. Tegelijkertijd is iedere *grip* een afspiegeling of symbolische voorstelling van het geheel en in die zin is het werk weer verwant aan de minimalistische kunst waarnaar het formeel verwijst. Het verschil is dat die kunst 'uitsluitend naar zichzelf verwijst' (en naar de ruimtelijke relaties binnen het eigen beeldvlak) zoals het vaak, enigszins abusievelijk, beschreven wordt, terwijl *'Grips'* met nadruk verwijst naar de buitenwereld en daarin als verklarend en richtinggevend baken voor iedereen wil functioneren. PP

knows your name has power over you ("O lucky me! for no one knows / that Rumpelstiltskin is my name"). In essence, the same thing takes place in 'Grip'; the grips function in roughly the same way as the name of the graffiti writer. But 'Grip' offers more too; in the first place, the visual statement is not only aimed at the maker, but the work is also clearly in search of an audience. It wants to be a beacon for all and it wants to function in the city like everything else functions in the city and to be part of it, to merge with it without becoming unrecognizable as a specific image. It consequently refrains from taking on the forms of other signs in the city, but retains its own uniqueness, a work of art clearly distinct from all other works. Lastly, the work also displays a sort of ordering. The three 'grips' are located in a certain manner on a plane and enter into relationships with one another that can be viewed in a variety of different ways. The long white ('neutral'?) grip separates the blue and the red grips from each other, and the grips seem to be moving off the plane, which suggests that beyond the plane, in 'our' physical world, they could continue and that here, part of an unknown whole has been shown, a piece of the world has been mapped. Potentially, this idea could be continued and if it was physically possible, the 'whole' could be carried out. To do this would mean ordering the whole world and visually defining it in terms of 'grips', the final scale of which with regard to the world that had been mapped being one-to-one. The map of the world would therefore be the same size as the world itself. The fact that we are able to think of this ourselves makes it unnecessary to realize such a gigantic project in reality (apart from the obvious drawback of its unfeasibility), and besides, it has actually already taken place in the work itself, the rhetorical figure of which is subsequently pars pro toto [Latin for the part refers to the whole].

In a special way, the grips display a certain similarity to the 'songlines', the unique way in which the Aboriginals map the world. However, characteristic of our times is the map which has fallen to pieces as it were, disintegrated into numerous 'grips', to continue to use Van der Ploeg's vocabulary. At the same time, each grip is a reflection or symbolic representation of the whole and in this sense, the work is related to minimalist art which it formally refers to. The difference is that this art 'only refers to itself' (and to the spatial relationships within its own focal plane) as it is often somewhat incorrectly put, while 'Grips' explicitly refers to the outside world and wants to function in it as an explanatory and guiding beacon for us all. PP

WHITE APE / CHIMPANZEE FINGER / HOOT

Lisa Roet Australia 1967

Van alle dieren staat de mens het dichtst bij de aap en van alle apen het dichtst bij de chimpansee. Er is nauwelijks verschil in hersenvolume en het gedrag van apen wordt al sinds lang gebruikt om dat van mensen te verklaren. Niettemin beschouwen we de aap, misschien juist omdat hij zo 'menselijk' lijkt, als een buitengewoon primitief, wat onnozel en vaak lachwekkend voorbeeld. Onze kijk op apen is tweeledig: tegelijkertijd veronderstellen we bij hen een wild soort agressie en een zachtaardige inborst waarvan de netto uitkomst dan bijvoorbeeld King Kong heet – een gorilla, toegegeven, maar in ieder geval een 'mensaap'. Meer dan andere dieren komen we apen in allerlei vormen en gradaties van antropomorfisering tegen in volksverhalen, in literatuur en in de fantasie in het algemeen. Met andere woorden: wij mensen zijn eigenlijk een soort apen of in ieder geval naaste familie, al zijn we in menig opzicht schijnbaar 'beter' en in ieder geval verder ontwikkeld dan de beste aap en daardoor zijn apen eigenlijk ook een vereenvoudigd soort mensen waarin we ons eigen gedrag kunnen herkennen en de spiegel die de aap ons dan aanreikt wordt vaak een lachspiegel: wat hebben niet alleen kinderen maar ook ouders en andere volwassenen een pret in de dierentuin als een aap weer een malle, kinderlijke bokkensprong maakt of juist met een vork heeft leren eten!

Iedereen kent het beeld van drie naast elkaar zittende aapjes waarvan er één de handen voor de ogen houdt, een ander voor de oren en de derde voor de mond. Deze beeldengroep staat bekend als 'horen, zien en zwijgen', in het Engels dichter op de oorspronkelijke betekenis: *'See no evil, hear no evil, speak no evil'*, een goede raad aan de jeugd die afkomstig is van Confucius en voor het eerst met apen als symbolen in het zeventiende eeuwse Japan op de proppen komt. Daarbij ging het wel om een ander beeld van apen, die als goden werden vereerd. Dat is er in ons deel van de wereld in de loop der tijden afgesleten.

Of all the animal kingdom, human beings are closest to monkeys and of all the monkeys, we are closest to chimpanzees. There is almost no difference in our brain volumes and for a long time, the behaviour of monkeys has been used to explain human behaviour. We nevertheless consider monkeys, perhaps precisely because they seem so 'human', as extraordinarily primitive, somewhat gullible and often ludicrous creatures. Our view of monkeys is ambiguous; we see them both as savagely aggressive and having a soft disposition, the net result of which, for example, is King Kong (a gorilla admittedly but in any case an 'anthropoid'). More than with any other animals, monkeys are encountered in varying forms and degrees of anthropomorphisation in folk tales, literature and in fantasy in general. In other words; we people are actually a sort of monkeys or in any case immediate family, although in many respects we are seemingly 'better' and in any case further developed than the best apes. In this line of thought, monkeys are seen as a sort of simplified people in which we can recognize our own behaviour, with the mirror that the ape holds up to us often becoming a distorting mirror; think of all the fun that not just children but parents and other adults too have at the zoo when a monkey cuts silly, childlike capers or has learned to eat with a fork! Everyone is familiar with the image of three monkeys side by side, one of which is covering his eyes with his hands, the second with his hands over his ears and the third covering his mouth. This sculpture group is known in Dutch as 'horen, zien en zwijgen' ['to hear, to see and to keep silent'], the English variant of which, 'see no evil, hear no evil, speak no evil', is closer to the original meaning and good advice to young people descended from Confucius who were first confronted with monkeys as symbols in seventeenth century Japan. The image of monkeys then presented, that of gods to be worshipped, is admittedly very different to the image we have of them today, as in

Precies deze drie aapjes, nu duidelijk chimpansees, verschijnen, als borstbeelden, in een werk van Lisa Roet. De verwijzing is onmiskenbaar, alleen zitten de apen niet in de door de conventionele iconografie voorgeschreven houding. Integendeel zelfs: handen zijn er niet te zien en de apen hebben hun monden open. Wat ze daarmee precies willen beweren is niet helemaal eenduidig: de eerste impuls is om te denken dat ze aan het lachen zijn en daardoor dus een soort cynisch commentaar leveren op 'de normen en waarden' van hun voorouders in de beeldcultuur. Ik vind het verleidelijk om dat idee vast te houden het past voortreffelijk in deze tijd waarin Confuciaanse zedelijke maatstaven niet aan de orde van de dag zijn. Maar tegelijkertijd gaat er van het drietal ook iets ernstigs uit – het is maar net hoe je wilt kijken –, ze zouden dan bijvoorbeeld een serieus lied aan het zingen kunnen zijn of met al dan niet verrukte verwondering iets waarnemen waarvan we niet weten wat het is en heel misschien duidt hun gezichtsuitdrukking ook wel op een soort hoogstaande, haast mystieke extase als gevolg van decennia lang mediteren. Of jouwen ze ons gewoon uit, zoals de titel van het werk suggereert en worden we in het ootje genomen door een stel apen?
Een andere sculptuur van Roet is het gigantische borstbeeld van een witte chimpansee. Hier wordt natuurlijk verwezen naar de beelden van staatshoofden die je vooral in dictaturen aantreft, waar persoonsverheerlijking op buitenportioneel formaat het volk klein moet houden en vol ontzag voor wie daar letterlijk 'op een voetstuk is geplaatst'. Gaat het mis met het regime dan wordt als eerste dit soort beelden naar de grond gehaald,

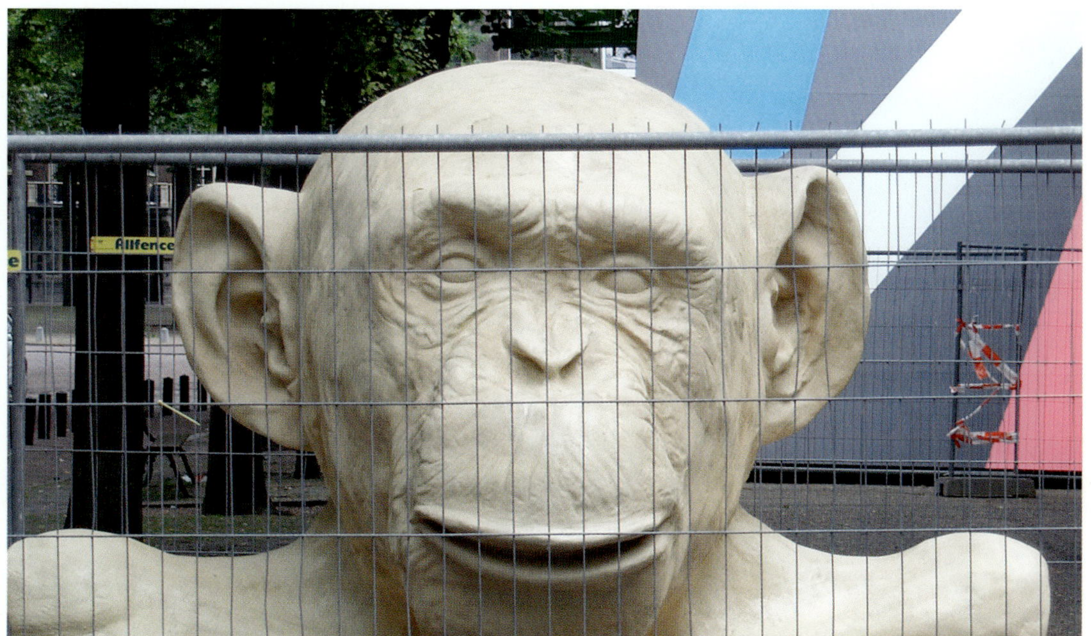

symbolen van de onderdrukkende macht. In dit geval blijkt de grote roerganger of hoe hij ook plaatselijk genoemd wordt dus een aap te zijn en dat werkt ontnuchterend: wat doet een tot in het waanzinnige uitvergrote, naar verhouding 'domme' aap daar op een voetstuk? Het antwoord is dat wij hem daar kennelijk zelf op hebben gezet en dat geeft te denken. In onze leider vereren we eigenlijk een aap. In iets andere zin: als mensen hebben we kennelijk nog steeds een 'top-aap' nodig, dat heeft de evolutie er nog niet uitgekregen. Op een andere manier dan de apen in de dierentuin houdt deze aap (of eigenlijk natuurlijk de kunstenaar) ons inderdaad een spiegel voor. Een derde mogelijkheid gaat terug in de tijd; de aap verschijnt als godheid waarvoor je een heiligdom, in dit geval een beeld, opricht. Ook hier dus niet per se een eenduidige lezing, alles bestaat naast en door elkaar heen. De derde sculptuur is een abstract beeld waarvan de ruwweg verticale richting tamelijk gekunsteld lijkt, met willekeurige plooien en krommingen. Niettemin maakt het beeld ook de indruk van een gestold organisch beeld en dat is het dan ook want bovenin eindigt het in een nagel en dan wordt duidelijk dat we hier te maken hebben met een vinger en meer in het bijzonder met de vinger van een aap. De verticale richting die tegelijkertijd iets fallisch en iets sacraals suggereert (wat elkaar niet tegen hoeft te spreken) verkrijgt hierdoor opnieuw iets ongewild komisch: de nagel functioneert als de clou van een anekdote, een mop misschien, waarbij ineens een bevrijdende energie loskomt – maar *mutatis mutandis* kan dat net zo goed een orgasme zijn of een religieuze extase. Die energie komt para-doxaal genoeg vrij doordat de clou van het verhaal tegelijkertijd een anticlimax is, doordat we ons ineens realiseren hoe idioot die plechtstatige sacraliteit is – een pastiche op Brancusi's eindeloze zuil – en tegelijkertijd is die realisatie een bevrijding in meer serieuze zin: een bevrijding van conventies, van de kunst en van de wereld en het leven zelf: wie vereert er nu een apenvingerna-gel? Zo kaatsen hier betekenissen van relativerende en absolute-rende aard heen en weer zoals steeds in Roet's werk met het effect dat je krijgt als je twee stenen tegen elkaar slaat: VUUR! Dát kunnen de apen trouwens niet en wij wel en daardoor (ik sla wat stadia over) kunnen wij reflecteren over de relatie tussen aap en mens, tussen natuur en cultuur, tussen ernst en luim, tussen het absolute en het relatieve en dat is precies wat de kunstenaar hier gedaan heeft. PP

their place and in awe of whichever leader has literally been 'placed on a pedestal'. When the regime is toppled, it is these kinds of statues, symbols of the oppressive establishment, which are first brought down. In this case, the Great Helmsman or whatever he is called locally appears to be an ape and that is sobering; what is an idiotically blown up relatively 'dumb' monkey doing on a pedestal? The answer is that we have obviously put him there ourselves, and this gets us thinking. In our leader, are we are actually venerating a monkey? In a slightly different sense, as people, we obviously still need a 'head monkey', a need that evolution has not yet been able to rid us of. In a different way to monkeys in the zoo, this monkey (or in actual fact the artist) is holding up a mirror for us to see. Another possibility takes us back in time to an age when the monkey was venerated as a god that a shrine, in this case a sculpture, has been erected for. Anyways, here too, a univocal interpretation is not possible, as all the different facets are present besides and through one another. A third sculpture of Roet is an abstract sculpture, the general vertical direction of which appears to be rather artificial, with random folds and bends. The sculpture nevertheless gives the impression of a solidified organic model and it is too, as it moreover ends in a nail, making it clear that we are dealing with a finger and in particular the finger of an ape. In this way, the vertical direction that is suggestive in both a phallic and a sacral way (not necessarily contradictory to each other) gives this sculpture too an unintentional comical element, with the nail functioning as the punch line of an anecdote, a joke perhaps, suddenly releasing a liberating energy – which mutatis mutandis *could be either orgasmic or religious ecstasy. Paradoxically enough, the energy is released due to the fact that the punch line also signifies an anticlimax brought on by the sudden realisation of how idiotically solemn sacrality is – a pastiche of Brancusi's endless column. At the same time, this realisation points to a more serious sense of liberation – a liberation of conventions, of art and of the world and life itself, because who in the world would want to worship a monkey's fingernail? Meanings of a relative and absolute nature are thus thrown back and forth in this work of art, achieving the effect of two stones being struck together: FIRE! That's one thing that monkeys can't do and we can and that's why (I'm leaving a few stages out here) we can reflect on the relationship between monkeys and human beings, nature and culture, solemnity and mirth, absolutism and relativism, which is precisely what the artist has done. PP*

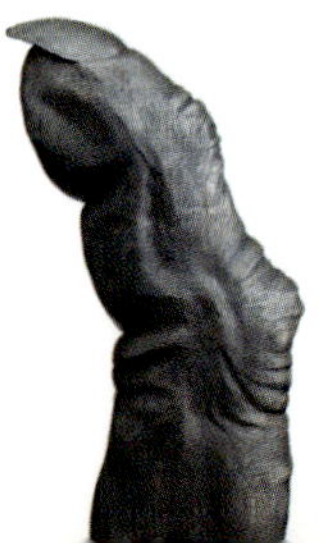

MODEL FOR A SUNKEN MOMENT / FLYING ON THE GROUND IS WRONG

Ricky Swallow Australia 1974

Ricky Swallow (1974) is een jonge Australische kunstenaar die binnen korte tijd internationaal naam maakte door zijn vernieuwende en speelse benadering van de beeldhouwkunst. Bij hem worden eigentijdse objecten zoals platenspelers, game boys en computers onderwerpen voor zijn sculptuur.
In zijn eerste spraakmakende tentoonstelling *'Repo man'* (1998 in de Darren Knight Gallery) laat hij platenspelers en cassette-decks zien die compleet zijn opgebouwd uit grijs karton. Het opmerkelijke daarbij is dat de toen al net iets verouderde elektronische apparaten hun glans van moderniteit totaal verliezen en de indruk wekken uit een ver verleden te stammen. De grijze kleur van het karton maakt ze neutraal, maar bovenal besef je dat de apparaten die normaal in massaproductie gefabriceerd worden, nu met engelengeduld opnieuw zijn nagebouwd. De repo man (to repossess = terug opeisen) Ricky Swallow claimt ze als het ware terug uit de verleden tijd door ze minutieus te reconstrueren in karton.

Dit soort vervreemding loopt als een rode draad door Swallow's werk. Hij creëert hiermee afstand waardoor we onze wereld opnieuw kunnen bekijken. Naast het manipuleren van het besef van tijd bereikt hij dat ook door te spelen met de grootte van dingen. In 1999 toont hij tijdens de Melbourne Bienniale een reeks echte platenspelers met op de draaitafels heel precies opgebouwde miniaturen van architectuur en mensen. Deze mini sculpturen stonden in een kantoorruimte op de achtste verdieping met een prachtig uitzicht, waardoor je de echte stad ook al snel als een miniatuur model ging zien.
In latere versies van de draaitafel sculpturen verwijst hij naar films als *'A Space Odyssey'*, *'Westworld'* of *'Planet of the Apes'*. Door scènes in miniatuur na te bouwen wordt de fictie van de film in het klein werkelijkheid en werken de mini-imitaties als een spiegel voor onze eigen wereld.
In *'Model for a sunken monument'* (1999) wordt zowel met tijd, fictie als schaal gemanipuleerd. Het monument stelt het hoofd van *Darth Vader* uit de Star Wars films voor. Als een grimmige

Ricky Swallow (1974) is a young Australian artist who within a short period of time, acquired international fame on account of his innovative and playful approach to sculpture. The subjects of his sculptures are contemporary objects such as record players, game boys and computers. In his first high-profile exhibition, 'Repo man' (1998 in the Darren Knight Gallery), he displayed record players and cassette recorders completely built from grey cardboard. The remarkable thing about these works was that the slightly out-of-date electronic equipment totally lost its sheen of modernity, giving the impression that it originated in the remote past. The grey colour of the cardboard gives the objects an aura of neutrality, but above all, you realize that the normally mass produced equipment has now been reconstructed with the patience of a saint. Ricky Swallow the repo man (from the verb to repossess) reclaims them from the past as it were by meticulously reconstructing them from cardboard.
This sort of alienation is a theme running though Swallow's work. In this way, he creates a distance which allows us to take another look at our world. In addition to the manipulation of the concept of time, this is also achieved by playing with the size of things. In 1999 he exposed a series of real record players at the Melbourne Bienniale with very precisely built up miniatures of architecture and people on their turntables. These mini-sculptures were displayed in an office space on the eighth floor with a beautiful view, making you inclined to view the actual city itself as a miniature model as well.
Later versions of the turntable sculptures make reference to films such as 'A Space Odyssey', 'Westworld' or 'Planet of the Apes'. By reconstructing scenes in miniature, the fiction of the film is made reality in miniature, the mini-imitations functioning as mirrors for our own world.

Flying on the ground is wrong, 2006, Brons / Bronze Courtesy of Middelheim Museum, Antwerpen

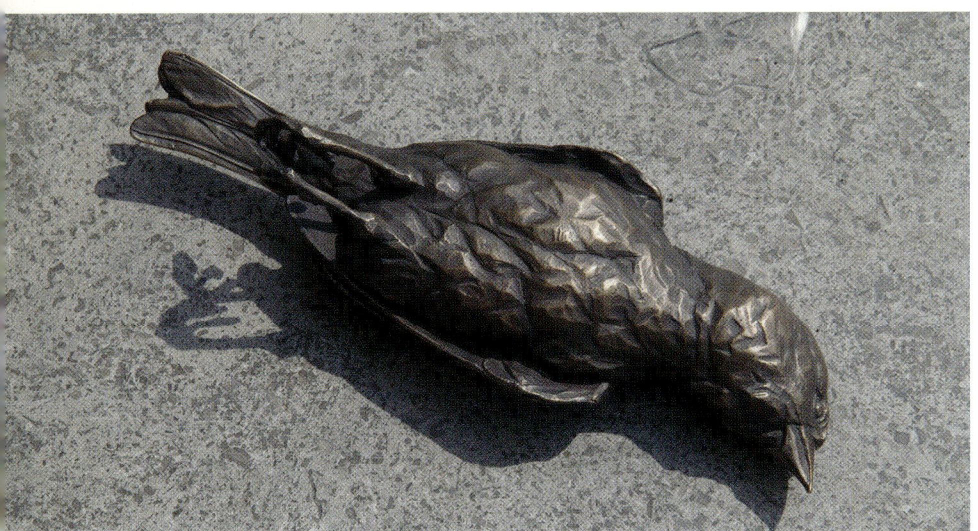

tempel van een voorbije beschaving lijkt het beeld duidelijk in verval weg af te brokkelen en weg te zinken in de grond, maar ondertussen blijf je je tegelijkertijd bewust dat het hier slechts om een model gaat, een film-*prop* wellicht.

In andere werken uit deze tijd gebruikt Swallow meer eigentijdse elementen die op een ingenieuze manier vervreemdend werken. Hij maakt bijvoorbeeld een met zeepokken overgroeide Game Boy of gebruikt de kleurige monitor van een iMac computer als achterhoofd voor een schedel. De iconen van onze tijd glippen zo uit onze handen en veranderen in curieuze artefacten.

Vanaf 2001 gaat Ricky Swallow in hout werken en verlegt hij zijn aandacht naar minder eigentijdse objecten. In een virtuoze techniek maakt hij schedels, vissen en cactussen: klassieke en natuurlijke objecten die verwijzen naar klassieke stillevens en vanitas symbolen. Een van de voorlopige hoogtepunten is het werk *'Killing time'* uit 2004: een tafel waarop als in een drie dimensionaal 17^e eeuws stilleven vissen en schaaldieren uitgestald liggen. De titel is dubbelzinnig omdat deze dieren ooit door Swallow zelf zijn gedood (zijn vader is visser, zeker geen toeval hier), maar verwijst vooral naar de enorme hoeveelheid tijd die het heeft gekost om dit krankzinnig virtuoze werk uit hout te snijden.

'Flying on the ground is wrong' uit 2006 toont een dode vogel die uit hout is gesneden en daarna in brons is afgegoten. Ook dit is een stilleven, dit keer van een onomstotelijk dood vogeltje dat aandoenlijk de breekbare pootjes omhoogsteekt – misschien is het zelfs wel een zwaluw als een tongue-in-cheeck verwijzing naar de achternaam van de kunstenaar. Hoe dan ook, de spottende waarschuwing uit de titel komt voor hem te laat. Hoogmoed komt hier letterlijk voor de val. MvdL

In 'Model for a sunken monument' (1999), time, fiction and scale are all manipulated. The monument represents the head of Darth Vader *from the Star Wars films. As a grisly temple of a past civilization, the sculpture seems to be in a clear state of decay, crumbling and sinking away into the ground. At the same time, you are still keenly aware that it is only a model, probably a film prop. In other works made in the same period, Swallow uses more contemporary objects in an ingeniously alienating way. A Game Boy is overgrown with barnacles for example, or the colourful screen of an iMac computer is used as the back of the head of a skull. In this way, we find the icons of our time slipping out of our hands and changing into curious artefacts. From 2001 onward, Ricky Swallow started working with wood and transferred his attention to less contemporary objects. In a virtuoso technique, he made skulls, fish and cactuses; classic and natural objects which refer to classic still lifes and vanitas symbols. One of his temporary highlights is the work* 'Killing time' *created in 2004; a table on which fish and crustaceans are laid out as in a three dimensional 17th century still life. The title is ambiguous as these animals were once killed by Swallow himself (his father is a fisherman, this surely is no coincidence), but especially refers to the enormous amount of time that it took to carve this absurd virtuoso work from wood.* 'Flying on the ground is wrong' *made in 2006 shows a dead bird carved from wood and then cast in bronze. This is a still life too, this time of an indisputably dead bird endearingly sticking its fragile little legs in the air – it might even be a swallow as a tongue-in-cheek reference to the artist's surname. Whatever the case may be, the derisive warning in the title has come too late. In this case, hubris has literally gone before the fall. MvdL*

KANGAROOS ARE AIRLINES

Koen Wastijn België 1963

Het Haagse stadhuis is geen slecht gebouw. Misschien was het ontwerp van Rem Koolhaas beter, maar de gemeente koos voor de inzending van Richard Meyer, een overal spierwit en weinig origineel maar solide gebouw in de modernistische traditie, dat in de volksmond bekend staat als 'Het IJspaleis'. Het voornaamste bezwaar tegen het stadhuis is dat het te groot is: met de schaal van de omgeving is geen rekening gehouden en het intimiderende formaat bevestigt de functie van het gebouw als symbool en representatie van de macht. Binnen krioelt het op de begane grond, het zogenaamde Atrium, van de mensen: alle loketten van de burgerlijke stand en vergelijkbare administratieve en bureaucratische faciliteiten zijn er gesitueerd, wat het idee van privacy enigszins doet verdampen terwijl ambtenaren vanaf de diverse hoge loopbruggen het geheel kunnen overzien. In die zin sluit het gebouw aardig aan bij een tijd waarin de privé-sfeer steeds meer wordt opgeofferd aan al dan niet noodzakelijke beveiliging.

In het Atrium staat een beeldengroep *Termite One* van Koen Wastijn, een Belgische kunstenaar die zich ook met Australië heeft beziggehouden – hij heeft er lang gewoond en gewerkt. In dit geval is zelfs een stukje Australië naar het IJspaleis verhuisd, zij het niet in de oorspronkelijke vorm. Aansluitend bij veel ander werk dat met (de deconstructie en analyse van) dieren te maken

The Hague Town Hall is not a bad building. Perhaps the design of Rem Koolhaas was better, but the municipality chose the submission of Richard Meyer, a completely white and not very original but sturdy building in the modernist tradition, popularly known as 'the Ice Palace'. The main objection against the town hall is that it is too large; the scale of the environment was not taken into account and its intimidating size confirms the function of the building as a symbol of and representing the establishment. Inside, the ground floor, the so-called Atrium, is teeming with people. All the contact points for the registry of births, deaths and marriages and similar administrative and bureaucratic facilities are located here, somewhat vaporizing the concept of privacy, while from the various high footbridges, all can be overseen by civil servants. In this sense, the building is highly fitting in a time in which privacy is increasingly sacrificed to security, whether strictly necessary or not.
The Atrium is currently home to a sculpture (or sculpture group) of Koen Wastijn, a Belgian artist who has also worked with Australia as a theme, having lived and worked in the country for a prolonged period. In this case, a piece of Australia has even been moved to the Ice Palace, although not in its original form. Linking up to a large

kangaroos are airlines

heeft, goot Wastijn termietenheuvels af in cement en die staan nu in Den Haag.

Het is een vrij groot werk dat in het Atrium niettemin even kleinschalig lijkt als in Australië omdat het Atrium door geen enkel, visueel beeld te bespelen valt, qua formaat en proporties valt er niet mee te concurreren. Hierdoor – en door de keuze van het onderwerp – wordt de verhouding tussen de gebeurtenissen op de begane grond en de transparante monoliet die het gebouw is extra scherp gesteld: het gekrioel van de kleine burgers versus het enorme formaat en de enorme hoogte van de plek waar de centrale macht wordt uitgeoefend.

Een termietenhoop is daarmee in sommige opzichten vergelijkbaar. Als er ergens een hoop gekrioel is, dan is het wel hier. Met zijn allen hard aan het werk in een perfecte en geheel rigide organisatiestructuur omwille van de koningin die het voortbestaan van de soort verzekert. Bij termieten is de macht geheel geïnternaliseerd, de werkers weten niet anders dan te doen wat ze altijd hebben gedaan, ze zijn hun eigen bureaucratie geworden, hun eigen willoze toezichthouders. Als je die analogie naar mensen doortrekt wordt het je koud om het hart, zo willen wij niet leven maar gebouwen als het IJspaleis suggereren wel dat we al en eind op weg zijn. De in cement afgegoten termietenhopen van Wastijn hebben bovendien ook die opwaarts strevende structuur, als spits toelopende witte torens uit een griezelige versie van

number of other works involving (the deconstruction and analysis of) animals, Wastijn cast a termite mound in cement, the result of which is now situated in The Hague. It is a fairly large sculpture which in the Atrium however, appears just as small-scale as in Australia due to the fact that in the Atrium, the manipulation of visual images is just not possible – in terms of size and proportions, competition is out of the question. In this way, and due to the choice of the subject, the relationship between the events on the ground floor and the transparent monolith that the building is made all the more clear cut; the comings and goings of tiny people as opposed to the gigantic size and the enormous height of the place where central government is exercised. In some respects, a termite hill is comparable. If there are a lot of comings and goings anywhere, it's here. Everyone hard at work in a perfect and completely rigid organizational structure for the sake of the queen, who ensures the continue existence of the sort. With termites, the power-structure is completely internalized, as the workers know no better than to do as they have always done, having become their own bureaucratic system and their own weak-willed supervisors. Extending the analogy to people, your blood runs cold – that's no way to live, but buildings such as the Ice Palace nevertheless suggest that

Termite One, 2003-2006, Gips / Plaster

De Tovenaar van Oz, of, antropomorf, als een samenzwering van de Ku Klux Klan.
Een tweede werk van Wastijn is te zien op een billboard bij de hoek van Voorhout en Vijverberg. Het billboard is rood en daarop staat in zwarte letters: KANGAROOS ARE AIRLINES. Dat is een wonderlijke tekst want kangoeroes zijn natuurlijk geen luchtvaartmaatschappijen. Kangoeroes kunnen niet eens vliegen, verder dan een snel soort hoppen komen ze niet. Niettemin figureert een kangoeroe in het logo van de Australische luchtvaartmaatschappij Qantas. In de eerste plaats zal wie het ziet zich afvragen wat de tekst KANGAROOS ARE AIRLINES betekent. Het billboard vermomt zich als reclamebord (een goed voorbeeld van een kunstwerk dat niet iedereen als zodanig zal herkennen omdat het zich vermengt met de alledaagse vormgeving van de stad) maar lijkt nergens reclame voor te maken. Op dit snijvlak tussen visuele reclame-prikkels en beeldentaal in het domein van kunst (èn literatuur – Kangaroos are airlines heeft in zijn bondigheid ook een poëtische oneliner-schoonheid) speelt Wastijn een vervreemdend spelletje met het verwachtingspatroon van de moderne kijk-burger.
Mogelijk wil de kunstenaar met deze twee werken ons waarschuwen voor de dodelijke collectieve orde van de termiet als we het tegelijkertijd in ons hebben om ontspannen te spelen en te springen als een kangoeroe. PP

we're well on our way. Wastijn's termite mounds cast in cement moreover have an upthrusting structure, like pointed white towers in grisly version of the Wizard of Oz, or anthropomorphously, like a conspiracy of the Ku Klux Klan. A second work of Wastijn's can be seen on a billboard on the corner of the Voorhout and the Vijverberg. The billboard is red with the text KANGAROOS ARE AIRLINES on it in black letters. This is an odd text, as kangaroos are naturally not airlines. Kangaroos cannot even fly, unable to manage more than a sort of hopping. A kangaroo nevertheless figures in the logo of the Australian airline Qantas. In the first place, anyone seeing it will ask themselves what the text KANGAROOS ARE AIRLINES means. The billboard is disguised as an advertising board (a good example of a work of art that not everyone will recognize as such due to the way that it blends into the everyday design of the city), but does not seem to be advertising anything. On this cutting edge between visual advertising stimuli and pictorial language in the domain of art (and in literature – in its succinctness, Kangaroos are airlines also has a poetic oneliner-beauty), Wastijn plays an alienating game with the patterns of expectation of modern art spectators. With these two works, the artist possibly wants to warn us of the lethal collective order of the termite, if at the same time we are capable of relaxed playing and hopping about like a kangaroo. PP

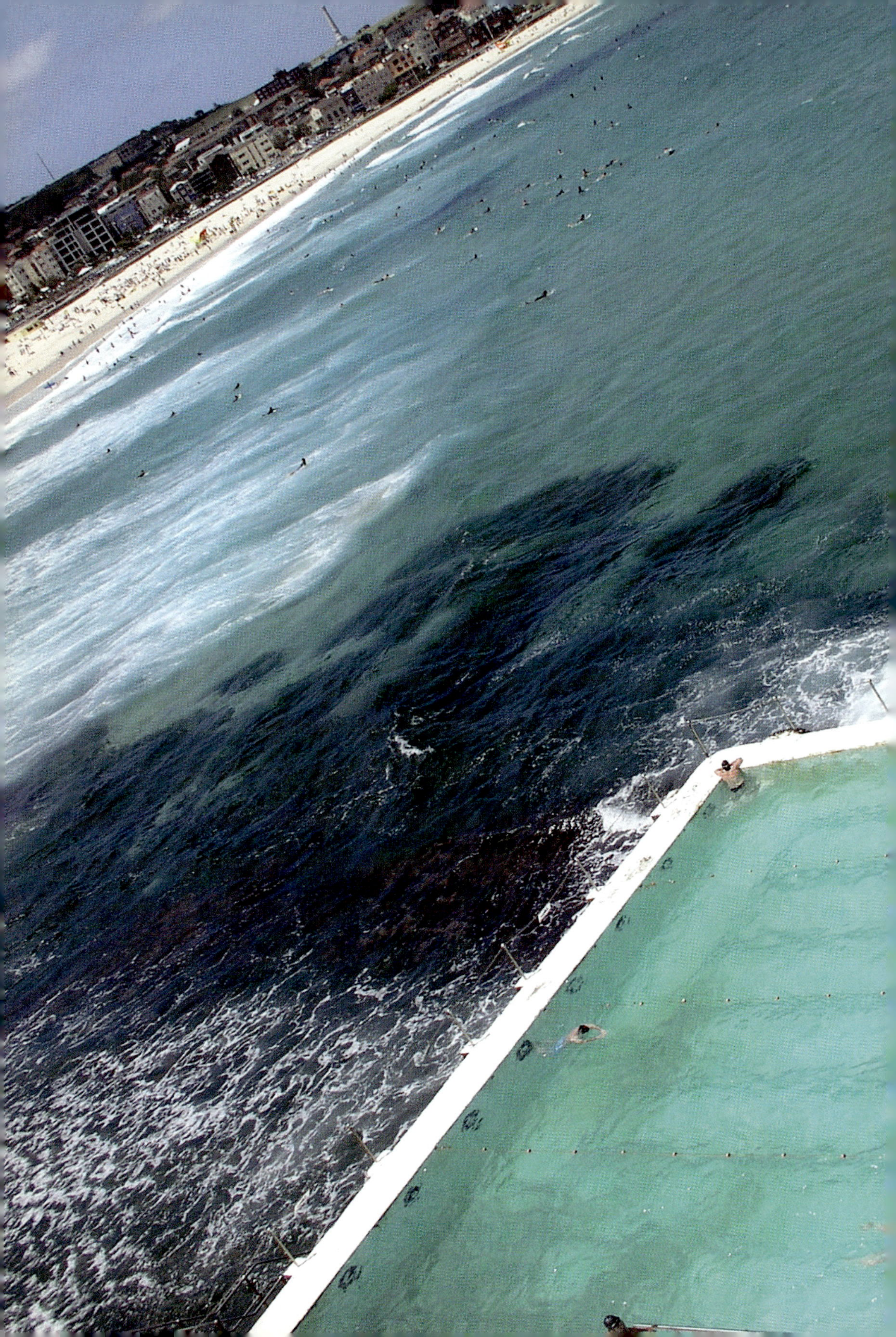

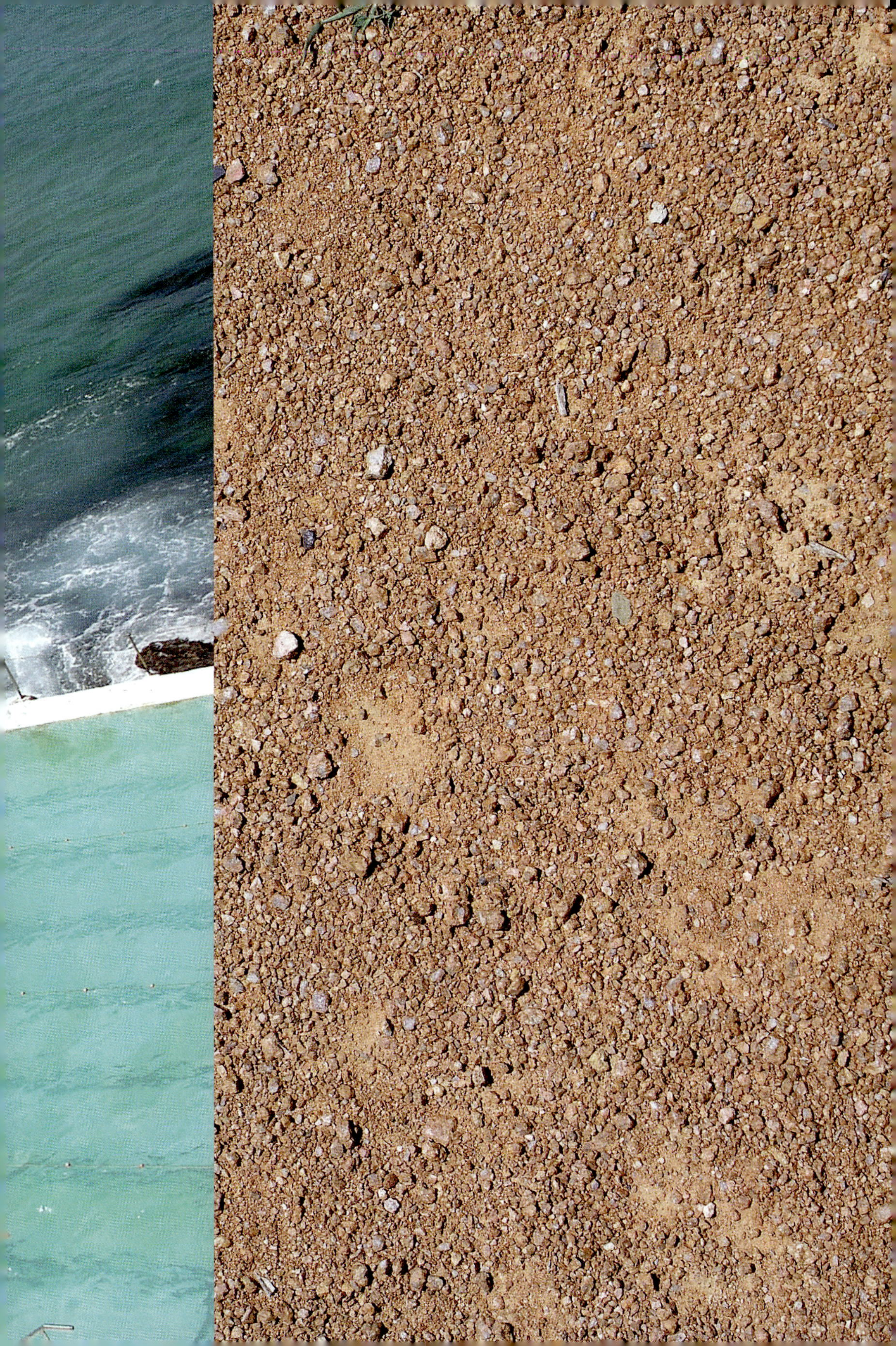

Me & Australia

Me & Australia

IS ABORIGINAL KUNST NOG WEL AUTHENTIEK?

ENKELE OBSERVATIES UIT ARNHEM LAND

Prof. dr. Ad Borsboom Chair Pacific Studies
Dept. Anthropology and Development Studies

Aboriginal kunst in zijn vele variaties is nu al enkele decennia bezig aan een indrukwekkende opmars. Overal in de westerse wereld worden er grote tentoonstellingen georganiseerd en in de straten van *down town* Sydney en Melbourne vindt men op bijna elke straathoek galeries met Aboriginal kunst. Ook in de grote steden van Europa en de Verenigde Staten zijn dergelijke galeries terug te vinden. Nederland heeft zelfs een museum dat exclusief gespecialiseerd is in die kunst: het Aboriginal Art Museum in Utrecht.

Ik ben nu, na 35 jaar ervaring in Aboriginal Australië, nog steeds op een plezierige manier verbaasd over deze ontwikkeling.
In 1972 kwam ik aan in Maningrida, een kleine nederzetting in het Noordaustralische Arnhem Land, zo'n 500 km ten oosten van de stad Darwin. Daar startte ik mijn eerste antropologische onderzoek van ruim 18 maanden met mensen die Djinang heten – de naam van een van de zes taalgroepen die in en rond Maningrida woonden.[1]
Waarom nu die verbazing over de vlucht die Aboriginal kunst genomen heeft? Wel in die tijd werd er nog helemaal niet veel kunst geproduceerd. Onder de ruim 200 Djinang bijvoorbeeld waren er zegge en spreke twee personen die wel eens (!) een schilderij produceerden voor de verkoop. Zij brachten hun *barkpainting* dan naar een bedompt schuurtje dat dienst deed als opslagplaats. Een onderwijzer was als part time vrijwilliger een paar uur per week beschikbaar om de schilderijen door te verkopen aan belangstellenden. Dat waren meestal de *'Europeans'*, zoals de Australische bewoners van Maningrida genoemd werden, die vaak bij vertrek zo'n schilderij kochten als herinnering aan hun verblijf in het noorden. Sporadisch ging een voorwerp naar een museum of naar een overheidsinstantie die iets zocht om een kamer of een hal mee te verfraaien. De opbrengst vloeide terug naar de kunstenaar die het geld besteedde aan westers voedsel als aanvulling op het traditionele *bushfood*, en soms ook

IS ABORIGINAL ART STILL AUTHENTIC?

A FEW OBSERVATIONS FROM ARNHEM LAND

*Prof. dr. Ad Borsboom Chair Pacific Studies
Dept. Anthropology and Development Studies*

Aboriginal art in its many varieties has been advancing at an impressive rate for some decades now. Everywhere in the western world, major exhibitions are held and in the streets of down town Sydney and Melbourne, galleries with Aboriginal art can be found on almost any street corner. Such galleries can also be found in the major cities of Europe and the Untied States, and even the Netherlands has an exclusively specialised Aboriginal Art Museum in Utrecht.
After 35 years of experience in Aboriginal Australia, I am still pleasantly surprised about this development. In 1972, I arrived in Maningrida, a small settlement in North Australian Arnhem Land, approximately 500 km to the east of the city of Darwin. There I started my first anthropological study, lasting more than 18 months, with people called the Djinang, the name of one of the six language groups living in and around Maningrida.[1]
Why today is there so much surprise about the boom of Aboriginal art? The reason is that back then, very little art was produced. Among approximately 200 Djinang people, for example, there were no more than two who occasionally (!) made a painting for sale. They would take their bark painting to a musty barn that served as a storage space. A teacher volunteered his services for a couple of hours each week to sell the paintings to anyone interested. Those were mainly the 'Europeans', as Australian inhabitants of Maningrida were referred to, who would purchase a painting in memory of their stay in the North shortly before their departure. Very sporadically, an object would be taken to a museum or a governmental body that needed something to embellish a room or hall. The profit found its way back to the artist, who used the money to buy western food as a supplement to traditional bushfood, or occasionally to bet with in card games that had quickly become wildly popular in the settlements.

Nowadays, in a brief period, Aboriginal art has become booming business. Top works of art are sold for incredible prices and the total profit of this Arts and Crafts industry is many millions in the Northern

inzette bij kaartspelen die al snel razend populair waren geworden op de nederzetting.

Inmiddels is Aboriginal kunst in korte tijd een *booming business* geworden. Topstukken gaan voor ongelooflijke bedragen de deur uit en de totale opbrengst van deze Art and Craft industrie loopt alleen al in de Northern Territory in de vele miljoenen. Het schuurtje is verdwenen en vervangen door een imposant onderkomen in het almaar groeiende Maningrida. Het gebouw is voorzien van computers, moderne kantoren en airconditioning voor mens en materieel. De vrijwillige onderwijzer is een professionele Art Director geworden die er op toeziet dat de kunstenaars een faire prijs krijgen voor hun creaties en die in het algemeen zorg draagt voor de marketing naar musea, galeries en privé-klanten toe. De website www.Maningrida.com geeft een prima overzicht van de kunstwerken, de prijzen en de kunstenaars uit het gebied.

De onderneming zelf is een Aboriginal coöperatie die een gebied bestrijkt van zo'n honderd kilometer rond Maningrida. Wie als kunstenaar buiten die regio woont hoeft niet bevreesd te zijn want naar het oosten toe gaat dit gebied over in dat van andere nederzettingen (inmiddels *townships* genoemd) zoals Ramingining en Yirrkala en naar het westen in dat van Oenpelli. Elk van die centra herbergt een Art and Craft industrie voor de mensen in het eigen rayon en tezamen omsluiten ze het grootste gedeelte van de Aboriginal gemeenschappen in Arnhem Land.

Tegelijk met deze veranderingen in omvang en schaal vallen ook een aantal andere ontwikkelingen op. Allereerst is de naam van de kunstenaar in toenemende mate van belang geworden. Traditioneel waren schilderingen – of die nu op rotsen, lichamen of boombast werden aangebracht – uitingen van *clan-designs* en deed de naam van kunstenaar er niet toe. Maar inmiddels schudt de Aboriginal kunstenaar in snel tempo die anonimiteit van zich af. Zijn of haar naam is juist een belangrijke indicatie voor de kwaliteit en waarde van het kunstwerk geworden. De koper vindt het, om bij het Djinang voorbeeld te blijven, niet meer voldoende zo maar een schilderij van deze groep te willen aanschaffen, maar vraagt specifiek naar 'een Andrew Marrgolulu', 'een Don Welog', 'een Jonn B. Fisher' of een 'Jimmy Moduk'.
Zo zien we dat ook in Arnhem Land kunstenaars hun eigen herkenbare stijl ontwikkelen en open staan voor innovaties en experimenten.[2] Waar we echter deze eigenschappen in onze eigen samenleving positief waarderen, ja zelfs verwachten van kunstenaars, leidt diezelfde ontwikkeling vaak tot grote bezorgdheid als het om Aboriginal kunst gaat. Deze bezorgdheid

Territory alone. The barn has disappeared and been replaced by impressive quarters in the growing town of Maningrida. The building is fitted out with computers, modern offices and air-conditioning for those working there and with a view to properly conserving the artwork. The role of the volunteer is currently filled by a professional art director who ensures that the artists are paid a fair price for their creations and is generally responsible for marketing to museums, galleries and private customers. The website www.Maningrida.com gives a good overview of works of art, the prices and the artists in the area.
The enterprise itself is an Aboriginal cooperative covering an area of roughly one hundred kilometres around Maningrida. Artists living outside the region do not have to worry as in the east, the district passes into other settlements (now called townships) such as Ramingining and Yirrkala and to the west, Oenpelli. Each of these centres is home to an Arts and Crafts industry for the people in its own district and together, they embrace the largest part of the Aboriginal communities in Arnhem Land.

At the same time as these changes in volume and scale, a number of other developments are apparent. Firstly, the artist's name has become increasingly important. Traditionally, paintings, whether they were made on rocks, bodies or tree bark, were expressions of clan-designs and the name of the artist was irrelevant. Nowadays however, Aboriginal artists are rapidly shaking off their anonymity. Their names have become an important indication of the quality and value of an artwork. Buyers are no longer satisfied with having a painting from a particular group such as the Djinang, for example, but specifically ask for 'a Andrew Marrgolulu' or 'a Don Welog', 'a Jonn B. Fisher' or a 'Jimmy Moduk'.
In Arnhem Land, artists can be seen to develop their own recognisable style and to be open for innovations and experiments.[2] However, while in our own societies these qualities are valued positively or even expected of artists, the same developments in Aboriginal art often lead to a great deal of concern. This concern revolves around the one all-consuming question; is this art still authentic? Shouldn't we in the western world at least be able to expect that works of art that we refer to as indigenous or non-western are authentic and original. After all, it is one of our main motives to buy art. For us, authenticity is the metaphor par excellence for originality, genuineness, tradition, exoticism – all which in our hectic modern world we nostalgically yearn for and hope to find in indigenous art.
But what exactly do we mean by the terms original

spitst zich dan toe op die ene alles overheersende vraag: is deze kunst nog wel authentiek? Wij in de westerse wereld mogen toch van kunstwerken die we inheems of niet-westers noemen, op z'n minst verwachten dat ze authentiek, oorspronkelijk zijn. Het is een van de voornaamste drijfveren om die kunst überhaupt aan te schaffen. Authenticiteit is voor ons de metafoor bij uitstek voor het oorspronkelijke, het echte, het traditionele, het exotische – iets waar wij in onze jachtige moderne wereld nostalgisch naar terug verlangen en in die inheemse kunst terug hopen te vinden.

Maar wat bedoelen we nu eigenlijk precies met de begrippen oorspronkelijk en authentiek? Is dat Aboriginal kunst zoals die honderd jaar geleden was? Of van voor de komst van de Europeanen? Of zoals die altijd geweest is?
Welk ijkpunt uit het verleden er ook gekozen wordt, die vragen gaan uit van een zeer statisch begrip van traditie en cultuur in niet-westerse samenlevingen, en in die van de Aborigines in het bijzonder. De achterliggende gedachte is dat bij hen de geschiedenis pas begon toen ze in contact kwamen met de Europeanen en dat ze voor die tijd in een onveranderlijke wereld leefden. Die Aboriginal cultuur was per definitie de oorspronkelijk authentieke en we verwachten dat Aboriginal kunstenaars van nu zich conformeren aan onze visie op hun oorspronkelijkheid. Individuele ontwikkelingen, innovaties en eigen creativiteit passen niet in dat beeld.
Maar samenlevingen veranderen voortdurend en dat geldt, in tegenstelling tot de populaire opvatting, eveneens voor Aboriginal culturen en tradities. Ook voor de komst van de Europeanen hebben Aboriginal samenlevingen zich voortdurend vernieuwd. Soms gedwongen door ecologische en klimatologische omstandigheden, soms door innovatie en dan weer onder invloed van demografische veranderingen. Zo hebben we bijvoorbeeld relatief recentelijk nog kunnen vaststellen dat complexe verwantschapssystemen zich in de laatste honderd jaar nog verder ontwikkeld hebben – tenminste in gebieden zoals Arnhem Land waar Aborigines niet onder de voet gelopen werden door de Europese kolonisten. Vaak verliepen veranderingen traag, dan weer sprongsgewijs. Dat laatste is zeker het geval in het artistieke domein waar na een relatieve periode van stabiliteit nu die stormachtige ontwikkeling te zien is.

Moeten we daarom de verontruste vraag van westerlingen of deze kunst nog wel authentiek is dan met *'nee'* beantwoorden?
Wel, dat hangt af, zo moge inmiddels duidelijk zijn, van de vraag wat we zelf eigenlijk onder dat begrip verstaan. Bedoelen we,

and authentic? Is this Aboriginal art as it was made one hundred years ago? Or prior to the arrival of the Europeans? Or as it always was?
Whatever point of reference is chosen from the past, these questions assume a very static concept of tradition and culture in non-western societies, and that of the Aborigines in particular. The underlying idea is that their history only commenced when they came into contact with the Europeans and that before that time, they lived in an unchanging world. Aboriginal culture was original authentic culture per definition and we expect contemporary Aboriginal artists to conform to our vision of their originality. Individual developments, innovations and personal creativity do not fit into this concept.
However, societies are in a continuous state of flux and contrary to popular opinion, this also applies to Aboriginal cultures and traditions. Prior to the arrival of the Europeans too, Aboriginal societies repeatedly renewed themselves. Sometimes change was compelled by ecological and climatological circumstances, sometimes as a result of innovations or under the influence of demographic shifts. Relatively recently, for example, we have been able to establish that complex kinship systems further developed in the last hundred years – at least in areas such as Arnhem Land where Aborigines were not trampled underfoot by European colonists. Changes often took place either very gradually or quite abruptly. The latter is definitely the case in the artistic domain where following a relative period of stability, we are now witness to a stormy development.

Does this mean that the disconcerted question posed by westerners as to whether this art is still authentic should be answered in the negative?
That depends, as is hopefully now clear, on what we mean by the term. Do we mean, perhaps unconsciously, 'as it always has been? or 'as it was before the arrival of the Europeans?' If that is our interpretation of the term 'authentic', we will indeed be compelled to establish that the contemporary forms of art are scarcely authentic.
However, there is another, more realistic description of authenticity, as can be found in The Oxford Pocket Thesaurus. *The key words here are: genuine, pure, legitimate, valuable, credible. With these typifications in the back of my mind, I dare to use the word authentic without hesitation. Because whatever developments may occur, the genuineness, value, legitimacy and credibility of Aboriginal art is still contained in that one, all-dominating principle, namely the intimate relationship between the artist, nature and the landscape. Almost without exception, the themes chosen refer to events that took place at the time of creation situated in the artist's own*

wellicht onbewust: 'zoals het vanaf het begin altijd is gebleven?
Of: *'zoals het was voor de komst van de Europeanen?'* Als dat
onze invulling van het begrip authentiek is moeten we inderdaad
constateren dat de hedendaagse vormen van kunst dat nauwelijks nog zijn.

Maar er is een andere, meer realistische omschrijving van
authenticiteit mogelijk, zoals te vinden in *The Oxford Pocket
Thesaurus*. De trefwoorden daarin zijn: echt, onvervalst,
legitiem, waardevol, geloofwaardig. Met die typeringen in het
achterhoofd durf ik zonder aarzeling het woord authentiek te
gebruiken. Want welke ontwikkelingen er zich ook moge voordoen
– het echte, waardevolle, legitieme en geloofwaardige van
Aboriginal kunst zit hem nog steeds in dat ene, alles dominerende
principe, namelijk de intieme relatie tussen kunstenaar, natuur
en landschap. De gekozen thema's verwijzen vrijwel zonder
uitzondering naar gebeurtenissen uit de scheppingstijd die
gesitueerd zijn op het eigen grondgebied van de kunstenaar.
De mythologische figuren uit die verhalen hebben zich getrans-
formeerd in natuurelementen en zijn nu de prototypen geworden
van dieren, planten, hemellichamen en markante plekken in het
landschap, zoals rotsen en waterpoelen. Hun beeltenissen
hebben betrekking op die concrete natuur, maar fungeren ook als
metaforen om essentiële gedachten over het bestaan tot
uitdrukking te brengen. Een kraai symboliseert bijvoorbeeld het
abstracte begrip dood; visjes of honingvogels verwijzen naar
ontluikend jong leven, een waterpoel staat voor de oorsprong en
eindbestemming van elk individu. Soms liggen de vormen vast
en heeft de kunstenaar niet al te veel vrijheid om te variëren.
Twee tegenover elkaar getekende boemerangs kunnen een groep
mensen rond een kampvuur uitbeelden, een cirkel kan een
sacrale bron symboliseren en een golvende lijn een route in het
landschap of een riviertje. Ook de achtergrond figuratie (lijnen en
ruiten) behoort tot de gebonden vormen[3]. Die verwijst namelijk
naar de clan van de kunstenaar, die daarmee, ondanks zijn
steeds belangrijker wordende individualiteit, de verbondenheid
met de eigen groep tot uitdrukking brengt.

Zo laveert de hedendaagse Aboriginal kunstenaar in Arnhem Land
tussen bestaande conventies en eigen ideeën en creativiteit.
De kunstenaar heeft geen absolute vrijheid want er zijn een
aantal gestileerde vormen die, net als de letters van ons alfabet,
vastliggen omdat ze sacrale boodschappen en kennis communiceren die vooral voor ingewijden bestemd zijn. Maar, om de
vergelijking met het alfabet door te trekken, hij of zij kan met
deze vastliggende vormen zelf teksten creëren en ermee
experimenteren.

*territory. The mythological figures from these stories
transform themselves into elements of nature,
becoming the prototypes of animals, plants, cellular
bodies and prominent spots in the landscape such as
rocks and pools. Their effigies relate to concrete
nature, but also function as metaphors to express
essential ideas on existence. A crow, for example,
symbolizes the abstract term of death, fish or honey
birds refer to budding new life, a pool stands for the
original final destiny of each individual. The forms are
sometimes fixed, leaving the artist with little space for
variation. Two boomerangs drawn opposite each other
may depict a group of people around a camp fire, a
circle may symbolize a sacred source and a wavy line
a route in the landscape or a river. The background
figuration too (lines and squares) is bound to
regulated forms.[3] These refer to the clan of the artist
who, in spite of his or her increasingly important
individuality, expresses connectedness to his or her
own group. In this way, contemporary Aboriginal
artists in Arnhem Land steer a middle course
between existing conventions and their own ideas
and creativity. The artist does not have absolute
freedom because there are a number of stylized
forms that, like the letters of our alphabet, are fixed
because they convey sacral messages and knowledge
especially intended for initiates. However, to follow
the line of thought of the alphabet, he or she can use
these fixed forms to create texts and experiment with.
To an increasing extent, these latter qualities are
emphatically coming to the fore, as is the fact that
the artist's name is now of great significance for the
appreciation of the work of art concerned.
This trend toward individuation and personal
interpretation may continue in the future – who is
to say. In this sense, Aboriginal art is definitely not
the same as a few decades ago. However, as long as
the indigenous world view is the major source of
inspiration for all artistic creations, as far as I am
concerned, the designation of authentic, in the
sense of genuine, pure, and valuable, should remain
undisputed. Perhaps we should ask ourselves again
what exactly we expect of authenticity, and
subsequently establish that this concept, like the
concept of nostalgia, is no longer what it was.*

[1] *I have written about the Djinang, their lifestyle and
world view in the book* The Wild Honey Clan *(2006)*
[2] *My essay focuses on Arnhem Land, but similar
developments are evident on an even greater scale
in central Australia (desert art) and in the urban
centres (urban art). For a dissertation on aspects of
this urban art, please see the essay by Marianne
Riphagen elsewhere in this publication.*
[3] *An excellent study on this subject can be found in
Howard Morphy's book* Ancestral Connections.

Die laatste kwaliteiten zijn steeds nadrukkelijker op de voorgrond komen te staan, evenals het gegeven dat zijn of haar naam nu van grote betekenis is voor de waardering van het werk. Wellicht zet deze trend naar individualisering en persoonlijke interpretatie zich in de toekomst door – wie zal het zeggen. In die zin is Aboriginal kunst zeker niet hetzelfde als enkele decennia geleden. Zolang echter de inheemse wereldbeschouwing de belangrijkste inspiratiebron vormt voor al die artistieke creaties blijft het predikaat authentiek, in de zin van echt, onvervalst en waardevol, wat mij betreft nog steeds onomstreden. Misschien moeten wij onszelf opnieuw afvragen wat we nu precies van authenticiteit verwachten, om vervolgens te constateren dat dit concept, net als het begrip nostalgie, niet meer is wat het vroeger was.

[1] Over de Djinang, hun levenswijze en wereldbeschouwing heb ik het boek *De Clan van de Wilde Honing geschreven* (2006)

[2] Mijn bijdrage concentreert zich op Arnhem Land, maar dergelijke ontwikkelingen vinden op nog grotere schaal plaats in centraal Australië (desert art) en in de stedelijke centra (urban art). Voor een beschouwing over aspecten van deze urban art verwijs ik naar de bijdrage van Marianne Riphagen elders in deze publicatie.

[3] Een voortreffelijke studie over dit onderwerp is te vinden in Howard Morphy's boek *Ancestral Connections*.

IK EN AUSTRALIË/AUSTRALIË EN IK

DOOR ZIJNE EXCELLENTIE STEPHEN BRADY,
Ambassadeur van Australië in het Koninkrijk der Nederlanden.

Ik werk nu al vele jaren in Europa en hoe langer ik hier woon des te intenser ervaar ik mijn eigen relatie met Australië. Dat is moeilijk uit te leggen aan een Europees gehoor maar vreemd genoeg gaat het, ondanks onze vele overeenkomsten, het beste aan de hand van datgene wat ons van elkaar onderscheidt. In de woorden van de grote Europese filosoof George Steiner: *'Europa is en wordt* bewándeld. *Dit is van wezenlijk belang. De cartografie van Europa is ontstaan uit de mogelijkheden, de waargenomen horizonten van mensenvoeten. Europese mannen en vrouwen hebben hun kaarten gelopen, van gehucht naar gehucht, van dorp naar dorp, van stad naar stad. Afstanden zijn in de regel op menselijke leest geschoeid, ze zijn overbrugbaar voor de voetreiziger, voor de bedevaartganger naar Compostela, voor de wandelaar,* solitair *dan wel in gezelschap.'* [1]

Voorbij de steden en dorpen van Australië, schreef de dichter Les Murray: *'De voorruit de helft van de tijd alleen maar opgevuld met lucht.'* De enorme uitgestrektheid van een continent, de tegenstellingen tussen oerbossen en grote arealen landbouwgrond, tussen oneindige woestijnen en besneeuwde bergketens, is overweldigend. Zijn rijkdom aan kleur, diepte, karakter en persoonlijkheid is groter dan iemand in zijn tijd van leven in zich kan opnemen. Een poging om dit tapijtwerk van contrasten te bewandelen is slechts weggelegd voor de meest ervaren bush-avonturier of voor de roekeloze.

Van dit onverslagen en onverzettelijke landschap is het karakter van de Australiër doordrongen. Het zit verborgen in deze sculpturen, maar u zult er ook een ander element in aantreffen, zonder welk het plaatje niet compleet is: de invloed van de Australische metropool. Net als alle moderne steden heeft die zijn fysieke infrastructuur. Maar in Australische steden is een unieke samensmelting te vinden van culturen, een overvloed aan culturen, verweven tot een modern maatschappelijk en complex rasterwerk dat een eindeloze bron van inspiratie en inventiviteit vormt. Doordat het Australische landschap langzaamaan doordesemd is van deze veelheid aan culturen worden er verbijsterende resultaten geboekt. Vertaald naar de kunstwereld is er iets fris en nieuws geboren: kunst die haar wortels heeft in een uniek fysiek en cultureel landschap, maar die vanuit het hart spreekt en universaliteit ademt.

In de woorden van de Australische kunstrecensent Robert Hughes: *'de meest interessante dingen op historisch en cultureel gebied vinden plaats op het raakvlak van culturen…Uit het hybridische ontstaat vitaliteit…'*

Het unieke van Australië – het naast elkaar bestaan van een ruig en onberoerd landschap vol kleur en contrast, en zijn wereldse metropolen, is fascinerend. Uiteindelijk is het bepalend voor het individu dat je wordt en het is een bron van inspiratie voor deze bejubelde beeldhouwers en kunstenaars. Al duizenden jaren is kunst de maatstaf en toetssteen van de cultuur die zij wil beschrijven. Kunst is belangrijk voor ons allemaal omdat zij ons een bredere kijk geeft op de wereld, ons begrip van de wereld vergroot. Zij leidt ons voorbij onze eigen ervaringen en vaak vinden we in de appreciatie van kunst de dingen die ons verbinden in ons gemeenschappelijk mens-zijn. Hier laten Australische kunstenaars ons hun interpretatie zien van hoe zij zich willen representeren. Het is een dynamische en uitdagende representatie die, naar ik hoop, ons allen zal verheffen.

[1] vertaling Peter Bergsma uit George Steiner,
De idee Europa (Nexus Instituut, Tilburg 2004)

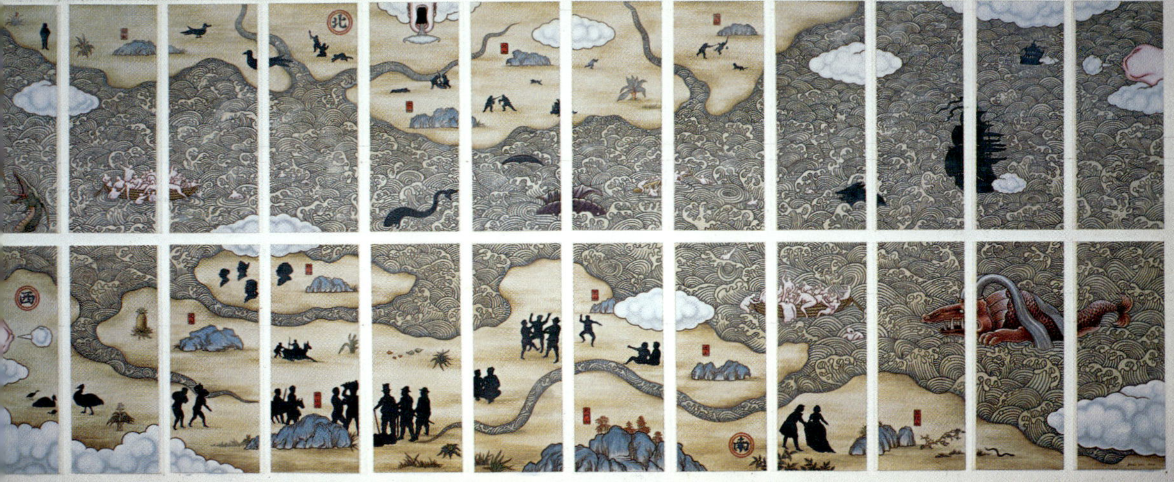

*I have worked in Europe for many years now, and the longer
I live here the more acutely I come to perceive my own
relationship with Australia. To adequately describe this to a
European audience is difficult. Despite our many similarities
the most effective means is, oddly, by way of contrast. In the
words of the great European thinker, George Steiner: 'Europe
has been, is walked. This is capital. The cartography of Europe
arises from the capacities, the perceived horizons of human
feet. European men and women have walked their maps,
from hamlet to hamlet, from village to village, from city to city.
More often than not, distances are on a human scale, they can
be mastered by the traveller on foot, by the pilgrim to
Compostela, by the promeneur, be he solitaire or gregarious'.*

*Beyond the cities and villages of Australia the poet Les Murray
wrote 'The windscreen is filled half the time with nothing but
sky'. The vastness of a continent is overwhelming: its contrasts
from primal rainforest to great swathes of farm land from
infinite deserts to snowy ranges. Its richness of colour, depth,
character and personality are greater than any one lifetime can
absorb. To attempt to walk this tapestry of contrasts is only for
the most skilled bush adventurer or the foolhardy.*

*It is this unconquered and unyielding landscape that pervades
the Australian character. You will see it hidden in these
sculptures, but you will also see another element, without
which the picture is incomplete. That is the overlay of the
Australian metropolis. Like all modern-day cities, there is
the physical infrastructure. But in Australian cities you will
find a unique fusion of cultures, a plethora of cultures, woven
together into a modern-day lattice work of society and
sophistication that provides an endless source for inspiration
and reinvention. The process of allowing these myriad cultures*

*to infuse themselves into the Australian landscape produces
some startling results. When it is translated into the art world,
something fresh and unique is born. While it has its roots in a
unique physical and cultural landscape, it speaks from the
heart and breathes universality.*

*In the words of Australian art critic Robert Hughes 'some of
the most interesting things in history and culture happen at
the interface between cultures…Out of the hybrid comes
vitality…'*

*The uniqueness of Australia – the juxtaposition of a rugged
and untouched landscape of colour and contrast with its highly
sophisticated metropolises is compelling. It comes to permeate
the individual and, in the case of these acclaimed sculptors
and artists, inspires. Through millennia, art has been a
measure and signifier of the culture it aims to depict. Art is
important to us all because it expands how we look at and
understand the world. It makes us think beyond our own
experience and, often, in our appreciation, we find the things
that link us in a common humanity. Here Australian artists
show how they have interpreted and chosen to represent
themselves. It is a dynamic and challenging representation that
I hope will lift us all.*

His Excellency Mr Stephen Brady,
Ambassador of Australia to the Kingdom of the Netherlands

ARJEN DUINKER – DICHTER (DELFT, 1959)

Melbourne is the best restaurant in the whole wide world
The customs officer takes me aside welcomes me in my own language
I state again that I haven't recently been in a paddock
A few hours later, I fall into a deep sleep
Hot sea bath
Esplanade Hotel
Open my travel bag to excuse myself
Stand on my head to avoid being noticed
Melbourne is the best restaurant in the whole wide world.

Winter on the other side

I walk the streets and sit in trams and busses
A few taxis too and once a car
With Lauren and Johnny who both enjoy good food
We ride down hills
I write to Delft
That I have yet to see a single typical animal
That I danced with Alice and Evelyn
That the Yarra River is larger than the Schie channel
I walk the streets and sit in trams and busses.

Thanks to Yelchee I know Sjaak and Pioh and Ian and Klare
I can tag along to see a Geelong match
On the other side a wide grin
As well as traveling Dutch masters
And halls full of Dürer
The lemons are almost ripe
The guy from the Irish bottle shop breathes
Wind directions and passenger boats and a fight
Thanks to Yelchee I know Ruth and Steve and Lyn and Meg.

Melbourne is the best restaurant in the whole wide world.

ARJEN DUINKER – POET (DELFT, 1959), 220 WRD

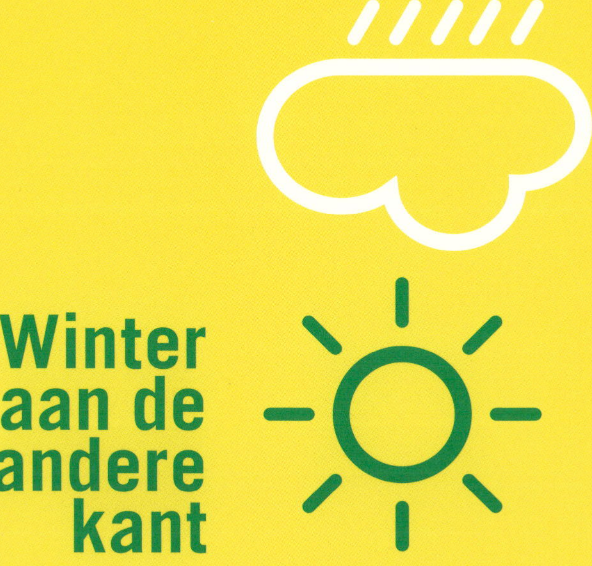

Winter aan de andere kant

Melbourne is het allerbeste
restaurant van de hele wereld
De douanier neemt me apart en
verwelkomt me in mijn taal
Ik zeg nog eens dat ik niet
onlangs in een weiland ben
geweest
Een paar uur later val ik in
een diepe slaap
Warm zeebad
Esplanade Hotel
Open mijn reistas om mezelf
te verontschuldigen
Ga op mijn hoofd staan om niet
op te vallen
Melbourne is het allerbeste
restaurant van de hele wereld.

Ik loop de straten en zit in
trams en bussen
Een paar taxi's ook en een keer
in de auto
Met Lauren en Johnny die
erg van lekker eten houden
We rijden heuvels af
Ik schrijf naar Delft
Dat ik geen enkel typisch
dier zie
Dat ik heb gedanst met Alice
en Evelyn
Dat de Yarra River groter is
dan het Schiekanaal
Ik loop de straten en zit in
trams en bussen.

Dank zij Yelchee ken ik Sjaak
en Pioh en Ian en Klare
Kan ik mee naar een wedstrijd
van Geelong
De andere kant is een schitte-
rende grijns
Ook reizende Hollandse
meesters
En zalen vol Dürer
De citroenen zijn al bijna rijp
De jongen van de Ierse flessen-
winkel ademt
Windrichtingen en passagiers-
boten en een vechtpartij
Dank zij Yelchee ken ik Ruth
en Steve en Lyn en Meg.

Melbourne is het allerbeste
restaurant van de hele wereld.

WAD
STORMY LAKE
CARE
BACKYARD
HUNT
LOVE
DUTY
SHOCK
RISK
2245
CONTEMPLA
HEART
A
13
PLAINS OF SOLITUDE
SILENCE
2170
STEALTH
MM
LOST
TREK
I'M TO YOU
TUNNEL
HIGH
SUFFER
AWE
PLOT
COOL

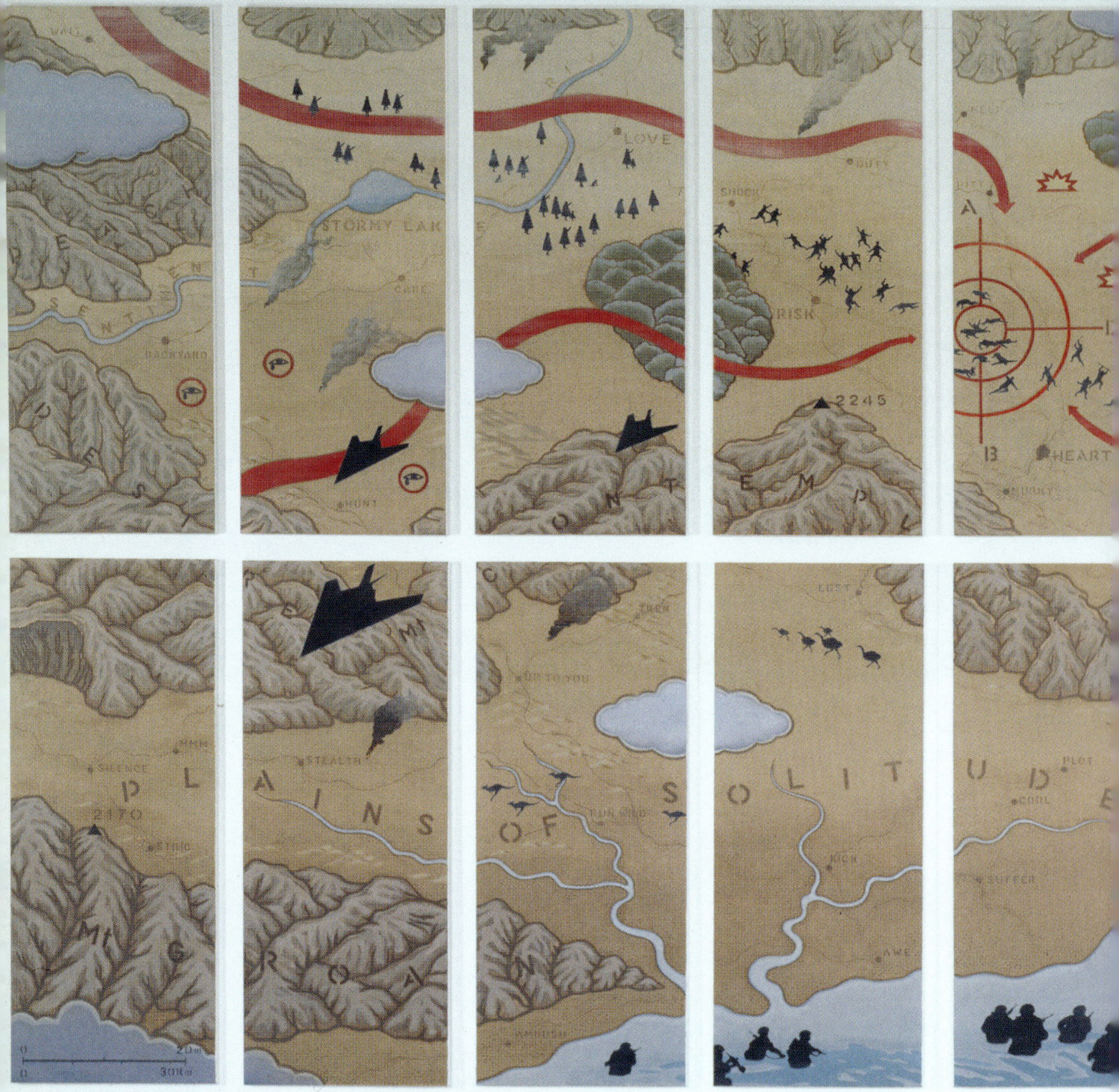

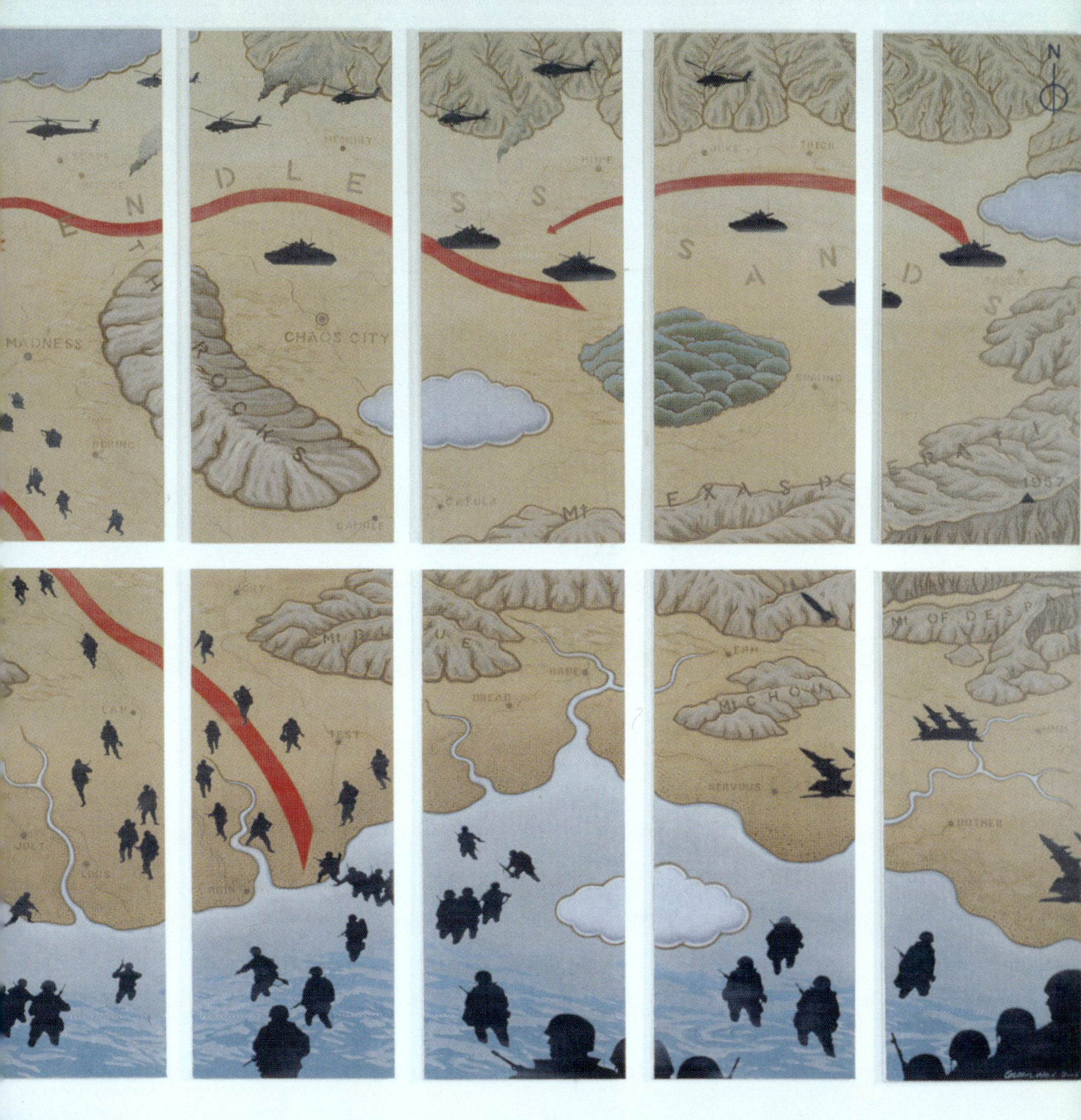
N
ENDLESS SANDS
MEMORY
HIDE
JOKE
TRICK
CHAOS CITY
MADNESS
THE ROOKS
BORING
CAFULA
BATTLE
MI
SINJING
EXASPERATION
1957
MI BLUE
MICHOW
MI OF DESP
DREAD
TEST
ERM
BABER
NERVINES
BOTHER
LAM
JOLT
LOUIS
RUIN

IK EN AUSTRALIË/AUSTRALIË EN IK

In 1999 verhuisde ik naar Australië om daar directeur te worden van het Museum of Comtemporary Art. Ik vond het spannend, maar was ook enigszins beducht omdat ik wist dat het instituut in ernstige financiële moeilijkheden verkeerde en niet structureel gefinancierd werd. Er bestond zelfs een gerede kans dat ik bij aankomst zou ontdekken dat bij mij op kankoor een financieel expert bezig was ons voor een bankroet te behoeden!

Ik was al een paar keer eerder in Australië geweest en vond wat ik daar had aangetroffen allemaal erg spannend en uitdagend. Ik was dan ook nogal verrast door de reactie van sommigen van mijn collega's op het nieuws van mijn vertrek naar *down under*. De reacties varieerden van ongelovig tot ronduit grof – waarom zou ik me in godsnaam willen begraven aan de andere kant van de wereld, ver weg van de (zogenaamde) kunstwereld? Ik ontdekte dat voor veel Britten het stereotype van Australië als een culturele woestenij nog steeds in alle hevigheid gold en nog steeds in stand werd gehouden door populaire televisieseries als *Neighbours*, de *Crocodile Dundee* films en de alomtegenwoordige bierreclames. Zo nu en dan maakte iemand nog een opmerking over de Australische fauna, en een paar mensen getuigden van hun belangstelling voor de Aboriginal cultuur. En uiteraard reageerden de meer sportieve types onder mijn vrienden met een vreemd soort geïrriteerdheid door met tegenzin te erkennen dat die 'Aussies' op sportief gebied natuurlijk wel hun mannetje stonden, om dat vervolgens onmiddellijk aan te grijpen als een excuus voor neerbuigende opmerkingen over veel spieren en weinig hersens…

Ik was eraan gewend in kringen te verkeren waar het de gewoonste zaak van de wereld is dat men zich zorgen maak over globalisering en marginalisering en vond die reacties dan ook nogal eigenaardig. Conservatoren hadden hun eurocentrisme al lang achter zich gelaten en erkend dat kunst daadwerkelijk kon bestaan in meer afgelegen gebieden. Toch was Australië daarbij kennelijk over het hoofd gezien – te Engels en niet exotisch genoeg wellicht, of te ver weg?

Uiteraard waren er ook een paar loffelijke uitzonderingen van hen die in Australië waren geweest en wisten dat het beschikte over een complexiteit en een culturele diversiteit waaraan in de stereotypen geen recht werd gedaan. Tijdens mijn eerdere kennismakingen had ik ontdekt dat het alles behalve een land was met een gebrek aan cultuur. Ik was onder de indruk geraakt van de veelheid en verscheidenheid aan ideeën die door kunstenaars werden onderzocht en door de openheid en de energieke leergierigheid waarmee nieuwe ideeën ontvangen werden.

Zelfs een paar van de meest loyale supporters van het Museum twijfelden eraan of de strijd om de financiering van staatswege gewonnen kon worden. De oude clichés werden van stal gehaald: *'Sydneysiders* (inwoners van Sydney) *hebben het veel te druk met vastgoed en naar het strand gaan om zich iets gelegen te laten liggen aan een museum voor hedendaagse kunst'*, kreeg ik te horen.

Door de jaren heen heeft het me ontzettend veel plezier gedaan om te zien dat de stereotypen getrotseerd werden. Sinds de regering van de deelstaat New South Wales in 2000 heeft besloten de structurele financiering voor haar rekening te nemen, hebben de Sydneysiders of, sterker nog, alle Australiërs het Museum of Contemporary Art nadrukkelijk omarmd en zijn de bezoekersaantallen in zes jaar tijd verdrievoudigd. Vorig jaar wees een belangrijk onderzoek uit dat het MCA het meest geliefde museum van Sydney is. Vanuit een internationaal oogpunt is de belangstelling voor het werk van Australische kunstenaars opvallend toegenomen, wat ertoe heeft geleid dat hun werk wordt opgenomen in belangrijke tentoonstellingen en dat er veel meer conservatoren een bezoekje komen afleggen. Aboriginal kunst heeft altijd al een internationaal profiel gehad, maar inmiddels is er ook erkenning gekomen voor de bloeiende hedendaagse cultuur van Australië en de grote variëteit aan kunstvormen. In deze tentoonstelling hebben we opnieuw de gelegenheid om de verscheidenheid en de complexiteit van Australische kunst onder de aandacht te brengen en dat is wat het zo leuk maakt om directeur van het MCA te zijn.

ME AND AUSTRALIA / AUSTRALIA AND ME

In 1999, I moved to Australia to take up the position of the Director of the MCA. I was excited if somewhat nervous, knowing that the institution had severe financial difficulties, with no core funding. Indeed there was a good chance that I would arrive to find myself working alongside a bankruptcy administrator!

I had been to Australia on a number of occasions and had been excited and challenged by what I found. I was therefore taken aback by the reaction to the news of my departure for 'down under' by a number of my colleagues. The reactions ranged from the incredulous to the downright rude – why on earth would I want to bury myself on the other side of the world, far away from the artworld (so called)? I found that for many Brits the stereotype of Australia as a cultural desert was still very strong, fuelled by the popularity of TV programs such as Neighbours, Crocodile Dundee films and the ubiquitous beer ads. Wildlife got an occasional mention and a few people expressed an interest in Aboriginal culture. And of course my sporting friends resorted to an odd kind of chip on the shoulder reaction, grudgingly acknowledging the Aussie prowess in matters sporting but using this as an excuse for patronizing comments about brain versus brawn…

Used as I was to moving in circles where issues of globalization and concern for marginalisation were commonplace, I found this reaction very curious. Curators had long abandoned their Eurocentrism, acknowledging that art could indeed exist in more distant lands.Yet somehow Australia had been overlooked – too English and not exotic enough, too far away?

There were of course a small number of honourable exceptions: those who had actually been to Australia and knew that it had a complexity and a cultural diversity that was not reflected in the stereotypes. Far from being a land lacking in culture, on my previous trips I had been impressed by the range and diversity of ideas being explored by artists and by the openness and the spirit of curiousity and enquiry with which new ideas were received.

Even some of the Museum's staunchest supporters were doubtful if the battle for public funding could be won. The old clichés were trotted out: 'Sydneysiders are too busy thinking about real estate and going to the beach to take a contemporary art museum to their hearts', I was told.

Over the years, I have taken great pleasure in seeing the stereotypes challenged. Since the New South Wales State Government became a core funder in 2000, Sydneysiders and indeed Australians have emphatically embraced the MCA, with attendances more than trebling in six years. Last year the MCA was named Sydney's favourite museum/gallery in a major city survey. From an international perspective, there has been a marked increase in interest in the work of Australian artists, resulting in their inclusion in more major exhibitions and many more visits by curators. Aboriginal art has always had an international profile but there is now a recognition that Australia has a thriving contemporary culture that includes a wide range of practices. Here in this exhibition we have again the opportunity to showcase the range and sophistication of Australian art, which is what makes being Director of the MCA such a pleasure.

ELIZABETH ANN MACGREGOR
(MCA) – SYDNEY
DIRECTEUR MUSEUM OF CONTEMPORARY ART

Mijn beelden van Down Under

My images of Down Under

Mijn beelden van *down under* zijn hele andere beelden dan de beelden van *down under* hier. In de Royal Paddington Hospital for Women zag ik mijn eerste beeld. In de vroege ochtend van 6 augustus 1952 was Australia *a huge mystery to me*. Gelukkig was *mum* er ook. Ik was een zogenoemde *blue baby but I got over it*. Mijn Australië van toen zag ik door de ogen van de emigranten die mijn ouders waren. We woonden in de *bush*. In een verhuiswagen. Korte tijd later kwam ons huis als bouwpakket uit Nederland met de boot. Mijn vader zette hem in elkaar. Aan een *dirt road* in Canley Vale in the Western suburbs van Sydney. Vaak was het *bloody hot, 100 degrees at least*. Dag in dag uit. Dan kochten we van de ijsboer een blok ijs van wel een halve meter doorsnee die we in de deuropening plaatsten. Mooi beeld. En *the lino was nice and cool too*.

Toen ik zo'n vier jaar oud was, 1956, kwamen de beelden *thick and fast*. Dat kwam omdat ik inmiddels *the lingo* had geleerd, van de buren. In de *backyard* hadden we de *dunny*. Die werd wekelijks op sensationele wijze geleegd. Alle huizen in ons *block* waren gescheiden door een *fence*. Als je naar de buren ging moest je door de *screendoor* roepen. We hadden nu een auto,

My images of down under *are very different from the images of* down under *here. In the Royal Paddington Hospital for Women, I saw my first image. In the early morning of 6 August 1952, Australia was* a huge mystery to me. *Fortunately,* mum *was there too. I was a so-called* blue baby *but I got over it. I saw My Australia of the time through the eyes of the emigrants that my parents were. We lived in the* bush. *In a removal van. Shortly after, our house arrived by ship from the Netherlands in kit form. My father put it together. On a* dirt road *in Canley Vale in the Western suburbs of Sydney. It was often* bloody hot, 100 degrees at least. *Day in day out. We would buy a block of ice from the iceman a half metre in diameter and place it in the door opening. An image to remember. And* the lino was nice and cool too.

When I was about four years old in 1956, the images started to come thick and fast. *That was because I had learnt the* lingo *from the neighbours. In the* backyard, we had *the dunny. This was sensationally emptied on a weekly basis. All the houses in our* block *were separated by a fence. If you went to the*

een Ford Custom Line. De mooiste auto ooit, tot dan toe. Half-blauw en half-wit, duo tone, *really great*. Een belangrijk *turning point* was toen ik ontdekte dat weliswaar alle taxi's Holdens waren maar dat niet alle Holdens taxi's waren. Dit maakte de filosoof in mij wakker.

Dat kwam van pas toen we vier jaar later in een ander huis woonden met een *enormous backyard with a fence all round*. Op de *back seat* van de auto kon ik meelezen in *The Sun* als mijn moeder mijn vader van zijn werk ophaalde. Duizenden workers kwamen dan door het hek van Cable Makers in Liverpool waar wij stonden te wachten. Pa kocht de krant van de *newsboy* en dan las mijn moeder terwijl pa achter het stuur plaatsnam. Het raam aan zijn kant stond altijd open. Omdat het warm was maar ook om richting aan te kunnen geven. Geen richtingaanwijzers namelijk. In de krant las ik de verslagen van de Olymische spelen in Rome. *Aussies* wonnen alles. Dat was mijn beeld. Dawn Fraser bij het zwemmen en Ron Clarke bij het hardlopen.

Dus organiseerde ik ook Spelen bij ons in de *yard*.

Weer vier jaar later leerde ik cricket spelen. *The world will never be the same again.* En ik kon voor een shilling met de trein naar Sydney. Waar je *second hand* boeken kon kopen bij Dymocks: Aldous Huxley, Bertrand Russell, D.H Lawrence. Tekenend was dat toen ik er al zes jaar Fairfield High op had zitten, zonder ooit een boek van een *Aussie* schrijver tegen te komen, ik me nooit heb afgevraagd hoe dat kwam.

Toen ik zestien was, was het 1968. En dat niet alleen. Het was ook heel erg Australië. Het absolute hoogtepunt van Aussiedom. Sir Robert Menzies was al mijn hele leven *prime-minister*, de Conservatieven wonnen elke verkiezing, seizoenen hadden geen vat op de altijd legergroene gumtrees, vrouwen mochten niet in de bar van de *pub*, een namaak David van Michelangelo mocht het land niet in *(obscene)* en de filmkunst was bij de *Three Stooges* blijven steken.

Jaarlijks hoogtepunt; ANZAC Day. *"They shall not grow old as we that are left grow old, age shall not weary them nor the years condemn. At the going down of the sun, and in the morning, we shall remember them".* En toen kwam Vietnam, en *conscription* (dienstplicht) en de demonstraties, *the Moratorium*.

En mijn vlucht naar Nederland; groen, historisch en vriendelijk en liefdevol vormgegeven. Het onbedorven land. Maar dat was 1971.

Arend Hilhorst (oud-wethouder van Den Haag, woonde tot zijn 20-ste in Australië)

neighbours, you had to call through the screendoor. *We now had a car, a Ford Custom Line. The best car ever, up to then. Half-blue and half-white, duo tone,* really great. *An important turning point was when I discovered that although all taxis were Holdens, not all Holdens were taxis. This awakened me to philosophy. This came in handy when four years later, we lived in another house with an* enormous backyard with a fence all round. On the back seat *of the car, I read along in* The Sun *when my mother went to pick up my father up from work. Thousands of workers passed through the gates of Cable Makers in Liverpool where we would wait. Dad bought the paper from the* newsboy *and my mother read it while dad sat down behind the steering wheel. The window on his side was always open. Because it was warm, but also to allow him to signal. There were no indicators. In the paper, I read the reports on the Olympic Games in Rome. Aussies* won everything. *At least that was the way I saw it. Dawn Fraser in swimming and Ron Clarke in running. So I organised the Games in our* yard. *Another four years later I learnt to play cricket. The world will never be the same again.* For a shilling, I took the train to Sydney. There you could buy second hand books at Dymocks – Aldous Huxley, Bertrand Russell, D.H Lawrence. It was telling that after attending Fairfield High for six years without ever having even encountered a book by an Aussie writer, I never wondered why. *When I was sixteen, it was 1968. And not only that. It was also very much Australia, the absolute climax of Aussieness. Sir Robert Menzies had been* prime minister *all my life, the Conservatives won every election and the changing seasons had no effect on the ever-army-green gum trees, women were not allowed into the bar areas of pubs, an imitation David of Michelangelo was banned from entering the country* (obscene) *and cinema had got stuck at the* Three Stooges. *Annual climax; ANZAC Day.* "They shall not grow old as we that are left grow old, age shall not weary them nor the years condemn. At the going down of the sun, and in the morning, we shall remember them". *And then there was Vietnam, and* conscription *and the demonstrations,* the Moratorium. *And my flight to the Netherlands; green, historic and gently and lovingly designed. The unspoiled country. But that was in 1971.*

Arend Hilhorst (former Hague Alderman, resident of Australia up to the age of twenty)

leestijd 6"42'

LAAT HET CITROEN
AUSTRALISCHE ABORIGINAL FOTOGRAFI

Sinds het begin van de eenentwintigste eeuw zijn er in Nederland een aantal exposities geweest van kunstfotografie van de hand van Australische Aboriginal kunstenaars. Tentoonstellingen zoals *Tracey Moffatt* in Helmond (2000), *Contemporary Aboriginal Art* in Rotterdam (2002) en *Images* in Utrecht (2004), die hebben bijgedragen aan de toenemende zichtbaarheid van Aboriginal fotografie in Europa, inspireerden mij tot mijn promotieonderzoek naar deze relatief recente kunstvorm. In dit essay zal ik aan de hand van drie thema's een schets geven van de discussies, de ontwikkelingen en de complexiteit waarmee Australische Aboriginal fotografie, of, meer in het algemeen, hedendaagse kunst zoals die tegenwoordig in de landelijke en stedelijke gebieden van Australië wordt gemaakt, is omgeven. Door een drietal ambigue, controversiële of inaccurate beweringen onder de loep te nemen, zoals die zowel in Australische als Europese tentoonstellingscatalogi te vinden zijn, zal ik u deelgenoot maken van een aantal inzichten die ik heb verkregen door nauw samen te werken met kunstenaars en andere deelnemers aan Australische kunstwereld(en).

HET IS URBANE ABORIGINAL PROTESTKUNST

De opvatting dat Aboriginal kunst die gemaakt wordt in de meer verstedelijkte delen van Australië protestkunst is, of politieke kunst, is een ontkenning van de inhoudelijke diversiteit. Gedurende de jaren tachtig toen Aboriginal kunst en in het bijzonder kunstwerken op boombast en acrylschilderijen uit

** IN DIT ESSAY GEBRUIKT DE AUTEUR AFWISSELEND DE WOORDEN ABORIGINAL, ABORIGINE(S) EN INHEEMS OM TE VERWIJZEN NAAR MENSEN DIE AFSTAMMEN VAN DE OORSPRONKELIJKE BEWONERS VAN AUSTRALIË.*

Since the turn of the 21st century a number of exhibitions have been staged in the Netherlands that included photographic art created by Australian Aboriginal artists. Shows such as Tracey Moffatt *in Helmond (2000),* Contemporary Aboriginal Art *in Rotterdam (2002) and* Images *in Utrecht (2004), which have contributed to the increasing visibility of Aboriginal photography in Europe, formed the inspiration for my PhD research into this relatively recent art form. In this essay I will trace some of the debates, developments and complexity surrounding Indigenous Australian photographic art, or contemporary Indigenous art produced in Australia's rural and metropolitan regions more generally, by means of three statements. Through a discussion of occasionally ambiguous, contentious or inaccurate assertions, manifest both in Australian and European exhibition catalogues, I will share some insights gained from working closely with artists and other participants in the Australian art world(s).*

IT IS URBAN ABORIGINAL PROTEST ART

The conception of Aboriginal art produced in more urbanized parts of Australia as protest or political art negates the diversity of subject matter. During the 1980s, at the same time when Aboriginal art, notably works on bark and acrylic paintings from remote communities, became progressively popular both nationally and internationally, a growing number of Indigenous people obtained access to art schools in major Australian cities. Graduating during the politically tumultuous decade of the 1980s, characterized by Indigenous resistance, idealism and campaigns for Aboriginal rights, many of these young practitioners sought to contribute to the momentum by producing art that contained a

AUSTRALIAN ABORIGINAL PHOTOGRAPHY

JUICE IN THE CAKE!

SAP IN DE CAKE!
N EEN NIEUW KADER

verafgelegen gemeenschappen zowel nationaal als internationaal steeds populairder werden, kreeg een groeiend aantal Aborigines toegang tot de kunstacademies in grote Australische steden. Aangezien zij afstudeerden in dit politiek tumultueuze decennium, dat gekenmerkt werd door verzet, idealisme en campagnes voor Aboriginal rechten, trachtten vele van deze jonge kunstenaars bij te dragen aan het momentum door kunst te maken met een sterk politiek of protesterend karakter.

Fotografie, in opkomst als een prikkelende, veelbelovende en jeugdige kunstvorm, was één van de vele media die door inheemse kunstenaars, kersvers van de academie, werd gebruikt om uitdrukking te geven aan hun engagement. De toepassingen varieerden van documentaire fotografie waarin culturele gebeurtenissen en het dagelijkse leven, gezien vanuit een Aboriginal gezichtspunt, werden vastgelegd, tot studiofotografie en het maken van conceptuele, gemanipuleerde beelden met wortels in het postmodernisme.

Kunstfotografen van de eerste generatie, zoals Michael Riley, Tracey Moffatt, Brenda Croft en Fiona Foley, zetten zich eensgezind af tegen de stereotypering van de 'echte' of 'authentieke' Aboriginal kunst en cultuur die niet zou bestaan in het zogenaamde urbane Australië. Vanwege wijdverbreide vooroordelen over hoe Aborigines en hun kunst er zouden moeten uitzien, dat wil zeggen voldoende 'Anders', werden identiteit en artistieke uitingen van Aboriginal kunstenaars die woonden en werkten in de steden lange tijd veronachtzaamd. In hun strijd tegen heersende opvattingen over wat een 'echte' Aborigine was, legden de kunstenaars de nadruk op het bestaan en de validiteit van unieke stedelijke Aboriginal culturen en manieren van kunst maken. Via de kunst onderzochten zij onderwerpen die te maken

strong political or protest element. Photography, emerging as an exciting, promising and youthful art form, was one of many mediums employed by Indigenous artists fresh out of art school to articulate their concerns. Practices ranged from documentary photography recording cultural events and people's day-to-day lives from an Aboriginal point-of-view to studio photography and the making of conceptual, manipulated imagery rooted in postmodernism.

First-generation artists working in photography like Michael Riley, Tracey Moffatt, Brenda Croft and Fiona Foley, were united in their refusal to be confined by the stereotype that 'real' or 'authentic' Aboriginal art and culture did not exist in so-called urban Australia. Because of widespread preconceptions pertaining to what Aboriginal people and art should look like, that is, sufficiently 'Other', the identity and artistic expressions of Aboriginal practitioners living and working in cities were long disregarded. Battling dominant notions of what constitutes a 'real' Aboriginal person, artists emphasized the existence and validity of unique urban Aboriginal cultures and ways of art-making. Through art they interrogated issues surrounding identity and represented as well as reconfigured negative representations or popular notions of Aborigines, whilst demanding the right to be seen and exhibited on their own terms.

It is important to note that the category of urban Aboriginal art, though making a necessary statement during the 1980s, has long been rejected by Indigenous people because of the implied binary opposition to 'traditional' art. Since the Aboriginal experience is as likely to be urban or rural as outback[1], the categorical separation of photographs,

hadden met identiteit en representeerden en hervormden zij negatieve voorstellingen en populaire opvattingen over Aborigines. Tegelijkertijd eisten ze het recht op om gezien te worden en kunst tentoon te stellen op eigen voorwaarden.

Het is van belang erop te wijzen dat de categorie van urbane Aboriginal kunst, ook al vervulde die een noodzakelijke functie gedurende de jaren tachtig, door Aborigines reeds lang verworpen is vanwege de geïmpliceerde tweevoudige tegenstelling met 'traditionele' kunst. Aangezien de Aboriginal ervaring zowel stedelijk als landelijk als *outback*[1] kan zijn, is het nogal oppervlakkig om foto's, schilderijen, video's, beeldhouwwerken en zeefdrukken gemaakt door kunstenaars in grote steden of in urbane gebieden categorisch te scheiden van het werk dat gemaakt wordt in afgelegen gemeenschappen. En bovendien, om de fameuze uitspraak van de inheemse conservator Djon Mundine te citeren: *"Is er iemand die kan uitleggen waar Urbania precies ligt?"*
Ondanks de strijd om erkenning van Aboriginal kunstenaars, vooral gedurende de jaren tachtig en begin jaren negentig, heeft de term protestkunst de diversiteit van hun werk nooit gedekt. Nu de discussie over 'authenticiteit' enigszins is afgenomen en er, althans in het grootste deel van de Australische kunstgemeenschap, meer begrip is ontstaan voor de diversiteit van Aboriginal culturen en manieren van werken, scheppen nieuwe generaties kunstenaars kunst van grote verscheidenheid die zowel nationaal als internationaal wordt geroemd. Fiona Foley, een vooraanstaande kunstenares die haar carrière begon in de woelige jaren tachtig van de vorige eeuw, verklaart dat als volgt:

"Wat er volgens mij in de loop van de tijd is gebeurd, is dat we weliswaar begonnen zijn met onze cultuur als uitgangspunt, maar dat wij vervolgens onszelf ook de vrijheid hebben gegeven die los te laten. Nu kunnen we ook commentaar leveren op andere mensen in de maatschappij, naar andere aspecten van het leven om ons heen kijken. Het hoeft niet altijd voort te komen uit een Aboriginal premisse, of het hoeft die niet als beginpunt te hebben. Ik kan als kunstenaar naar veel verschillende dingen kijken." (11 mei 2006, persoonlijke conversatie).

Familierituelen, hedendaagse cultuur, beroemdheid, mannelijkheid, het lichaam, massamedia, oorlog, kapitalisme, consumentisme,

paintings, videos, sculptures or screenprints created by artists in metropolitan or urban regions from those works produced in remote communities is rather superficial. Besides, as Indigenous curator Djon Mundine has famously stated: 'Could anyone explain where Urbania exactly is?'

Despite Aboriginal artists' struggles for recognition, particularly during the 1980s and early 1990s, the term protest art has never covered the diversity of their work. Today, as debates about 'authenticity' have died down somewhat and, at least within a larger fraction of the Australian arts community, the understanding of the diversity of Aboriginal cultures and arts practices has grown, new generations of artists create nationally and internationally acclaimed art of great variety. Fiona Foley, a prominent artist who commenced her career in the eventful 1980s, explains it as follows:
"I think what has happened over time is that we have started from a base relating to our culture and then somewhere we have also allowed ourselves to be freed up. To comment on other people in society, to look at other aspects of life abroad. It doesn't always have to come from an Aboriginal premise or it doesn't have to start at this point. I can look at many different things as a practicing artist."
(11th of May 2006, personal communication).

Family rituals, popular culture, celebrity, masculinity, the body, mass media, war, capitalism, consumerism, Australian (art) history – these are only some of the subjects artists currently engage with and comment upon in their (photographic) work. Consider for example Christian Thompson's autobiographical videos[2], which form intimate visual essays that examine family, intimacy and the universality of particular childhood rituals and memories. Or Darren Siwes's photographic tableaux that, more than anything, are expressive of the artist's desire to produce beautiful, technically sophisticated and highly formalized images[3].
Although some Indigenous curators argue that anything created by an Aboriginal artist is political by nature, because Aboriginal existence is political in a country where its first inhabitants were long incorrectly presumed to 'die out upon confrontation with Westernisation', others contest this. Artist Brook Andrew poignantly notes: "A lot of people think that with Aboriginal work, if it's not Central

COULD ANYONE EXPLAIN WHERE URBANIA EXACTLY IS?

Australische (kunst)geschiedenis – het zijn slechts enkele van de onderwerpen waarmee kunstenaars zich tegenwoordig bezighouden en waarop ze in hun (fotografisch) werk commentaar leveren. Neem bijvoorbeeld de autobiografische video's[2] van Christian Thompson, intieme visuele essays waarin familie, intimiteit en de universaliteit van bepaalde rituelen en herinneringen uit de kinderjaren onder de loep worden genomen. Of de fotografische tableaus van Darren Siwes, die in de eerste plaats uitdrukking geven aan het verlangen van de kunstenaar om prachtige, technisch hoogstaande en in hoge mate geformaliseerde beelden te produceren.[3]

Hoewel sommige inheemse conservatoren beweren dat alles wat door een Aboriginal kunstenaar wordt gemaakt van nature politiek is omdat, in een land waar de oorspronkelijke bewoners lange tijd ten onrechte geacht werden *'uit te sterven als ze geconfronteerd werden met verwesterlijking'*, het hele bestaan van Aborigines politiek is, zijn er anderen die dat aanvechten. De kunstenaar Brook Andrew doet de volgende rake observatie: *"Een heleboel mensen denken dat Aboriginal kunst, als het geen schilderijen uit de woestijn van Centraal Australië betreft, politiek is wanneer daarin commentaar wordt geleverd op een geschiedenis die toch echt een blanke geschiedenis is. Dat is geen politiek, dat is alleen het rechtzetten van de geschiedenis. Mensen geven het graag het etiket 'politiek' omdat het tegen de status quo ingaat. Veel werk van niet-inheemse kunstenaars is ook gericht tegen de status quo, maar dat krijgt geen politiek etiket."* [4]

In weerwil van het feit dat Aboriginal foto's soms krachtige politieke boodschappen uitdragen, zijn de beelden van Siwes en de recente video's van Thompson prominente, niet te negeren voorbeelden van de heterogeniteit van artistieke intentie en expressie.

AL HET WERK IS EEN REPRESENTATIE VAN ABORIGINAL IDENTITEIT

Veel inheemse volkeren willen, in hun streven naar zelfbeschikking en ongelukkig als ze zijn met de manier waarop ze door anderen worden afgeschilderd zichzelf en hun unieke identiteiten graag aan de wereld presenteren via het machtige medium van de kunst.[5] In Australische Aboriginal kunstfotografie is lange tijd een sleutelrol verleend aan de uitdrukking, hervorming en

Desert painting, then it's political, when it's commenting on a history [that] happens to be a white history. That's not political, it's just redressing history. People like to label it as political because it's against the status quo. A lot of non-Indigenous artists' work is also against the status quo, but it doesn't get labelled political."[4]

Not withstanding the fact that Indigenous photographs can contain forceful political messages, Siwes' images and Thompson's recent videos provide us with just some examples highlighting a heterogeneity of artistic intentions and expressions that cannot be ignored.

IT IS ALL ABOUT REPRESENTING ABORIGINAL IDENTITY
Many Indigenous peoples, seeking self-determination and unhappy with the way they are represented by others, wish to present themselves and their unique identities to the world through the powerful medium of art[5]. In Indigenous Australian photographic art the assertion, refiguration and representation of cultural identity has long been accorded a key role, especially during the 1980s and early 1990s when artists were systematically confronted with a disavowal of their Aboriginal heritage by non-Aboriginal Australians. Nevertheless, to state at the present time that contemporary Aboriginal photography constitutes an 'identity art' is contentious, to say nothing of ambivalent. Do not all artists, irrespective of cultural background, draw upon their heritage, life experiences and identities in the creation of work? Have the deconstruction of identity and identity politics not been central to art works produced by Indigenous and non-Indigenous artists alike at the height of postmodernism during the 1980s and 1990s?
Of course, to an Indigenous person confronted with dispossession, discrimination and misrepresentation the examination of identity through art resonates differently than to somebody without those experiences. Indeed, elements of Indigenous identities continue to be incorporated into artistic photographs in sometimes subtle, at times more overt ways. For instance, Christian Thompson has consciously chosen titles such as The Gates of Tambo *and* Blaks Palace *for photographic series. Through such titles, which refer to important sites on Thompson's ancestral lands in Central*

Darren Siwes – My Mothers Kin (Courtesy of Darren Siwes, Nellie Castan Gallery and Greenaway Art Gallery)

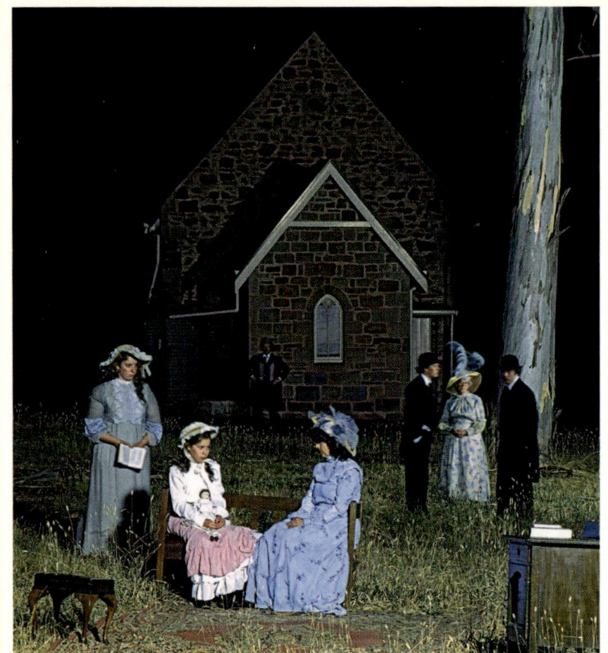

representatie van culturele identiteit, vooral gedurende de jaren tachtig en begin jaren negentig toen kunstenaars systematisch geconfronteerd werden met de afwijzing van hun erfgoed door niet-Aboriginal Australiërs. Om echter tegenwoordig nog te beweren dat hedendaagse Aboriginal fotografie 'identiteitskunst' zou zijn, is aanvechtbaar, om niet te zeggen tegenstrijdig. Is het niet zo dat alle kunstenaars, ongeacht hun culturele achtergrond, in het creëren van werk putten uit hun erfgoed, levenservaring en identiteit? Hebben het deconstrueren van identiteit en de identiteitspolitiek niet een centrale rol gespeeld in kunstwerken die gemaakt werden door zowel inheemse als niet-inheemse kunstenaars op het hoogtepunt van het postmodernisme in de jaren tachtig en negentig?

Natuurlijk heeft het onderzoek naar identiteit via de kunst voor een Aboriginal persoon, die geconfronteerd wordt met landonteigening, discriminatie en verkeerde beeldvorming, een heel andere gevoelswaarde dan voor iemand die dergelijke ervaringen niet heeft. Elementen van Aboriginal identiteiten maken dan ook nog steeds deel uit van de kunstfotografie, soms op heel subtiele, soms op meer openlijke manieren. Zo heeft Christian Thompson er bijvoorbeeld bewust voor gekozen om zijn fotoseries titels te geven als *The Gates of Tambo en Blaks Palace*. Door zulke titels, die verwijzen naar belangrijke plaatsen op het land van Thompson's voorouders in Central Queensland, wil de kunstenaar zijn Aboriginal erfgoed en de relatie met zijn land bevestigen.

Queensland, the artist seeks to assert his Indigenous heritage and relationship to country.

However, without discounting the significance of articulations of identity in Indigenous Australian art, various artists currently express their discontent about readings that limit their work to being representative of Aboriginal identity. Brook Andrew, a practitioner whose art engages with topics like Australian history, cultural memory, our relationship with the environment, mass media, globalization and capitalism, communicates his observations and experiences of the world to audiences. In recent productions he has employed geometrical, diamond designs drawn from his Wiradjuri heritage in combination with elements like neon, Japanese consumer goods, 1950s kitsch objects and taxonomic birds from museum collections. Despite the range of meanings and influences of, amongst other things, Russian constructivism, Flemish painting, Caravaggio and Bronzino apparent in his work, recipients frequently utilize the discourse on Aboriginal identity to interpret Andrew's art. Although some works by practitioners like Andrew undeniably present viewers with Indigenous (visual) languages, myths or designs, the question articulated nowadays is why readings of works containing such diverse meanings so regularly have to be reduced to explications of identity. As Fiona Foley tentatively suggested, artists presently engage with a broad range of subject matter without necessarily commenting on exclusive Aboriginal concerns. Are we choosing the easy way out when writing about identity, something that underlies almost any work of art, as opposed to developing a language to critically discuss topics that affect us all? Do we prefer Indigenous practitioners to be concerned with Aboriginal identity because it accords to our expectations of what Indigenous art is primarily about? Or, do we stress Aboriginal identity even in those art works mainly engaged with other subjects because we unconsciously wish to discover what distinguishes 'us' from 'them', expressing a prolonged fascination with cultural difference?

THEY ARE ABORIGINAL ARTISTS, ALTHOUGH SOME DO NOT WANT TO BE CATEGORIZED AS SUCH
In 1999 Hannah Fink wrote in relation to Indigenous

Er zijn tegenwoordig echter ook diverse kunstenaars die, zonder afbreuk te willen doen aan de betekenis van het uitdrukken van identiteit in inheemse kunst, hun ongenoegen uiten over interpretaties die hun werk uitsluitend beschrijven als een representatie van Aboriginal identiteit. Brook Andrew, een kunstenaar die zich in zijn werk bezighoudt met onderwerpen als Australische geschiedenis, cultureel geheugen, onze relatie met het milieu, massamedia, globalisering en kapitalisme, maakt zijn publiek deelgenoot van hoe hij de wereld ziet en ervaart. In recente producties heeft hij gebruik gemaakt van geometrische, diamantvormige ontwerpen geïnspireerd op zijn Wiradjuri afkomst, gecombineerd met elementen als neon, Japanse consumptie-artikelen, kitschobjecten uit de jaren vijftig en opgezette vogels uit museumcollecties. Ondanks de vele betekenissen en invloeden van onder meer het Russische constructivisme, de Vlaamse schilderkunst, Caravaggio en Bronzino die duidelijk uit zijn werk blijken, wordt door de kunstwereld toch vaak weer het vertoog omtrent Aboriginal identiteit van stal gehaald om Andrew's kunst te interpreteren.

Hoewel sommige werken van kunstenaars als Andrew het publiek ontegenzeglijk confronteren met Aboriginal (visuele) talen, mythes of ontwerpen, wordt tegenwoordig steeds vaker de vraag gesteld waarom interpretaties van kunstwerken die een zo grote diversiteit aan betekenissen bevatten met regelmaat gereduceerd worden tot uitingen van identiteit. Zoals Fiona Foley voorzichtig gesuggereerd heeft, houden kunstenaars zich tegenwoordig bezig met een heel scala aan onderwerpen zonder daarmee noodzakelijkerwijs commentaar te leveren op exclusief Aboriginal aangelegenheden. Is het wellicht zo dat we de eenvoudigste weg kiezen door te schrijven over identiteit, iets waarop vrijwel elk kunstwerk gebaseerd is, in plaats van een taal te ontwikkelen waarmee onderwerpen die ons allemaal aangaan kritisch besproken kunnen worden? Geven we er de voorkeur aan dat inheemse kunstenaars zich bezighouden met identiteit omdat dat beantwoordt aan wat wij als belangrijkste thema van Aboriginal kunst verwachten? Of leggen we, zelfs bij die kunstwerken die zich voornamelijk met andere onderwerpen bezighouden, de nadruk op de Aboriginal identiteit omdat we onbewust willen ontdekken wat 'ons' van 'hen' onderscheidt, waardoor wij blijk geven van een aanhoudende fascinatie voor culturele verschillen?

artists: "A requisite of self-definition must be liberation not only from the incarcerations of stereotype and the burden of having to perform or translate a self for a nominal white audience, but freedom from the onus of having to define oneself at all."[6]

Although artistic photographs produced by Indigenous practitioners are widely recognized as contemporary Australian art one of the most complex issues of this moment remains the labeling of artists in metropolitan areas of Australia as Aboriginal. Indeed, influenced as their work is by international art movements and trends in art-making, knowledgeable as they are about technologies and art history, many practitioners do not wish to be boxed in the category Aboriginal. Interestingly, despite that Australian curators, critics and academics have recognized this for years; artists are put into positions from where they have to defend their rejection of ethnic labels almost on a daily basis. Unlike most practitioners, those with Indigenous heritage need to have a sophisticated, enforceable strategy to ensure their work is placed within the same discourses as art created by non-Aboriginal Australians. For example, in the prestigious, new edition of the McCulloch's Encyclopedia of Australian Art[7], the first part has been reserved exclusively for Aboriginal artists whilst works by 'Australian' practitioners are discussed in a separate section. Another illustration forms a piece written earlier this year about Brook Andrew's work in the Australian Art Collector[8], *upon his selection by the magazine as one of Australia's fifty most collectable artists. It cites Andrew, who comments on the burden of being labeled as an Aboriginal artist. However, the truth of this assertion aside, it is precisely by explicating the practitioner's cultural background in this manner that the author reinforces undesired categorization.*
That it is difficult to avoid unwarranted labeling cannot be denied. My own research into Indigenous Australian photography and even this essay indisputably situate practitioners into the context of Indigenous arts. The question as to why many critics, curators or academics like myself, whilst for the greatest part keen to respect an artist's self-definition, find it troublesome to frame both artists and their work without resorting to the term

JE MOET VRIJ ZIJN VAN DE PLICHT JEZELF ÜBERHAUPT TE DEFINIËREN

HET ZIJN ABORIGINAL KUNSTENAARS, OOK AL WILLEN SOMMIGEN NIET ALS ZODANIG GECATEGORISEERD WORDEN

In 1999 schreef Hannah Fink met betrekking tot Aboriginal kunstenaars: *"Om jezelf te kunnen definiëren is het niet alleen noodzakelijk je te bevrijden van het keurslijf van de stereotypering en de last jouw eigenheid te moeten demonstreren en uitleggen voor een nominaal blank publiek, maar zou je vrij moeten zijn van de plicht jezelf überhaupt te definiëren."* [6]

Hoewel de kunstfotografie van de hand van inheemse kunstenaars alom erkend wordt als eigentijdse Australische kunst, is een van de neteligste kwesties nog steeds dat kunstenaars in de grootstedelijke gebieden van Australië het etiket Aboriginal krijgen opgeplakt. Veel kunstenaars, die beïnvloed zijn door internationale kunstbewegingen en trends, alles weten van verschillende technieken om kunst te maken, en die thuis zijn in de kunstgeschiedenis, wensen niet in het hokje Aboriginal geduwd te worden.

Opmerkelijk is dat Australische conservatoren, recensenten en academici dit weliswaar al jaren geleden hebben ingezien, maar dat de kunstenaars zich niettemin nog vrijwel dagelijks moeten verdedigen voor hun afwijzing van het etiket Aboriginal. In tegenstelling tot de meeste kunstenaars hebben zij met een inheemse achtergrond een doorwrochte strategie nodig om zich ervan te verzekeren dat hun werk in dezelfde discussie wordt betrokken als kunst gemaakt door niet-Aboriginal Australiërs. In de prestigieuze nieuwe uitgave van de *McCulloch's Encyclopedia of Australian Art* [7] bijvoorbeeld, is het eerste deel exclusief gereserveerd voor Aboriginal kunstenaars, terwijl werken van 'Australische' kunstenaars in een apart gedeelte worden besproken. Een ander voorbeeld betreft een stuk dat eerder dit jaar verscheen in de *Australian Art Collector* [8] over het werk van Brook Andrew naar aanleiding van zijn uitverkiezing door het blad als een van de vijftig meest 'verzamelwaardige' kunstenaars van Australië. Hier gebruikt de recensent een citaat van Andrew waarin hij commentaar levert op de last bestempeld te worden als Aboriginal kunstenaar. Het citaat mag dan kloppen, maar juist door op deze manier de culturele achtergrond van de kunstenaar te benadrukken, houdt de auteur de ongewenste hokjesgeest in stand.

Aboriginal, can be posed but not easily answered. Is it because we recognize Aboriginal cultural elements in for instance photographic art and, as argued before, cannot find an appropriate language to acknowledge the presence of such unique heritage without falling back on racial categorizations? If so, why are the rich backgrounds of Australian artists Patricia Piccinnini, Imants Tillers or Polixeni Papapetrou, just to name a few, not explicated in every piece of writing or catalogue entry? As an artist once told me:
"There are so many other things as well that have made an impact on my art making. My Aboriginality and my experiences of that form just one small thing. It is like making a cake and trying to extract the lemon juice. I don't think it is a clear cut thing." (personal communication, 26th of July 2006).

This essay, admittedly, poses rather than answers thorny questions touching everyone with a passion for Australian art. Nevertheless, its delineation of developments and debates concerning contemporary Indigenous photography serves to provoke reflection on our framing of art works, which originate from particular local contexts but affect us globally.

Drs. Marianne Riphagen
Marianne Riphagen is a postgraduate researcher in cultural anthropology for the Radboud University Nijmegen, the Netherlands. Her thesis topic is Australian Aboriginal photo-media art.

Het valt niet te ontkennen dat het moeilijk is om ongerechtvaardigde etikettering te vermijden. Mijn eigen onderzoek naar Australische Aboriginal fotografie en zelfs dit essay plaatsen kunstenaars ontegenzeglijk in de context van inheemse kunst. De vraag waarom veel recensenten, conservatoren en academici zoals ikzelf, die in meerderheid toch alle respect hebben voor hoe een kunstenaar zichzelf definieert, er moeite mee hebben om zowel de kunstenaars als hun werk te interpreteren zonder toevlucht te nemen tot de term Aboriginal, kan wel gesteld maar niet gemakkelijk beantwoord worden. Komt het doordat we elementen uit de Aboriginal cultuur herkennen in bijvoorbeeld kunstfotografie maar niet, zoals eerder betoogd, de toepasselijke taal kunnen vinden om de aanwezigheid van een dergelijk uniek erfgoed te erkennen zonder te vervallen in raciale categorisatie? En, als dat zo is, waarom worden dan de rijke achtergronden van Australische kunstenaars als Patricia Piccinnini, Imants Tillers of Polixeni Papapetrou, om er maar een paar te noemen, niet benadrukt in elke catalogus en ieder stuk dat over hen geschreven wordt? Zoals een kunstenaar ooit tegen mij zei: *"Er zijn nog zo veel meer dingen die invloed hebben gehad op de kunst die ik maak. Mijn Aboriginal identiteit en de manier waarop ik deze ervaar, maken daarvan slechts een klein deel uit. Het is zoiets als een cake bakken en dan proberen het citroensap eruit te halen. Volgens mij is het allemaal niet zo duidelijk omlijnd."* (persoonlijke conversatie, 26 juli 2006).

Ik geef toe dat over netelige kwesties, die iedereen met een passie voor Australische kunst raken, in dit essay meer vragen worden gesteld dan beantwoord. Niettemin is deze kenschets van de ontwikkeling van en de discussie over hedendaagse Aboriginal fotografie bedoeld om een heroverweging op gang te brengen van de manier waarop wij kunstwerken interpreteren die weliswaar uit een specifieke lokale context stammen, maar die ons wereldwijd beroeren.

Drs. Marianne Riphagen
Marianne Riphagen werkt als cultureel antropoloog aan een promotieonderzoek voor de Radboud Universiteit Nijmegen. Het onderwerp van haar dissertatie betreft Australische Aboriginal fotografie.

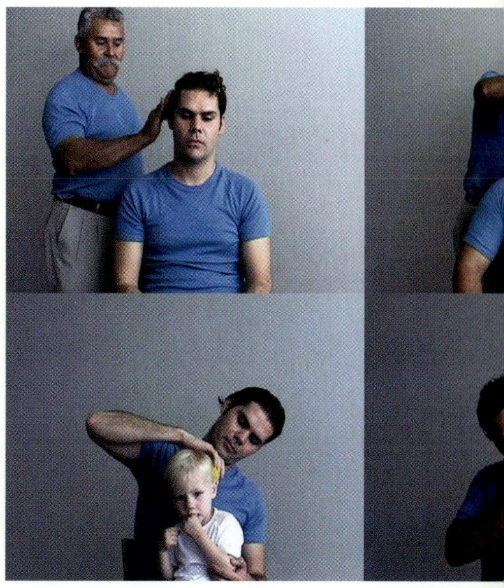

Christian Thompson – Videostills The Sixth Mile
(Courtesy of the artist and Gallery Gabriellle Pizzi, Melbourne)

[1] Fink, H. (1999). Cracking Up, in *Beyond Myth* [exh. cat], Venice Biennale, pp. 12-14.
[2] The *Sixth Mile* (2006) and the *Desert Slipper* (2006).
[3] Personal communication, Friday the 17th of November 2006.
[4] Strickland, K. (2003). Black lives viewed from the inside. *The Australian, 29th of May 2003,* p. 14.
[5] MacClancy, J. (1997). *Contesting Art. Art, Politics and Identity in the Modern World.* Oxford: Berg.
[6] Fink, H. (1999). Cracking Up, in *Beyond Myth* [exh. cat], Venice Biennale, pp. 12-14.
[7] McCulloch, A., McCulloch, S., McCulloch Childs, E. (2006). *McCulloch's Encyclopedia of Australian Art.* Melbourne: Aus Art Editions.
[8] A. Crawford (2007). Brook Andrew, in *Australian Art Collector,* issue 39, p. 180.

Down Under in de planten en honingzoete natuur.

Down Under in the plants and the honey-sweet nature.

Het verre Zuidland of Terra Australis werd ontdekt door de Amsterdammer Willem Janszoon in februari 1606. Later voer Abel Tasman in 1642 naar het Zuidland of Australië voor mogelijke nieuwe handelswaren. Maar die werden niet gevonden en voor de Nederlanden bleef het een weinig interessant werelddeel. Ook nadien werden er expedities ondernomen om vooral de kust goed in kaart te brengen. In 1697 wordt ervoor het eerst een beschrijving van planten in de scheepsjournalen opgetekend. De Vlielandse schipper Willem de Vlamingh bereikte als eerste de Swan River in Perth en zag Aboriginals de vruchten eten van een Australische broodboom, *Macrozamia riedlii*. Onkundig at hij wat verse zaden en overleefde ternauwernood een blauwzuur vergiftiging. Immers Aborigines verwarmden de zaden alvorens men deze verorberden, zodat het giftige blauwzuur afgebroken werd.

Iets ten noorden hiervan was in 1656 het schip "De Vergulden Draeck" en in 1629 de driemaster "Batavia" op het Nigaloo Reef op de klippen gelopen.

Deze eerste Australische plantenbeschrijving door een Nederlander en de vele historische Hollandse exploraties, wekte mijn bijzondere belangstelling om 'down under' te gaan in Australië. Naast familiebezoek, waren er nog een aantal redenen: de recente ontdekking (1994) van een uitgestorven beschouwde den, *Wollemia nobilis*, in de Blue Mountains en het grote aantal endemische planten. Australië wordt het land van de honing genoemd. Natuurlijk is dat te herleiden tot enorme aantallen van de myrtfamilie, zoals gombomen *(Eucalyptus)* en papierbastbomen *(Meulaleuca)*. De bloemen van deze soorten bevatten zo veel nectar, dat het er letterlijk uit druipt. In het noorden, de

The Far Southland of Terra Australis was discovered by the Amsterdam-native Willem Janszoon in February 1606. Later in 1642, Abel Tasman sailed to the South of Australia in search of possible new merchandise. However, this was not found and for the Netherlands, Australia appeared to be a continent of little interest. Later too, expeditions were undertaken particularly with a view to mapping the coast. In 1697, the first plant description was recorded in the ship's log. The Vlieland shipper Willem de Vlamingh was the first man to reach the Swan River in Perth and saw Aboriginals eating the fruits of an Australian breadfruit tree, Macrozamia riedlii. Ignorantly he tried a few fresh seeds and narrowly escaped prussic acid poisoning. It turned out that Aboriginals warmed the seeds up before consuming them, allowing the poisonous prussic acid to be broken down.

Somewhat to the north, in 1656 the ship "De Vergulden Draeck" and in 1629 the three-master "Batavia" went on the rocks on the Nigaloo Reef.

This first Australian plant description made by a Dutchman and the many historic Dutch explorations aroused my special interest in going 'down under' in Australia. In addition to family visits, I had a number of other motives; the recent discovery (1994) in the Blue Mountains of a fir tree, the Wollemia nobilis, that had been thought to be extinct, and the considerable number of endemic plants. Australia is called the land of honey. This is naturally due to the large number of specimens of the Myrtle family such as gum trees (Eucalyptus) and paperbark trees (Meulaleuca). The flowers of these sorts contain so much nectar that it literally drips out of them.

Kimberley, groeien Australische vuurbomen *(Brachychiton)* met hun flesvormige stammen en de indrukwekkende Australische baobab *(Adansonia gregorii)* met reusachtige vanillekleurige en 's avonds geurende bloemen. In de avond volgt het indrukwekkende schouwspel van vliegende kalongs of vruchtenetende vliegende honden. In grote aantallen drinken ze nectar uit de bloemen en zorgen daarmee ook voor de bestuiving. Het schouwspel is bijna net zo indrukwekkend, als de vele kaketoes en papegaaien die overdag actief zijn.

'Down under' betekende voor mij ook letterlijk een onderdompeling in een bad vol met evolutionaire geschiedenis. In Shark Bay ligt Hamilin Pool, een Wereld Erfgoed gebied, waar exclusief stromatolieten leven. Stromatolieten behoren tot een van de oudste organismen op aarde, een soort levende rotsen op basis van een samenleving tussen bacteriën en wieren. Ze produceren als afval zuurstof en hebben destijds de samenstelling van onze aardse atmosfeer bepaald. Elders in de wereld is dit oer-organisme uitgestorven. In een getijde gebied van een paar decimeter in een warm tropisch badje overleeft deze soort thans bijna drie miljard jaar. Dat maakt een diepe indruk en je voelt letterlijk hoe kwetsbaar de aarde is en hoe belangrijk onze menselijke rol is om deze prachtige wereld te behouden.

Australië is voor mij ook het land met grote contrasten. In het noorden uitgestrekte tropische en vochtige wouden met broodbomen (Cycasfamilie), unieke epifytisch levende varens en orchideeën, maar ook vochtige moerassen en meren met duizenden ganzen, pelikanen en andere watervogels. Dan het droge binnenland met fascinerende rotsformaties en uitgestrekte woestijnen met rode, oranjerode, gele of witte bodems. Op enkele plaatsen wordt het landschap doorbroken door een riviertje of een billabong of dode rivier arm, welke omgeven wordt door lommerrijke papierbastbomen en schroefpalmen. Hier leven de bijen en vloeit de rijke nectar, maar staan ook de plaatvormige bouwsels of hoge rotstorens van termieten. De plaatvormige bouwsels zijn altijd noord-zuid georiënteerd, zodat we nimmer onze weg in de uitgestrekte gebieden kunnen verliezen. Geleidelijk verlaten we daarna de tropen en bereiken boven Perth de overgang van de steenbokkeerkring, waarna een enorme uitbundige bloei van struikjes de eerste stappen in de subtropen markeren. Zelden heb ik een dergelijke verscheidenheid aan soorten en een rijkdom aan kleuren en vormen gezien. Dit maakt mijn bezoek aan West Australië tot een bijzondere natuur ervaring en voor mij een botanisch hoogtepunt in mijn leven.

Bob Ursem Wetenschappelijk directeur Botanische Tuin TU Delft – Afdeling Biotechnologie

In the north, the Kimberley, Australian flame trees (Brachychiton) with their bottle-formed trunks are found as well as the impressive Australian baobab (Adansonia gregorii) with its giant vanilla-coloured evening-scented flowers. In the evening, an impressive show is put on by flying kalongs and fruit-eating flying dogs. In large numbers, they drink nectar from the flowers, thereby contributing to pollination. The show is almost as impressive as the many cockatoos and parrots active in the daytime.

For me, 'down under' also means being literally saturated in evolutionary history. Shark Bay is home to Hamilin Pool, a World Heritage area where exclusive stromatolites live. Stromatolites are among the oldest organisms on earth, a sort of living rocks based on a symbiosis between bacteria and algae. They produce oxygen as a waste product and in the past, determined the atmosphere of our earth. Elsewhere in the world, this primal organism is extinct. In a tidal area of a couple of decimetres, in a warm tropical bath, this sort has survived for almost three billion years. This makes a deep impression and you literally feel how vulnerable the earth is and how important our human role is in conserving this splendid world.

For me, Australia is also a country of immense contrasts. In the north, there are vast tropical and humid woods with breadfruit trees (Cycas family), unique epiphytic living ferns and orchids, but also damp swamps and lakes which are home to thousands of geese, pelicans and other water-birds. And then there's the outback, with its fascinating rock formations and extensive deserts with red, orange-red, yellow or white soils. At some places, the landscape is interrupted by a river or a billabong or the blind arm of a river surrounded by leafy paperbark trees and screw-pines. Here, the bees live and the rich nectar flows, but there are also sheet-formed structures or skyscraper termite rock towers. The sheet-formed structures are always north-south oriented so you can never lose your way in the vast expanses.

Gradually leaving the tropics, to the north of Perth, you arrive at the transitional area of the Tropic of Capricorn, after which an abundance of blooming bushes marks your first steps in the sub-tropics. I have seldom seen such a great diversity of sorts and wealth of colours and shapes as here. This made my visit to Western Australia a special nature experience and a botanical highlight in my life.

Bob Ursem *Scientific director of the Botanic Gardens TU Delft Department of Bioengineering*

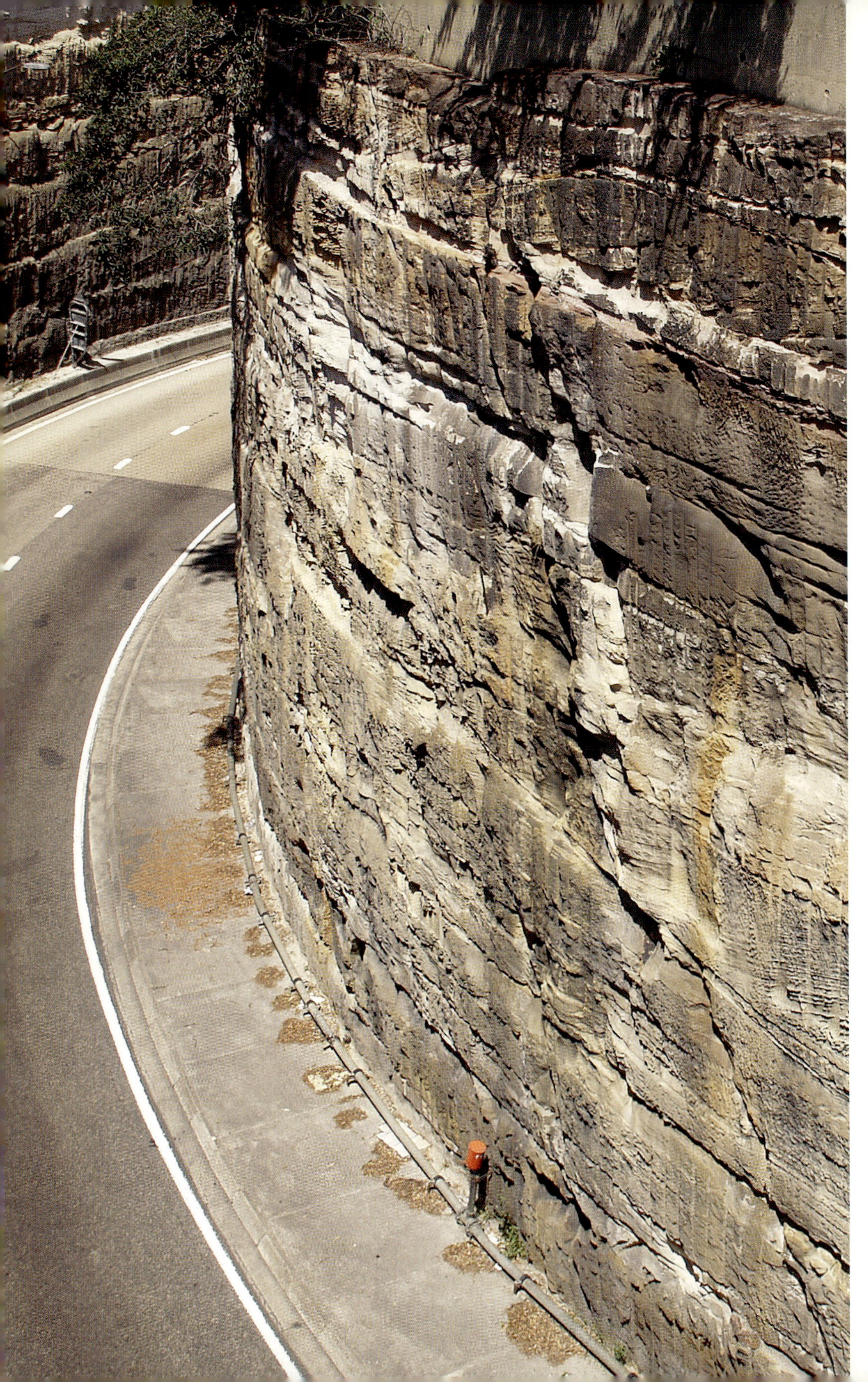

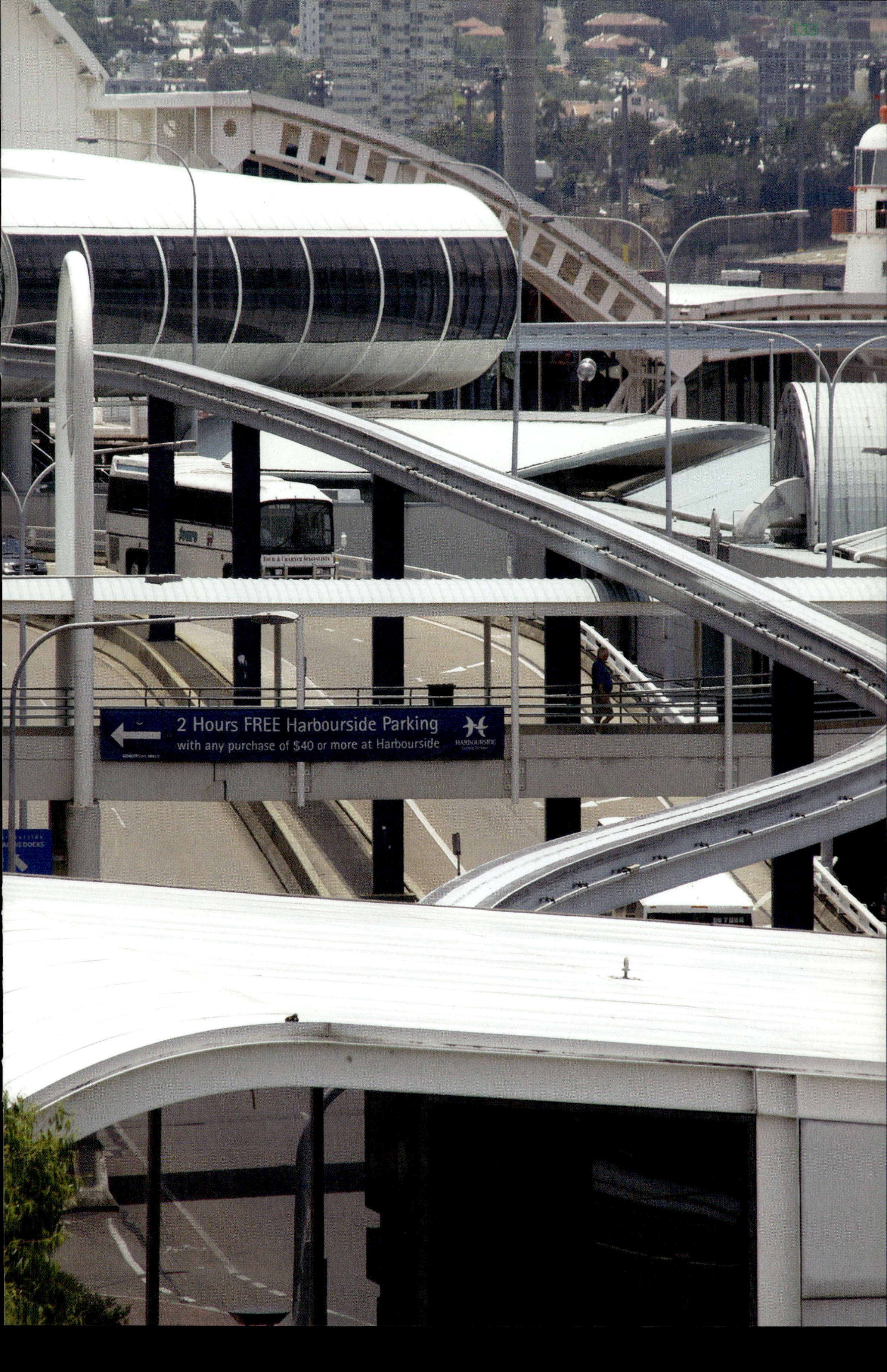
2 Hours FREE Harbourside Parking
with any purchase of $40 or more at Harbourside
HARBOURSIDE

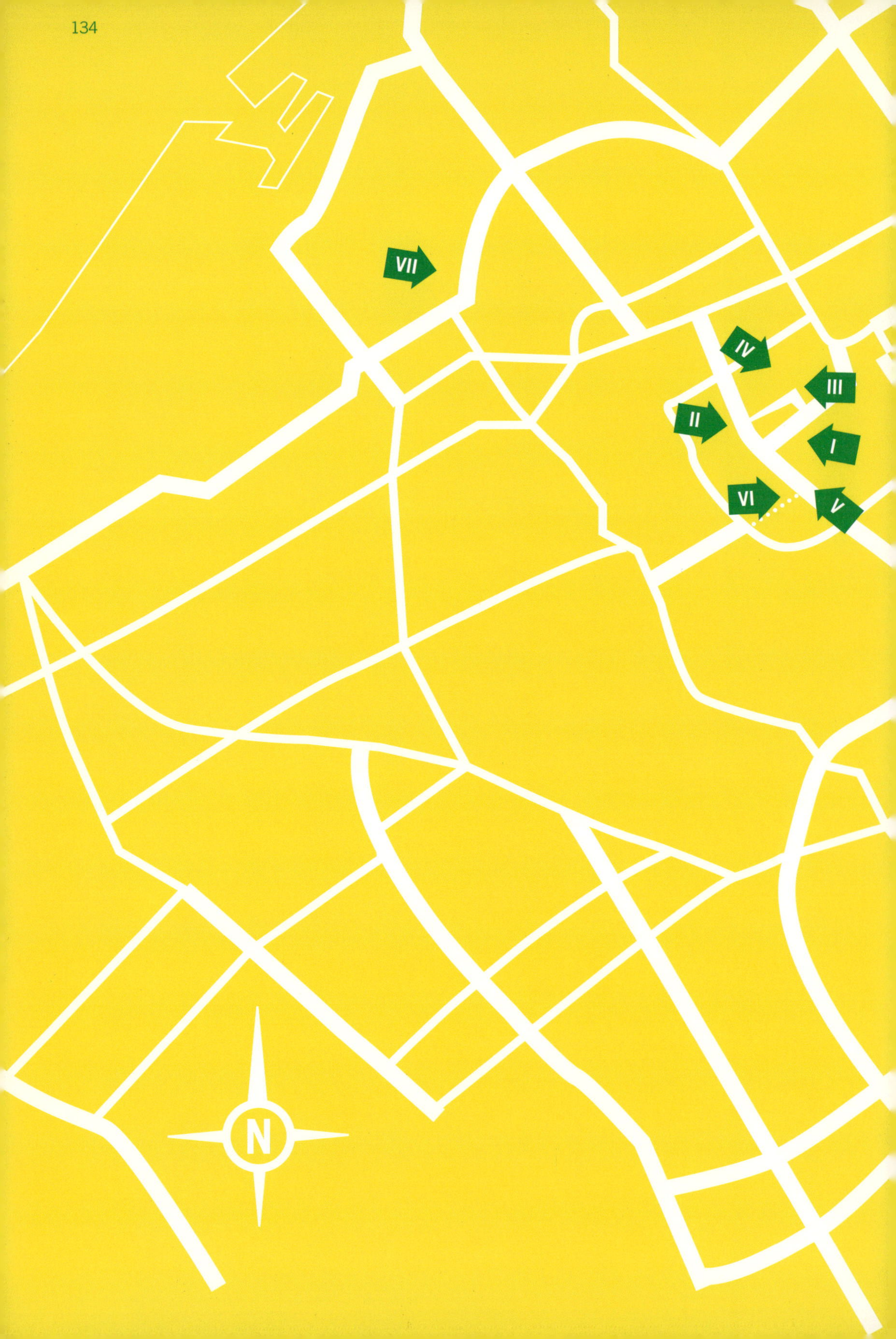

VII
IV
III
II
I
VI
V
N

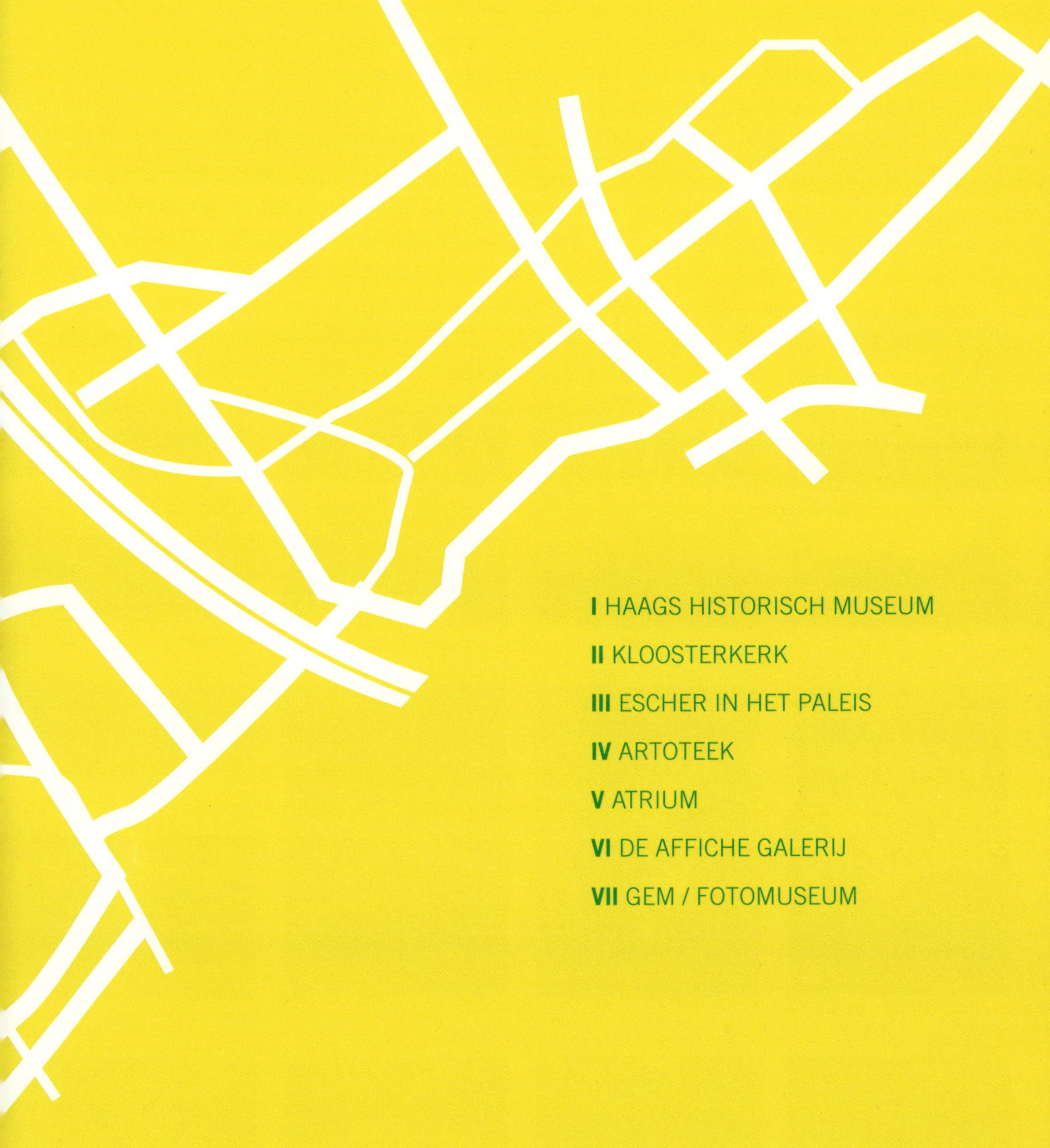

I HAAGS HISTORISCH MUSEUM
II KLOOSTERKERK
III ESCHER IN HET PALEIS
IV ARTOTEEK
V ATRIUM
VI DE AFFICHE GALERIJ
VII GEM / FOTOMUSEUM
DEN HAAG SCULPTUUR
TE GAST BIJ ... / AS GUEST OF ...

DE AFFICHE GALERIJ

Tramtunnel | halte Spui

Voor Den Haag Sculptuur heeft Ontwerpwerk, ontwerpers van de campagne van dit jaar en de afgelopen jaren, een serie affiches gemaakt met als thema DE OVERKANT / DOWN UNDER. Deze affichereeks is te zien in De Affiche Galerij in de Haagse tramtunnel.

Ontwerpwerk, designers of the recent campaign and earlier campaigns, has designed a series of posters on the theme DE OVERKANT / DOWN UNDER for The Hague Sculpture. These posters are displayed in the postergallery at De Tramtunnel.

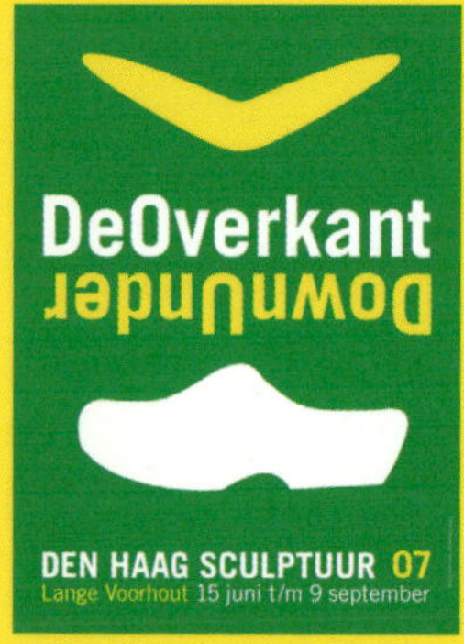

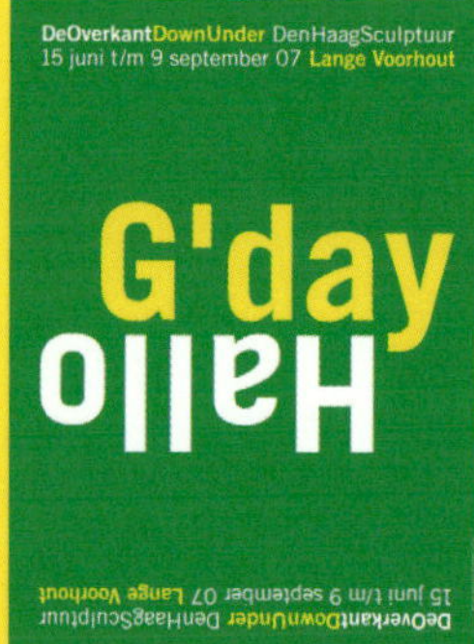

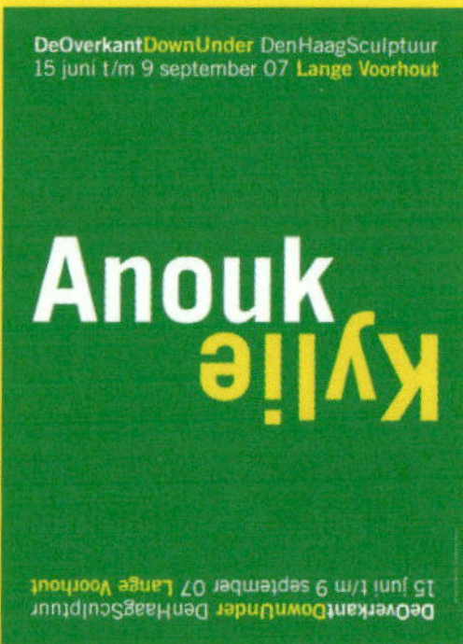

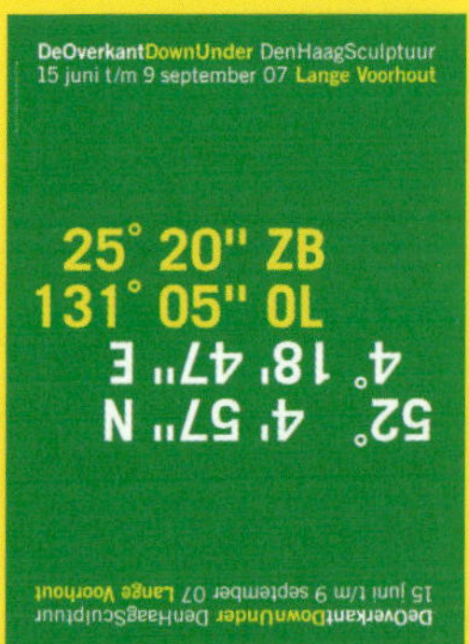

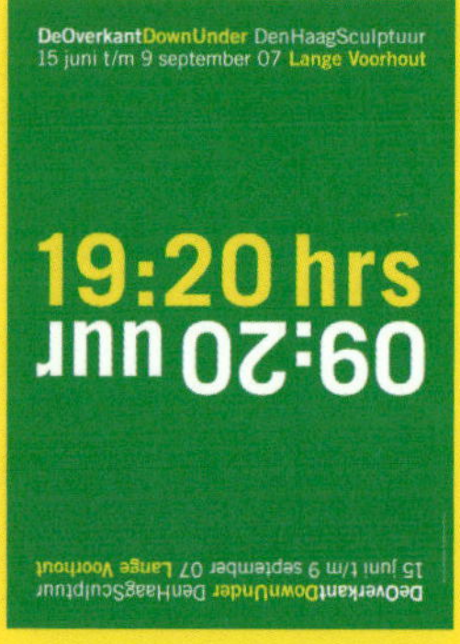

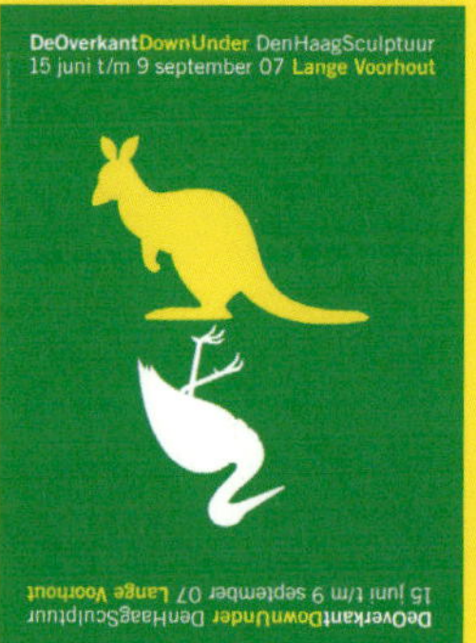

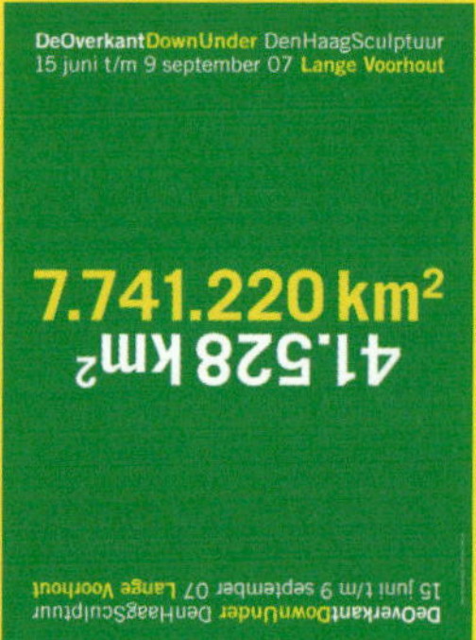

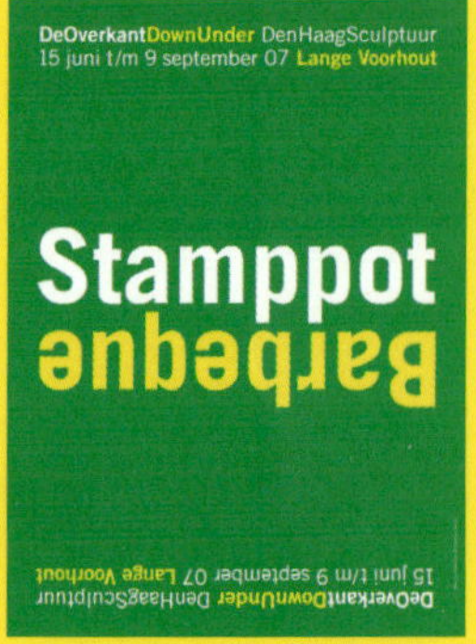

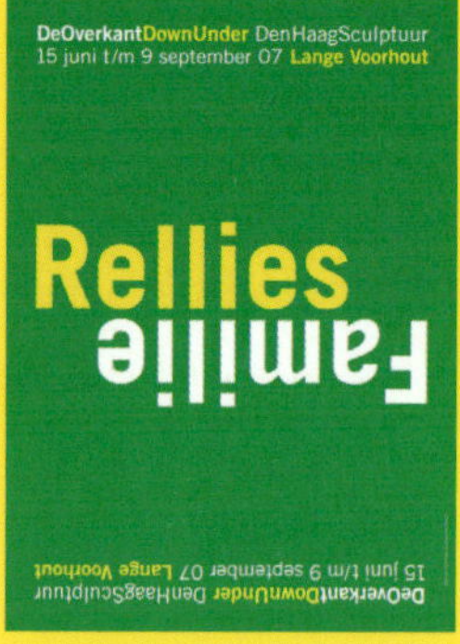

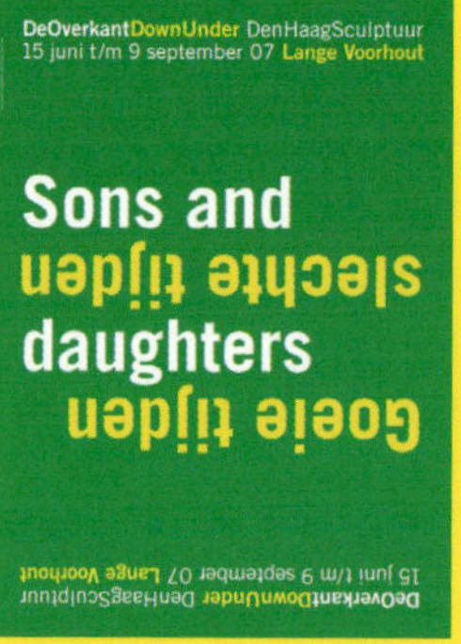

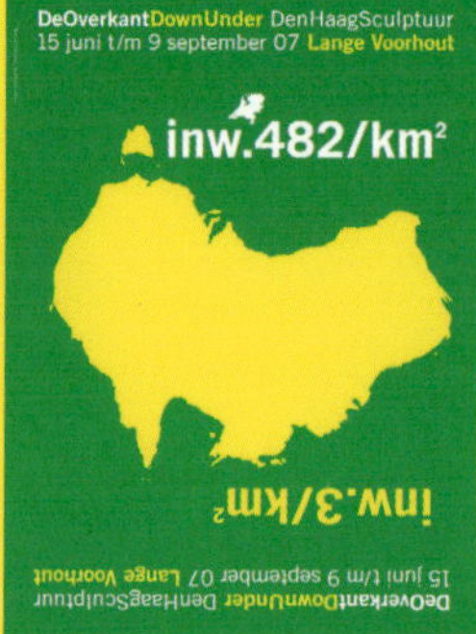

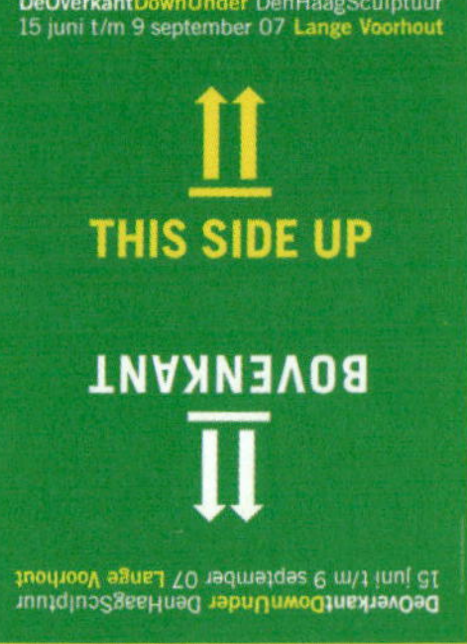

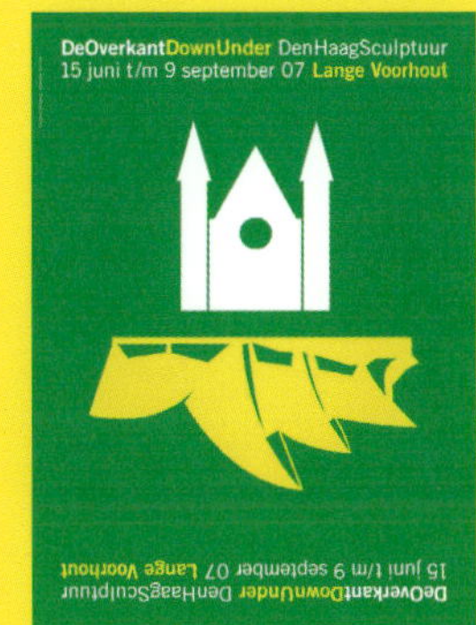
DeOverkantDownUnder DenHaagSculptuur
15 juni t/m 9 september 07 Lange Voorhout

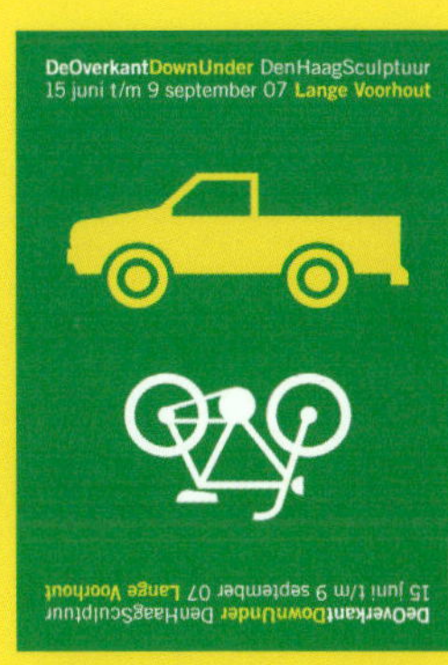
DeOverkantDownUnder DenHaagSculptuur
15 juni t/m 9 september 07 Lange Voorhout

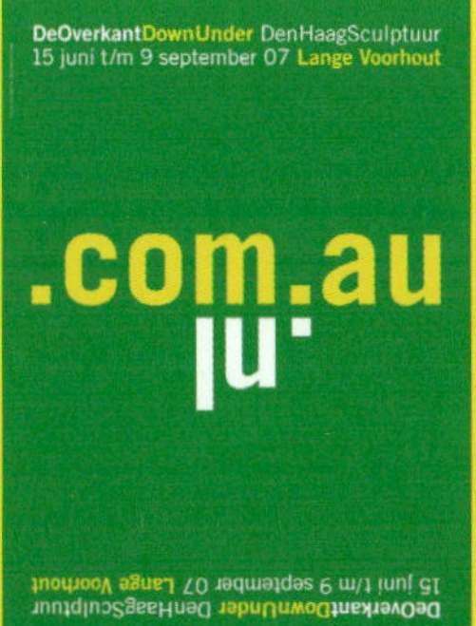
DeOverkantDownUnder DenHaagSculptuur
15 juni t/m 9 september 07 Lange Voorhout
.com.au
.nl

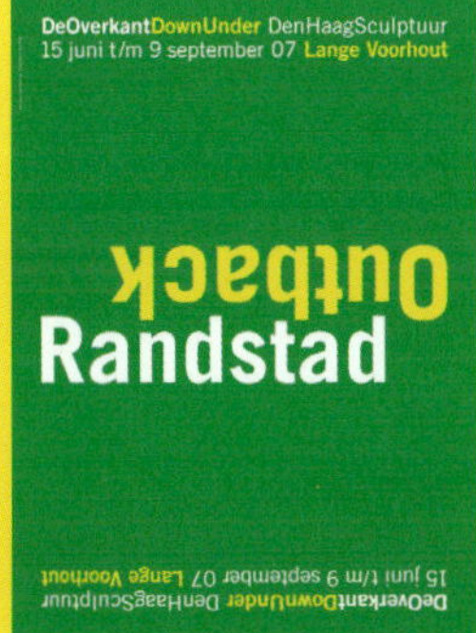
DeOverkantDownUnder DenHaagSculptuur
15 juni t/m 9 september 07 Lange Voorhout
Outback
Randstad

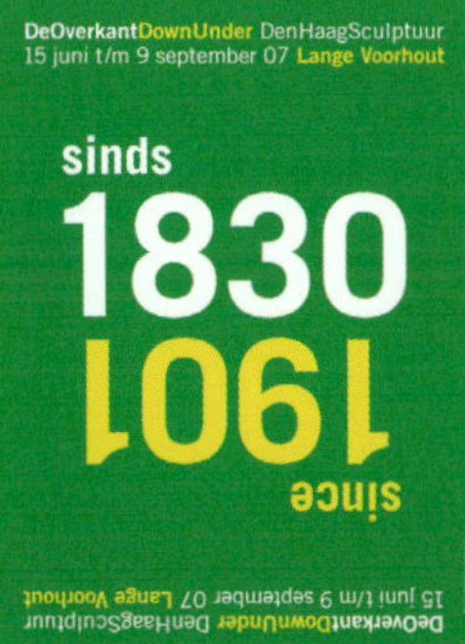
DeOverkantDownUnder DenHaagSculptuur
15 juni t/m 9 september 07 Lange Voorhout
sinds
1830
1901
since

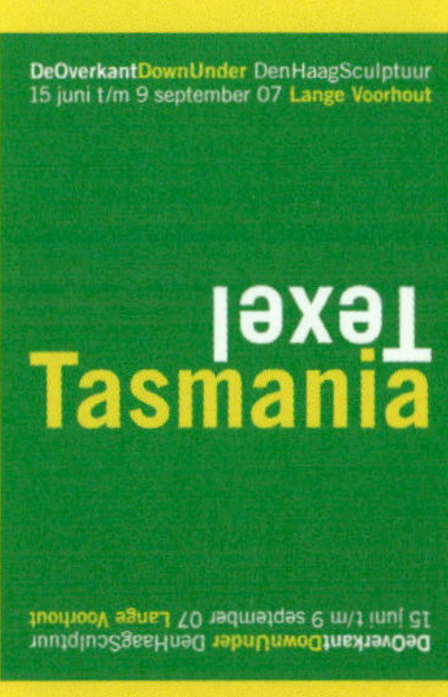
DeOverkantDownUnder DenHaagSculptuur
15 juni t/m 9 september 07 Lange Voorhout
Texel
Tasmania

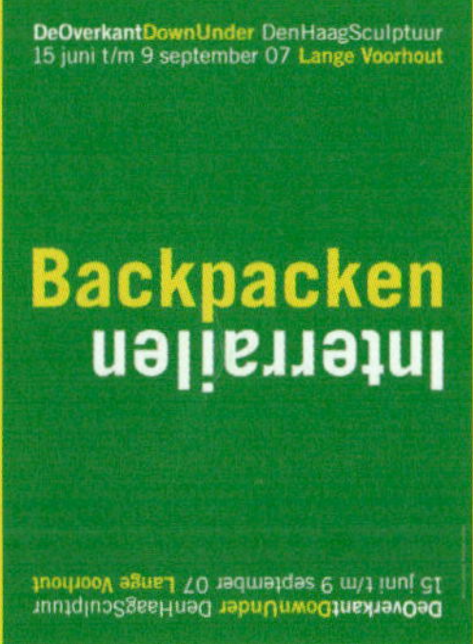
DeOverkantDownUnder DenHaagSculptuur
15 juni t/m 9 september 07 Lange Voorhout
Backpacken
Interrailen

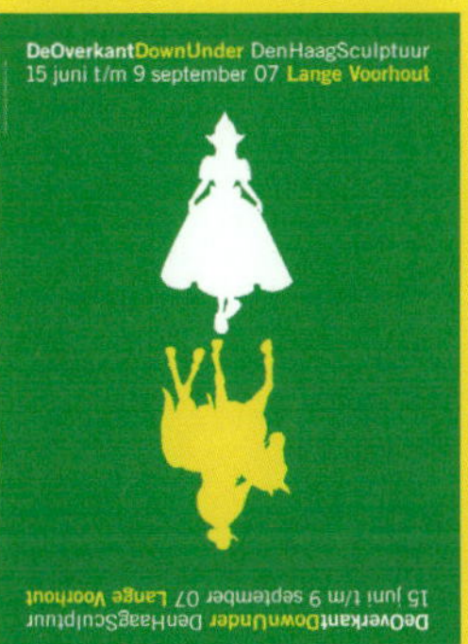
DeOverkantDownUnder DenHaagSculptuur
15 juni t/m 9 september 07 Lange Voorhout

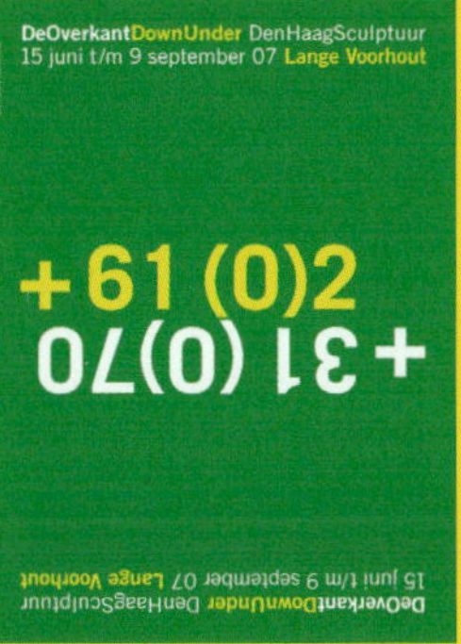
DeOverkantDownUnder DenHaagSculptuur
15 juni t/m 9 september 07 Lange Voorhout
+61 (0)2
+31 (0)70

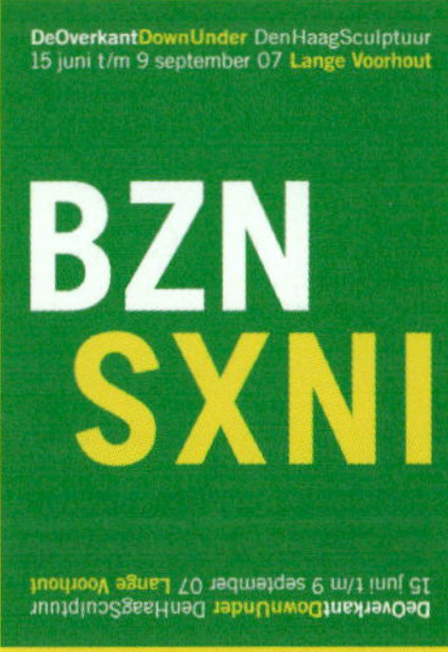
DeOverkantDownUnder DenHaagSculptuur
15 juni t/m 9 september 07 Lange Voorhout
BZN
INXS

DeOverkantDownUnder DenHaagSculptuur
15 juni t/m 9 september 07 Lange Voorhout

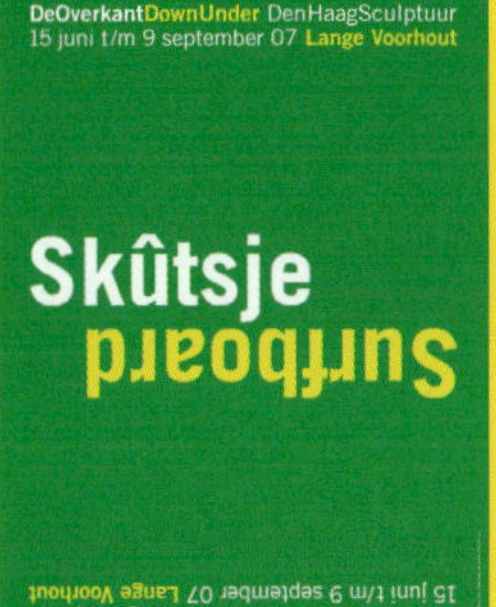
DeOverkantDownUnder DenHaagSculptuur
15 juni t/m 9 september 07 Lange Voorhout
Skûtsje
Surfboard

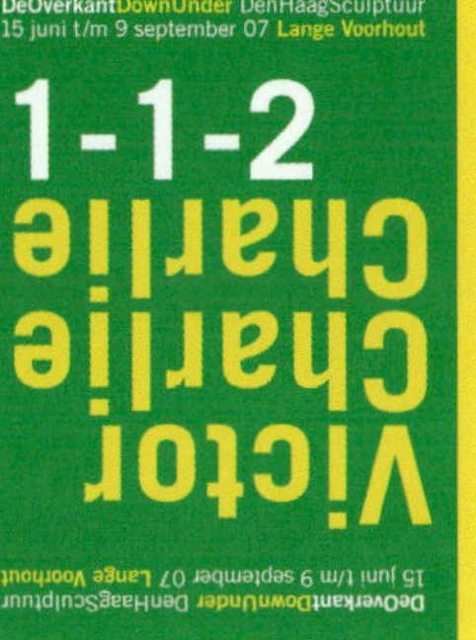
DeOverkantDownUnder DenHaagSculptuur
15 juni t/m 9 september 07 Lange Voorhout
1-1-2
Charlie
Charlie
Victor

DeOverkantDownUnder DenHaagSculptuur
15 juni t/m 9 september 07 Lange Voorhout

ARTOTEEK LOUISE WEAVER

Australia 1966

Denneweg 14 A | 2514 CG | Den Haag | www.artoteekdenhaag.nl

Louise Weaver (1966) is van huis uit een schilder die door het beschilderen van objecten en het toepassen van naaiwerk in haar tekeningen, allengs overstapte naar de beeldhouwkunst. Haar objecten zijn zowel verleidelijk als vervreemdend: natuurlijke vormen en dieren die stuk voor stuk bekleed worden met een huid van gehaakte stof. Anders dan de pseudo-objecten van Mikala Dwyer zijn de meeste sculpturen van Louise Weaver direct herkenbaar: een kangoeroe, wasbeer of een boom. Toch hebben ze door hun gehaakte huid iets eigenaardigs en worden ze gelijkgeschakeld met haar andere, niet direct thuis te brengen objecten zoals stenen of geometrische vormen, die ook zorgvuldig in haakwerk worden verpakt. Door deze textiele camouflage treedt er een zekere neutraliteit op, want ontdaan van betekenis in hun natuurlijke vorm geven de dieren en natuurvormen met als het ware een ontwapenend haakwerkuniformpje aan, ons de ruimte om er als toeschouwer onze ideeën of verlangens lustig op te projecteren.

De sterktste sensatie die het oproept is een gevoel van overgang en aanpassing: het overal aanwezige haakwerk suggereert dat de objecten en dieren zich hebben aangepast aan omstandigheden of invloeden van buitenaf om vervolgens zo als hybride wezens te kunnen voortleven. In dat licht krijgen Louise Weaver's objecten en installaties een actuele en bijna politieke boodschap. Haar werk onttrekt zich echter aan zo'n eenduidige en vrij letterlijke

Louise Weaver (1966) was originally a painter who through painting objects and applying needlework in her drawings gradually switched to sculpture. Her objects are both seductive and alienating; natural forms and animals, each covered with a skin of crocheted material. Other than the pseudo objects of Mikala Dwyer, most of Louise Weaver's sculptures are immediately recognizable; a kangaroo, a raccoon or a tree. Due to their crocheted skin, they are nevertheless somewhat odd and regarded in the same way as her other objects which cannot be immediately placed, such as stones or geometric forms, also carefully packaged in crocheting. The textile camouflage gives rise to a sense of neutrality, as stripped of their meaning in their natural form and wearing as it were a disarming crocheted uniform, the animals and elements of nature give us as spectators the space to wildly project our ideas or desires onto them.

The strongest sensation evoked is a feeling of transition and adaptation; the ubiquitous crocheting suggests that the objects and animals have adapted to their circumstances or outside influences in order to live on in this way as hybrid creatures. In this light, Louise Weaver's objects and installations acquire a topical and almost political message. However, her work manages to avoid being subjected to such a univocal and fairly literal

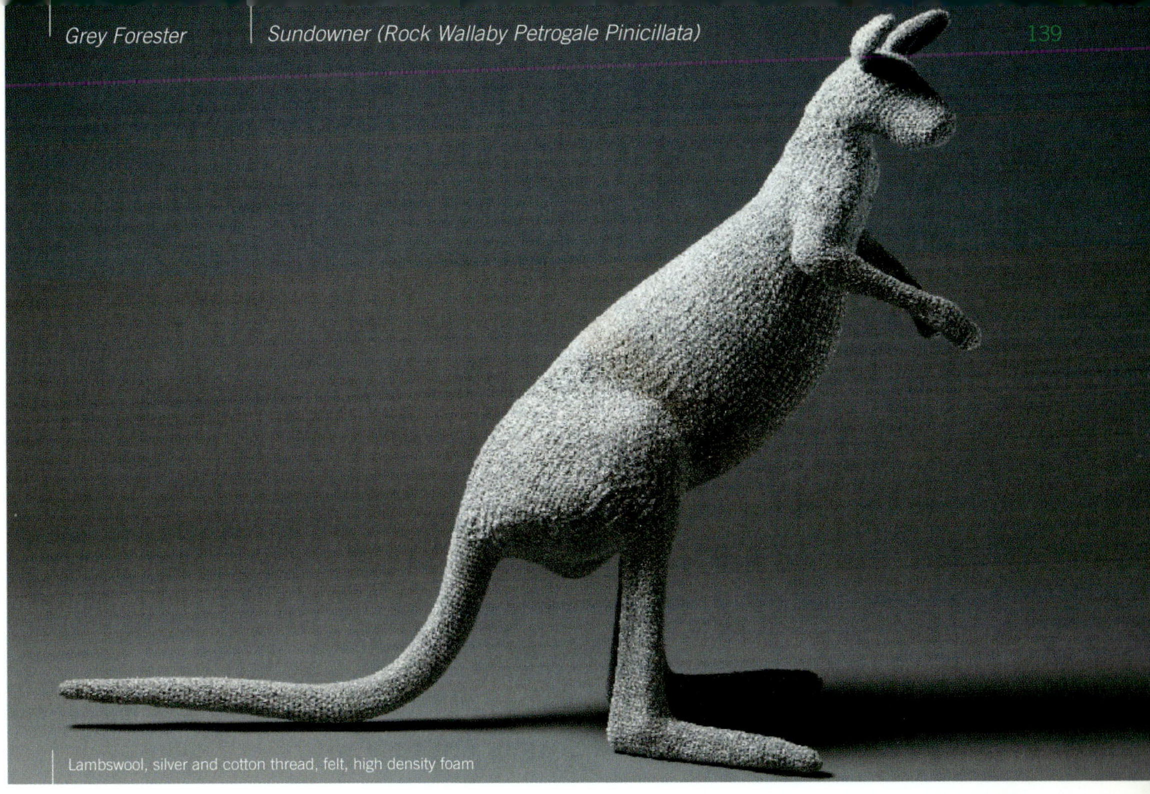

Lambswool, silver and cotton thread, felt, high density foam

interpretatie. Vaak zijn de dieren niet alleen omhuld in haak-werk, maar is daarop ook nog een versiering aangebracht van Swarovski kristallen, of heeft het dier een haute couture shawl om. Hier wordt je je bewust van een andere belangrijke lading in het werk. De mens is steeds afwezig omdat die te directe en letterlijke associaties met zich meebrengt. De dieren fungeren indirect als een spiegel voor de mens waarop allerlei menselijke eigenschappen en interpretaties kunnen worden losgelaten.

Ook in de titels wordt die dimensie van het werk zichtbaar: *Taking a chance on love* en *Moonlight becomes You*, associeer je eerder met een menselijk romantisch drama dan met het ensemble van dieren en voorwerpen dat zich op het eerste gezicht in de installaties aandient.

In de tentoonstelling zijn twee typisch Australische dieren opgenomen: *Grey Forester* (2005) een kangoeroe overdekt met handgehaakte grijze lamswol, die cliché Skippy-vertedering oproept en *Sundowner* (2007) met de semi wetenschappelijke subtitel *Rock Wallaby Petrogale Penicillata*. Deze wallaby gaat gekleed in een felrode gehaakte stof met om het middel blauwe gele en groene banden, die wel iets weg hebben van de kleurstelling van de regenboogtrui bij het wielrennen. Ook hier ligt de menselijke interpretatie weer direct op de loer. MvdL

Courtesy of the artist & Darren Knight Gallery, Sydney

interpretation. The animals are frequently not only covered in crocheting, but also decorated with Swarovski crystals, or are wearing an haute couture scarf. This makes you aware of another important emotional charge in her work. Humans are continuously absent because the associations they carry with them are too direct and literal. Animals function indirectly as mirrors for us people, and are frequently on the receiving end of projections of various human characteristics and interpretations.

This dimension of the work is also visible in the titles: Taking a chance on love *and* Moonlight becomes You, *are more likely to be associated with human romantic drama than with the company of animals and objects seen at first sight in the installations.*

The exhibition includes two typical Australian animals; Grey Forester (2005), a kangaroo covered with hand-crocheted grey lamb's wool which evokes clichéd Skippy endearment and Sundowner (2007), with the semi-scientific subtitle Rock Wallaby Petrogale Penicillata. *This wallaby is dressed in a bright red crocheted material with blue, yellow and green bands around his waist, somewhat reminiscent of the colour-combination of rainbow sweaters worn by cyclists. Here too, there is an immediate temptation to apply a human interpretation. MvdL*

KLOOSTERKERK   NOEL MCKENNA
Australia 1956

Lange Voorhout 4 | 2514 ED | Den Haag | www.kloosterkerk.nl

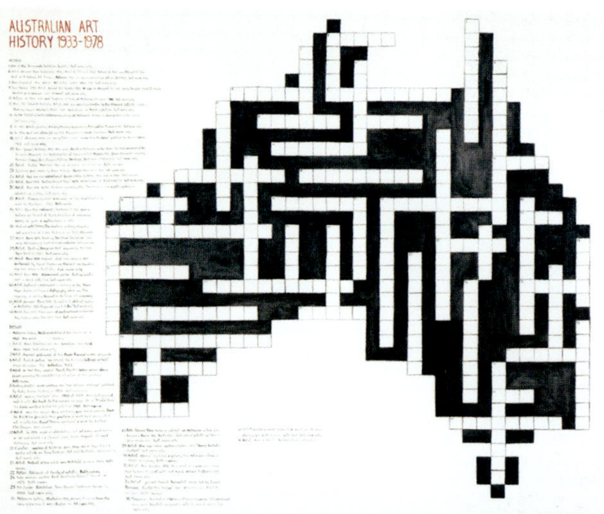

Noel McKenna (1956) tekent en schildert het dagelijkse leven van Australië. Het zijn simpele, soms bijna onooglijke onderwerpen als een buurtwinkel, een opstapplaats voor een veerboot of een portret van een kat of parkiet. Ondanks de vertrouwdheid van de onderwerpen hebben de voorstellingen steeds iets vreemds of ongemakkelijks. Een straat is akelig verlaten, de kat ziet er wel erg verfomfaaid uit en de mensen op het perron staan er als houten klazen wat verloren bij. Alles is heel eenvoudig, op het naïeve af weergegeven, bijna als een kindertekening: ontwapenend maar tegelijk overrompelend in zijn eenvoud, waardoor je een nieuwe blik krijgt op iets dat tot dan toe zo vertrouwd was dat je er nauwelijks aandacht aan schonk.

Vaak is er ook een mild bijtende humor in het werk aanwezig. Een mooie ommuurde villa blijkt volgens het bord dat ervoor staat ter veiling te worden aangeboden, kennelijk wegens financiële problemen van de huidige eigenaar. Een bootje heeft de naam 'Serial Killer', wat de kunstenaar als volgt toelicht: "You would not be able to name your racehorse, Serial Killer, but it seems you can use this name for your boat."[1] Maar wat toch vooral overheerst is de aandoenlijke eenvoud van de voorstellingen waarin het alledaagse een nieuwe glans krijgt.

In de serie *Maps of Australia* bekijkt McKenna de landkaart van Australië op dezelfde ontwapenende manier. In de topografie dienen kaarten in de regel om bodemgesteldheid, bevolkings-

Noel McKenna (1956) draws and paints daily life in Australia. He chooses simple, sometimes even unappealing subjects such as a corner shop, a pick-up point for a ferry or a portrait of a cat or budgerigar. In spite of the familiarity of his subjects, the depictions always have an element of oddness or uneasiness. A deserted street, a bedraggled cat, or people on a platform looking utterly forlorn in their rigidity. His work is all very simply, almost naively depicted, like a child's drawing disarming and simultaneously surprising in its straightforwardness, giving you a fresh view of something that until then was so familiar that you hardly paid it any attention.

His work often has a mild, stinging humour. A beautiful walled villa is shown with a sign offering it for sale by auction, obviously due to the financial problems of the current owner. A boat has the name 'Serial Killer', which the artist explains as follows: "You would not be able to name your racehorse, Serial Killer, but it seems you can use this name for your boat."[1] But what prevails more than anything is the endearing simplicity of the depictions in which everyday life is given a new lustre.

In the series Maps of Australia *McKenna examines the map of Australia in the same disarming manner. In topography, in general, maps indicate soil composition, population density or climate. McKenna approaches the map very differently, appropriating*

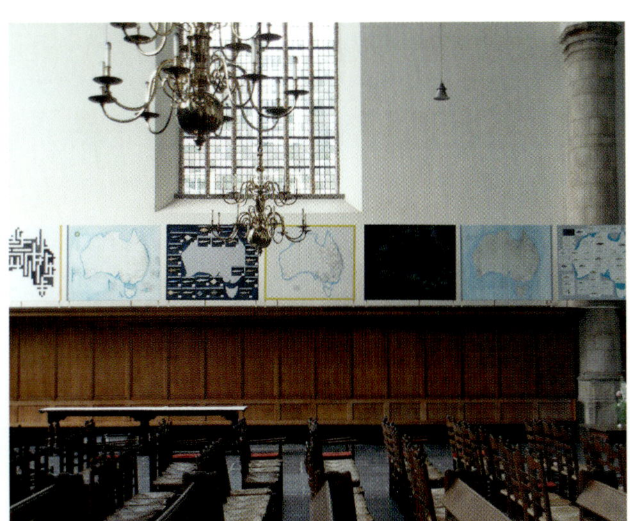

Maps of Australia:
Courtesy of Private collection, Melbourne,
Collection James & Jacqui Erskine,
the artist & Darren Knight Gallery, Sydney
Collection John Morrissey, Sydney
Museum of Contemporary Art, Sydney.

dichtheid of klimaat aan te geven. McKenna benadert de kaart totaal anders; met een aangenaam knullig aandoende registratie van kleine wetenswaardigheden eigent hij zich 'zijn' Australië toe. Met het liefderijke oog van een observator die de malle en vertederende eigenaardigheden van zijn familie in kaart brengt Op een van zijn eerste 'maps' geeft hij alle banen voor paardenraces in Australië aan. Omdat er geen bestaand overzicht was stuurde hij naar alle postkantoren in het land brieven met de vraag of er een racebaan in de buurt was. Talloze, meest handgeschreven brieven kwamen terug, die ook bij de eerste expositie van het schilderij werden getoond. Op andere 'maps' is te zien waar de verschillende soorten zoetwater- of zeevis voorkomen (handig voor hengelaars), of waar alle vuurtorens van het land staan. Een andere kaart verandert hij in een kruiswoordpuzzel waarop de belangrijkste kunstenaars uit Australië moeten worden ingevuld; de canon teruggebracht tot een huiselijk tijdverdrijf om de verveling te bestrijden.

Met zijn Maps of Australia geeft Noel McKenna op de voor hem kenmerkende ontwapenende manier het dagelijkse leven van de gewone Australiër weer. Het is veelzeggend dat hij daarvoor de landkaart kiest die al zo vaak in de geschiedenis is misbruikt voor het etaleren van megalomane ideeën en dubieuze plannen. *MvdL*

[1] catalogus Darren Knight Gallery. Noel Mckenna p. 9, 2006

Maps of Australia courtesy of: the artist and Darren Knight Gallery, Sydney

*Australia with a pleasantly gawky-seeming registra-
tion of minor tit-bits of information, mapping the
silly and endearing characteristics of his family
through the loving eye of the observer.
On one of his first 'maps', he indicates all horse
race tracks in Australia. As there was no existing
overview, he sent letters to all post offices of the
country asking them whether there was a race
track in the area. Countless letters were returned,
mostly written by hand, which were displayed at the
first exposition of the painting. Other 'maps' show
the occurrence of different sorts of freshwater or
saltwater fish (useful information for anglers), or the
locations of all the country's lighthouses. A further
map has been changed into a crossword puzzle in
which the most important artists of Australia are
to be filled in; the standard facts and norms in art
reduced to a domestic pastime designed to combat
boredom.*

*Noel McKenna's Maps of Australia depicts the daily
life of ordinary Australians in his characteristically
disarming manner. It is telling that he has chosen
the map for this purpose, so often used in history
to display megalomanian ideas and suspect plans.
MvdL*

[1] *catalogue Darren Knight Gallery. Noel Mckenna
p. 9, 2006*

GEM / FOTOMUSEUM BILL HENSON

Australia
1955

Stadhouderslaan 43 I 2517 HV I Den Haag I www.gem-online.nl
www.fotomuseumdenhaag.nl

Fotomuseum Den Haag, gast-locatie, laat werk zien van drie voor-aanstaande Australische kunstenaars/fotografen: Tracey Moffatt, Anne Zahalka en Bill Henson. Ook wordt er videowerk getoond van Shaun Gladwell (Tangara) en Patricia Piccinini (Swell).

Bill Henson onderzoekt de ruimtes tussen dag en nacht, natuur en beschaving, jeugd en volwassenheid, vrouw en man. Zijn foto's van het industriële niemandsland dat zich tussen de buitenwijken van de steden bevindt en zijn foto's van androgyne jongens en meisjes, die tegen adolescentie aanleunen, passen in de traditie van de romantische schilderkunst.

Tracey Moffatt, zowel fotografe als video-artist, is een van de bekendste internationale kunstenaars afkomstig uit Australië. Zij concentreert zich in haar fotoseries – die een verhalend ka-rakter hebben – op onderwerpen zoals ras (Aborigines), gender, (familie)relaties en huiselijk geweld.

Anne Zahalka's foto's getuigen van een kritisch, maar ook humo-ristische houding ten opzichte van de Australische maatschappij. In elke foto is ze op zoek naar de grens tussen schijn en realiteit. Deze interesse komt het scherpst naar voren in haar serie *Leisure-land* waarin ze de moderne (Australische) vrijetijdsindustrie in beeld brengt.

Patricia Piccinini over SWELL: " *Swell is een onderdompelende video-installatie die haar focus richt op de veranderlijke natuur van ruimte, commercie en migratie in de vorm van een visioen over een turbulente maar synthetische zee. De installatie maakt deel uit van een opeenvolgende reeks van werken met de titel 'Wilderness', die het evoluerende concept van 'natuur' in de hedendaagse technologische maatschappij laat zien.*"
(courtesy of Tolarno Galleries, Melbourne)
Meer over Patricia Piccinini op pagina 76.

The Hague Museum of Photography, guest-location, shows work by three leading Australian artists-photographers: Tracey Moffatt, Anne Zahalka and Bill Henson. Also on show are video works by three other Australian artists: Shaun Gladwell and Patricia Piccinini.

Bill Henson explores the ambiguous spaces that exist between day and night, nature and civiliza-tion, youth and adulthood, male and female. His photographs of the industrial no-man's land on the outskirts of cities and of androgynous boys and girls struggling with adolescence continue the tradition of romantic painting.

Tracey Moffatt, photographer and video-artist, is among the best-known Australian artists on the international scene. Her (narrative) photo-series focus on issues like race (Aborigines), gender, (family)relationships and domestic violence.

Anne Zahalka's photographs bear witness to a simultaneously critical and humorous attitude to Australian society. Each of them seeks to identify the dividing line between the real and the artificial. This interest comes across most clearly in her Leisureland *series, which focuses on the contempo-rary (Australian) leisure industry.*

Patricia Piccinini about SWELL: " Swell is an immersive video installation that focuses on the changing nature of space, commerce and migration through the vision of a turbulent but synthetic sea. It is part of a sequence of works I have called 'Wilderness' which examine the evolving concept of 'nature' in contemporary technological society. "
(courtesy of Tolarno Galleries, Melbourne)
More on Patricia Piccinini on page 76.

Bill Henson courtesy of: Private collection, Hans Démoed & Geert de Rooij

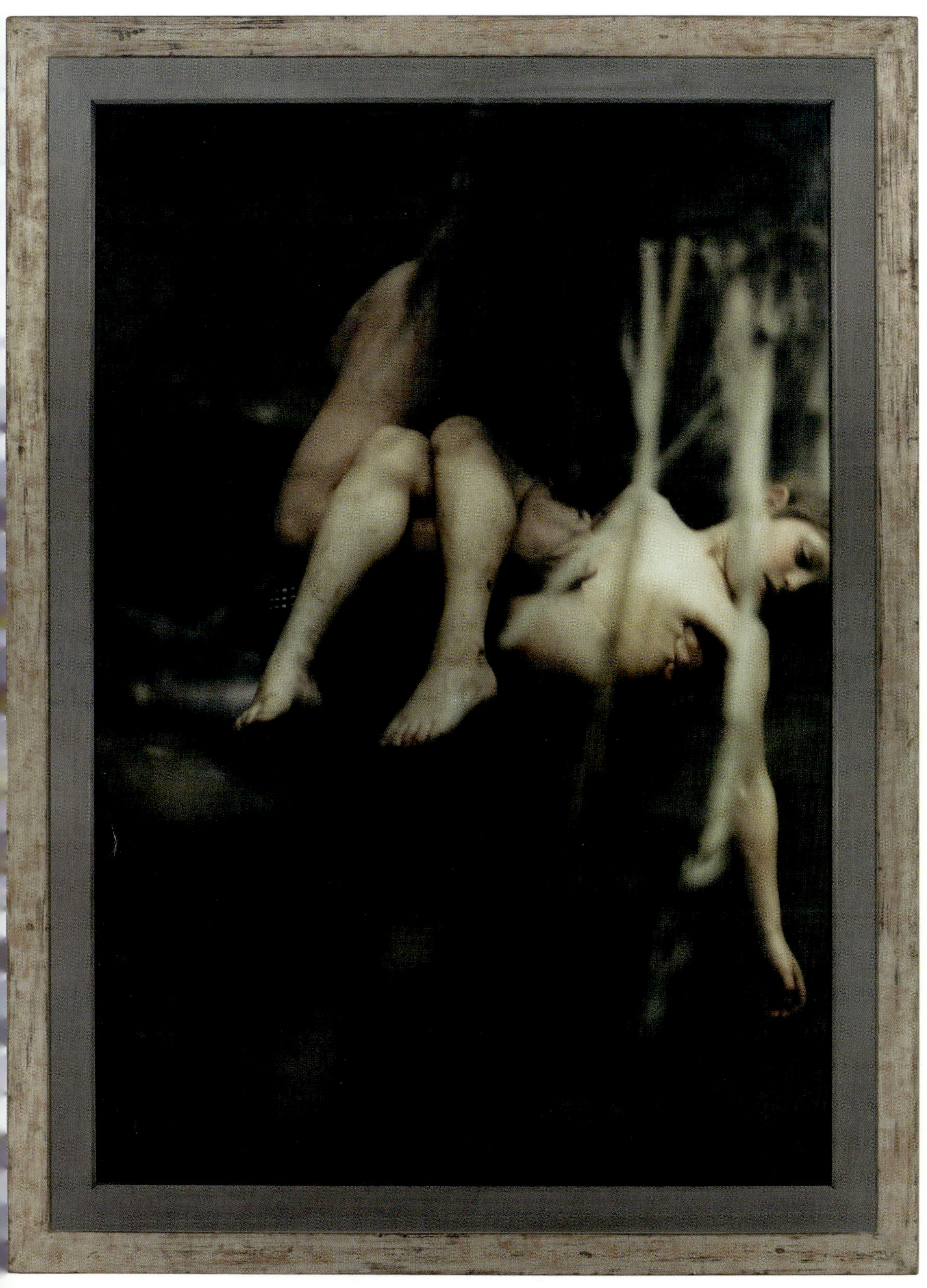

GEM / FOTOMUSEUM   TRACEY MOFFATT
Australia 1960

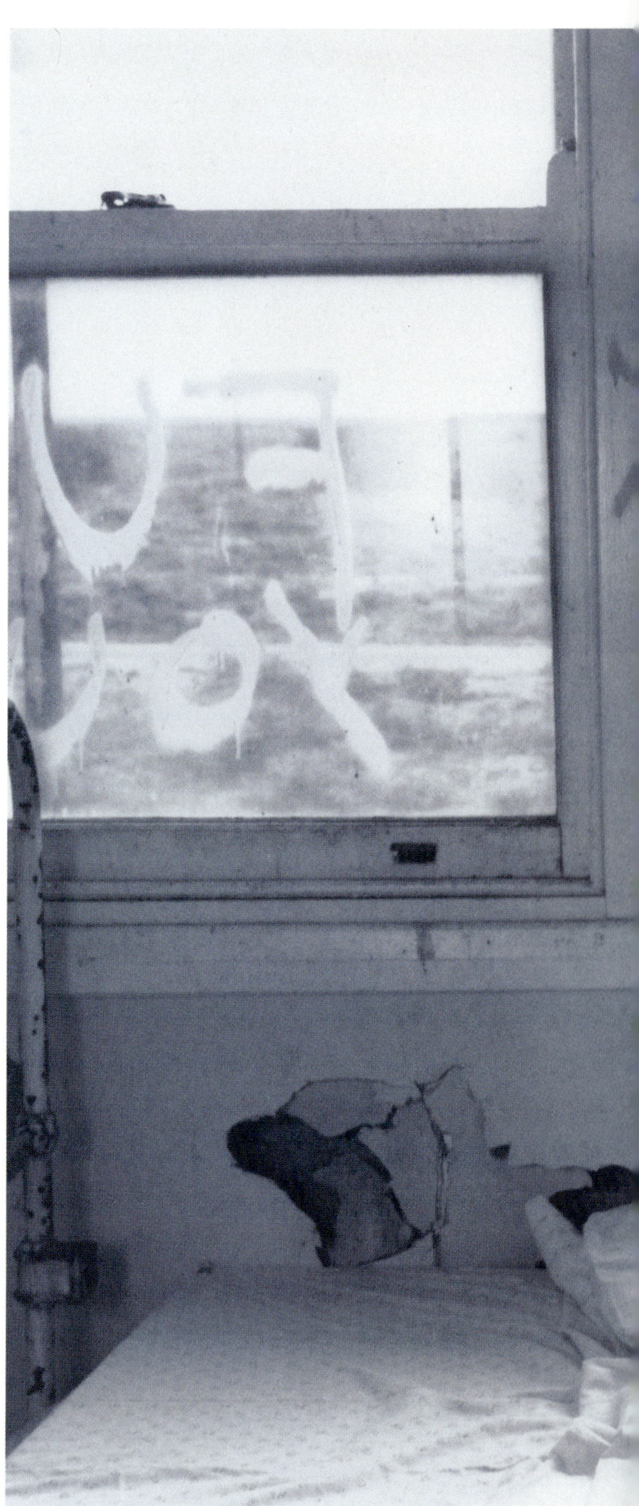

Courtesy of: the Artist and Roslyn Oxley9 Gallery, Sydney

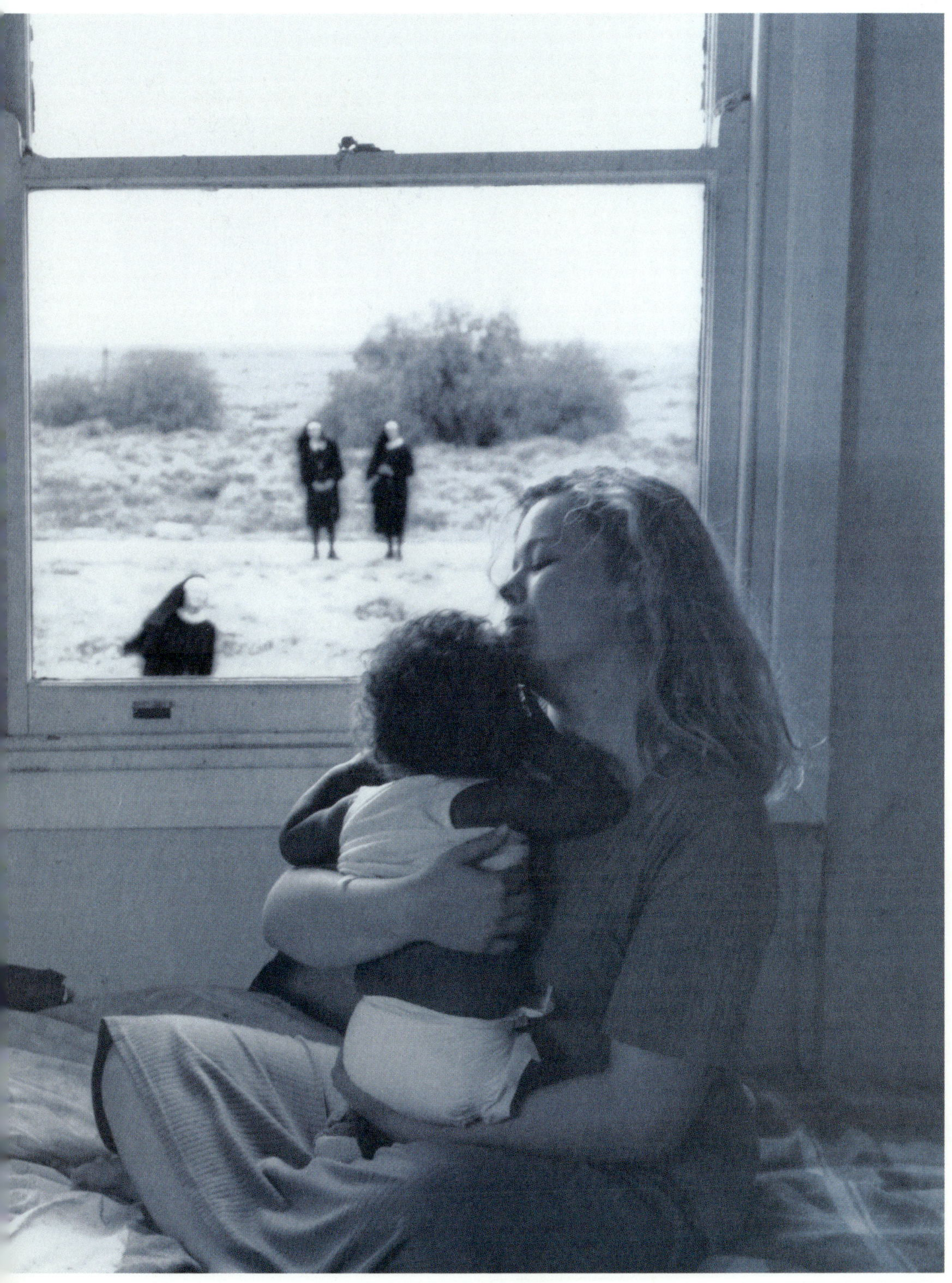

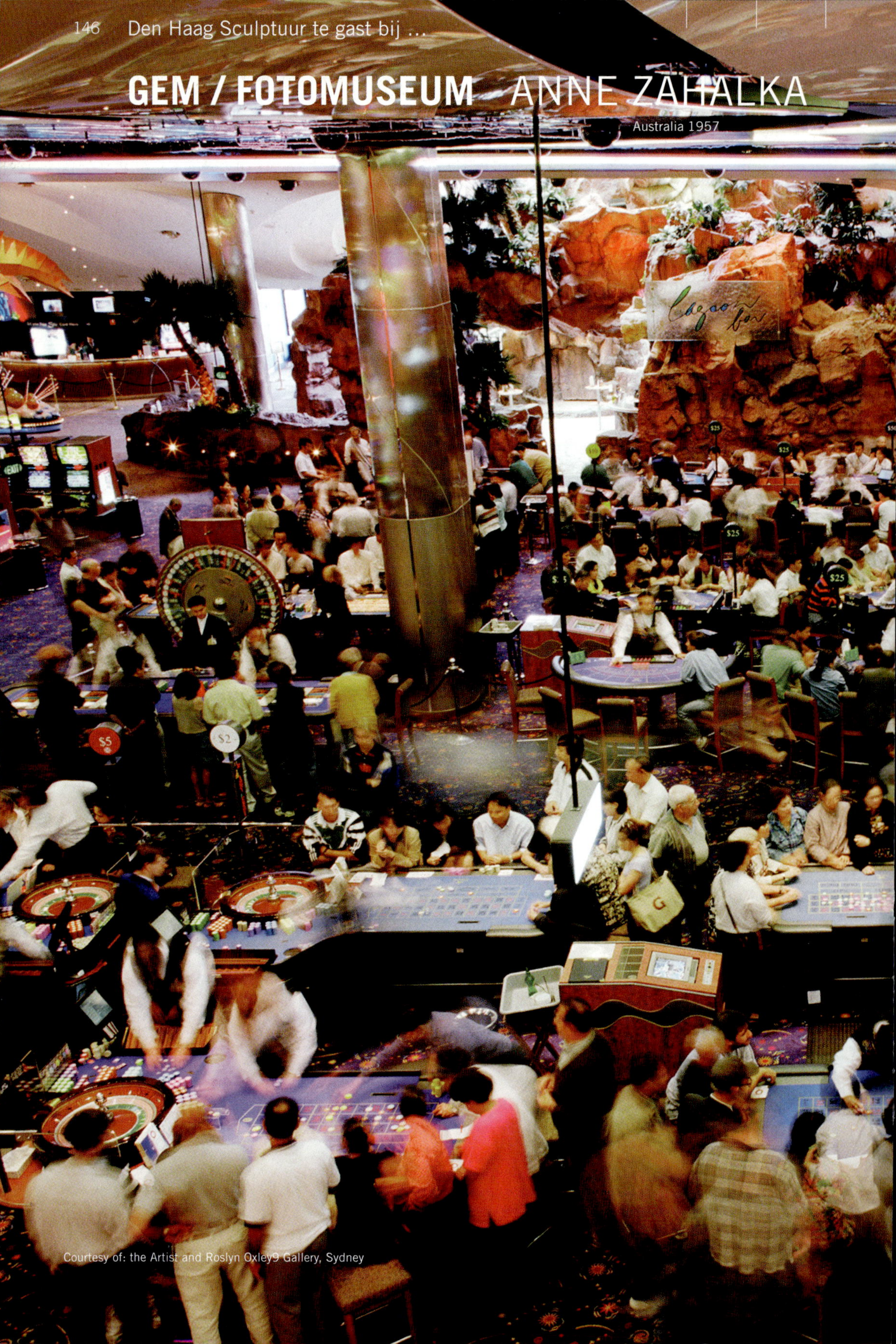

146   Den Haag Sculptuur te gast bij …
GEM / FOTOMUSEUM   ANNE ZAHALKA
Australia 1957
Courtesy of: the Artist and Roslyn Oxley9 Gallery, Sydney

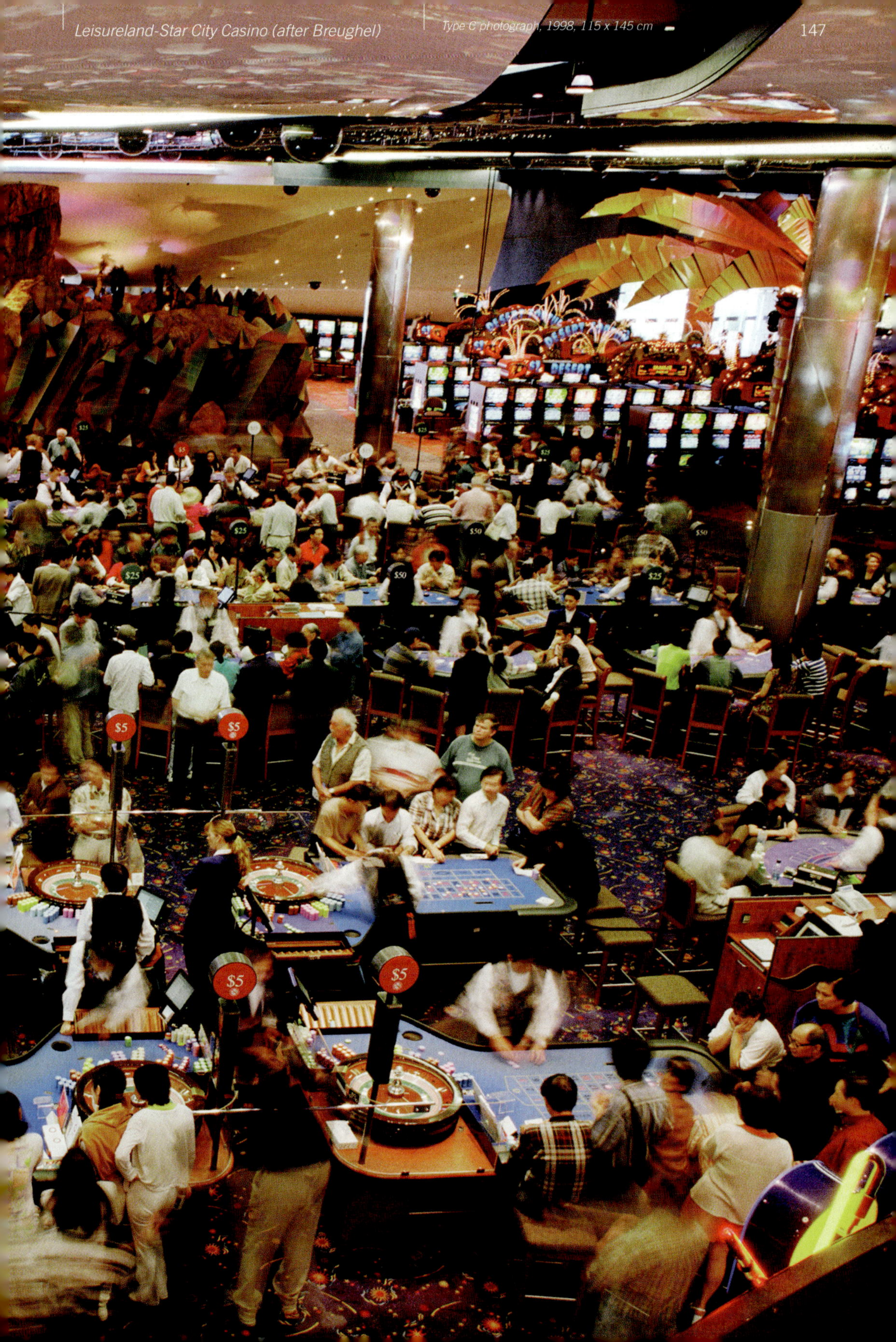

Leisureland-Star City Casino (after Breughel) Type C photograph, 1998, 115 x 145 cm

GEM / FOTOMUSEUM SHAUN GLADWELL
Australia 1972

Shaun Gladwell behoort tot de jongere generatie van kunste-naars, die de hedendaagse stedelijke omgeving en de jongeren cultuur direct in hun kunst verwerken. Bij zijn generatiegenoot Ricky Swallow zie je platenspelers, crossfietsen en computers in het werk opduiken. Shaun Gladwell richt zich helemaal op de moderne stedelijke omgeving die hij gebruikt als decor voor zijn video's.

Vaak zijn dat metro's of benzine stations, plekken in de openbare ruimte die moderniteit uitstralen en tegelijk een soort anoniem niemandsland zijn. Op die locaties filmt hij skaters, cross fietsers of dansers, die hun vaardigheden bijna als een ritueel opvoeren. Vaak geeft hij hun performance in *slow motion* weer, waardoor de schoonheid van hun bewegingen wordt benadrukt. Tegelijkertijd ontstaat hierdoor een merkwaardige verstilling en vertraging juist op de plaatsen die we associëren met het moderne jachtige leven.

In '*Woolloomooloo*' zie je een Capoeira (*) danser op het terrein van een nachtelijk benzinestation haar dans uitvoeren.
De atletische en gestileerde dans wordt begeleid door een soundtrack van een operazangeres. Door de combinatie van lage en hoge cultuur krijgen zowel de dans als de muziek een nieuwe en sterke zeggingskracht. In een andere video-installatie, '*Storm Sequence*', worden high en low op een andere manier vermengd. Hier is een skater gefilmd tegen het dramatische en bijna 19e eeuws aandoend sublieme beeld van een opkomende storm die dreigend dichterbij komt. '*Tangara*' is bijna surrealistisch omdat hier in een rijdende metrowagon een jongen ondersteboven, weer in *slow motion* en in opperste gelukzalige zen-concentratie, gymnastisch aandoende oefeningen uitvoert.

Steeds weer wordt gefocust op de virtuositeit van de performers die hun vaardigheden dankzij hard en gedisciplineerd oefenen hebben bereikt. In beginsel zijn die vaardigheden niet echt nut-tig, maar ze lijken voor deze jongeren een belangrijke functie ter bevestiging van de eigen zich steeds meer afbakenende identiteit

Shaun Gladwell belongs to the younger generation of artists who try to directly incorporate the contempo-rary urban environment and youth culture into their work. His contemporary Ricky Swallow uses objects such as record players, cross-country bicycles and computers in his art. Shaun Gladwell focuses entirely on the modern urban environment which he uses as decor for his videos.

These are often subways or petrol stations, spots in the public space which have an allure of modernity and at the same time are a sort of anonymous no mans's land. At these locations he films skaters, cross country cyclists or dancers who almost ritually perform their skills. He frequently shows their per-formances in slow motion, emphasizing the beauty of their movements. At the same time, a remarkable tranquilization and deceleration are realized precisely at those places associated with hectic modern life.

In 'Woolloomooloo' a Capoeira (*) dancer is seen per-forming on the grounds of a nocturnal petrol station. The athletic and stylized dance is accompanied by a soundtrack of an opera singer. The combination of low and high culture lends both the dance and the music a new and strong power of expression. In another video installation, 'Storm Sequence', high and low are mixed in another way. Here, a skater is filmed against the backdrop of the dramatic and almost 19th century-looking sublime image of the imminent approach of a rising storm. 'Tangara' is almost surrea-list, as here in a riding subway compartment, again in slow motion and with the uppermost beatific Zen-like concentration, a boy is engaged in gymnastic-like exercises upside-down.

The focus is repeatedly on the virtuosity of the per-formers who have achieved their skills by hard work and disciplined practice. In principle, these skills are not really useful, but for these young people, they seem to have an important function in confirming their own increasingly delineated identity. In Shaun Gladwell's videos, these coming-of-age and virtually

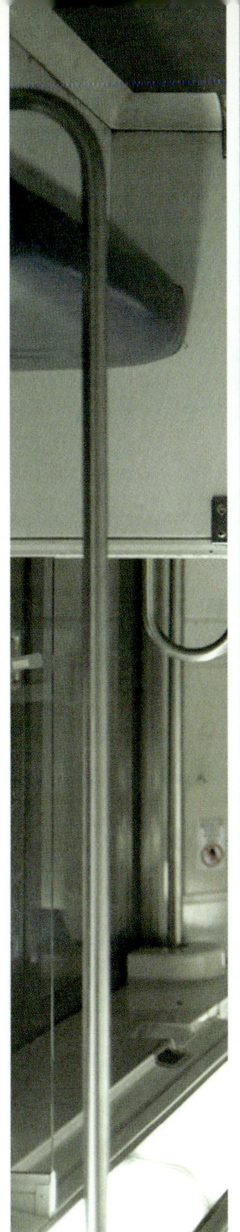

te hebben. In de video's van Shaun Gladwell worden deze *coming-of-age* en bijna rituele bewegingsactiviteiten geïncorporeerd in de wereld van de kunst. In die parallelle wereld die in beginsel ook niet direct 'nut' heeft, stijgt deze bewegingskunst uit boven een louter visuele manifestatie van jongerencultuur. Door de stilering van de slow motion en het toepassen van muziek, '*poetry in motion*', worden ze tot een poëtische metafoor van onze moderne verstedelijkte samenleving. MvdL

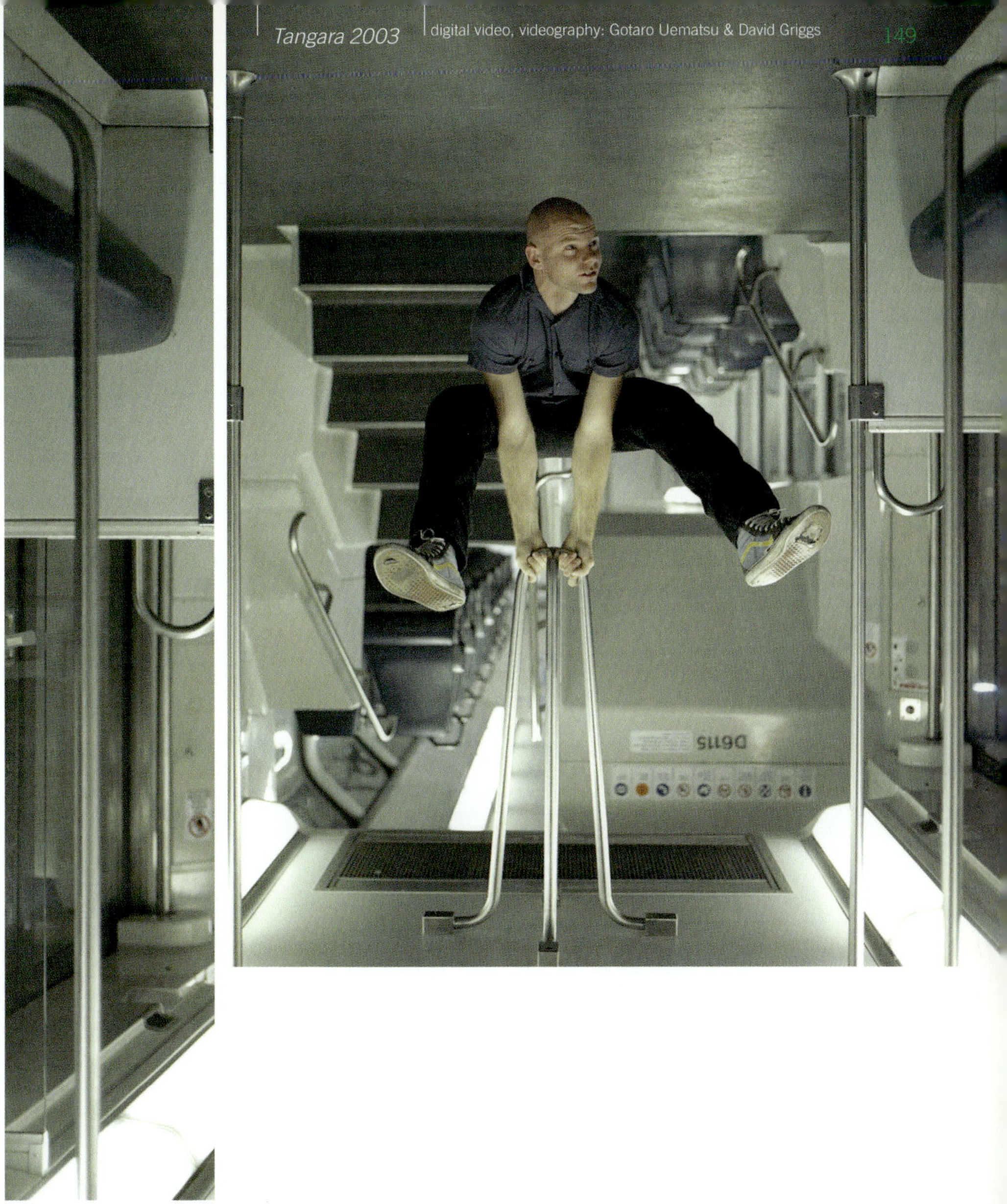

(*) De Capoeira is een gestileerde vechtdans die de negerslaven in Brazilië ontwikkelden.

ritualized activities of movement are incorporated into the world of art. In this parallel world which in principle has no direct 'use', this art of movement surpasses a purely visual manifestation of youth culture. By the stylization of the slow motion and the application of music, 'poetry in motion', they become a poetic metaphor of our modern urbanized society. MvdL

(*) Capoeira is a stylized martial dance developed by negro slaves in Brazil.

Courtesy: of: the artist and Sherman Galleries, Sydney

ESCHER IN HET PALEIS   RON MUECK

Australia
1958

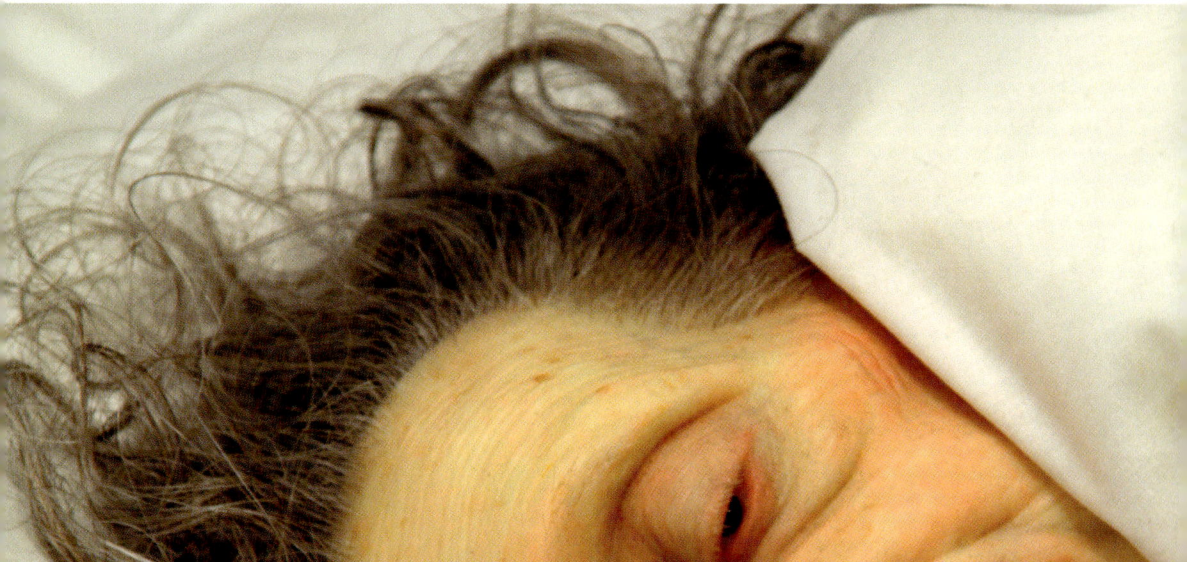

Op een tentoonstelling die verschillende werken bij elkaar brengt gaan die werken altijd een relatie aan, of die nu gewild is of niet. Dat heeft voor- en nadelen. Maar in een enkel geval is het relevant zoals bij het werk van Ron Mueck Van hem zijn twee beelden aanwezig die een bijzondere relatie hebben (of krijgen door de context).

Het ene beeld toont een zeer oude vrouw in een bed dat vanwege de vormgeving van de deken associaties oproept met een ziekenhuis-setting. Het andere is zo ongeveer het tegendeel: een baby die zo te zien nogal goedgemutst op de grond zit.

Net als zijn andere werk lijken deze beelden griezelig 'echt'. Dat hebben we eerder meegemaakt, in de jaren zeventig, bijvoorbeeld met het werk van Duane Hanson: soms moest je twee keer kijken om er zeker van te zijn dat bijvoorbeeld een vrouwtje met haar gevulde winkelwagentje niet uit vlees en bloed maar uit kunststof bestond. Dat soort werk speelde, in het verlengde van *pop art* en fotorealisme, een soort spel met de zichtbare werkelijkheid door die zo naadloos mogelijk te imiteren zonder er synoniem mee te zijn.

De verhouding van Muecks beelden tot die werkelijkheid is veel complexer en is bovendien geen doel maar uitgangspunt. Er is geen enkele reden om dingen te maken die er al zijn, dat geldt voor deze beelden net zo goed als voor Ruysdaels '*Molen bij Wijk bij Duurstede*' die helemaal geen molen is maar een schilderij. Dat iets al bestaat is hooguit een reden om het níet nog eens te maken. Natuurlijk zitten deze beelden veel dichter op de huid van de al bestaande wereld omdat de gelijkenis van de objecten met een oud vrouwtje en een baby veel groter is, maar dat scherpt de tegenstelling uiteindelijk alleen maar aan: het zijn geen mensen maar beelden die op mensen lijken. Wij zijn niet van kunststof en zij wel; wij kunnen van alles dat zij niet kunnen maar het omgekeerde is ook waar: deze objecten zeggen in en door hun visuele eigenschappen iets over de mens en de menselijke conditie (over ons dus) wat we zelf niet zonder woorden voor elkaar krijgen.

At exhibitions that bring different works of art together, these works always enter into a relationship with each other, whether this is desired or not. This has both advantages and drawbacks. However, in certain cases, such as with the work of Ron Mueck, the relationship is relevant. The exhibition contains two sculptures of his which have (or acquire through their context) a special relationship.

One sculpture is of a very old woman in a bed which due to the sort of blanket evokes associations with a hospital setting. The other is more or less its opposite; an apparently rather good-humoured baby sitting on the ground. As with any other work, these sculptures appear frighteningly "real". We have seen this before in the seventies, for example with the work of Duane Hanson; you sometimes had to look twice to be sure that a woman with her filled up shopping trolley really wasn't made of flesh and blood, but synthetic material. In the same line as pop art *and photo realism, this kind of work played a sort of game with visible reality by imitating it as perfectly as possible without actually being synonymous with it.*

The relationship of Mueck's sculptures to that reality is much more complex and moreover not a goal but a point of departure. There is no reason why anyone should create things that already exist, and this applies to these sculptures just as much as it does to Ruysdaels's 'Molen bij Wijk bij Duurstede' [Windmill at Wijk bij Duurstede] which is not a windmill at all but a painting. The fact that something exists is more than a good reason not to recreate it. These sculptures naturally have a great deal more affinity with the existing world due to the fact that the similarity of the objects to an old woman and a baby is much greater,

Het gaat hier, als we de beelden samen beschouwen – en dat mag want hun opstelling nodigt daartoe uit – om twee uitersten van het bestaan: een moment kort na de geboorte en een moment kort voor het overlijden, de meest essentiële momenten van het leven. Van het een komt onherroepelijk het ander: ooit zal die baby ook in zo'n ziekenhuisbed komen te liggen, als we eenmaal geboren zijn beginnen we in zekere zin al te sterven en in ieder geval leidt het leven daar onherroepelijk naartoe, het is onze enige echte zekerheid. Je kunt het, zonder metafysisch te worden trouwens ook andersom bekijken: wanneer ergens iemand doodgaat wordt er tegelijkertijd ook weer iemand anders geboren, die hele cyclus van leven en dood kent geen einde – althans geen einde dat niet meteen het einde van de hele menselijke soort of van de hele planeet betekent.

Omdat de beelden in hun vormgeving aangrijpend zijn – en hier kan het mimetische element het gevoel van identificatie misschien toch versterken, meer dan bij Hansons vrouw met winkelwagen – leveren ze meer dan een platte illustratie van wat, afhankelijk van de formulering, een banale alledaagse waarheid of een eindeloos duizelingwekkend wonder is. Het is het gebruik van de beeldmiddelen waardoor de banaliteit overstegen wordt en daarin schuilt een raffinement dat zich niet steeds op het eerste gezicht opdringt en daardoor des te effectiever is en dat is het formaat van de objecten.

De beelden zijn namelijk niet één op één levensgroot. De oude vrouw meet met bed en al 94 centimeter, dat is dus een stuk kleiner dan een 'normale' oude vrouw, maar het verschil is ook weer niet zo groot dat het een soort speelgoedformaat wordt, het zit als het ware overal tussenin en versterkt daarmee en passant het gevoel dat we hier niet met een mens maar met een representatie van een ('de') mens te maken hebben. Tegelijkertijd versterkt het ook haar kwetsbaarheid in het aangezicht van de dood: ze is in zekere zin al aan het verdwijnen.

De baby is daarentegen ongewoon groot, veel groter dan een 'normale' baby. Hier geldt een soortgelijke paradox: er is sprake van identificatie maar ook van vervreemding want er klopt iets niet en het is dat gevoel, dat er iets niet klopt, dat het beeld zijn

but ultimately, the contrast is hereby only accentuated; they are not people but sculptures which look like people. We are not made of synthetic material, and they are. We can do all kinds of things that they can't but the reverse is also true; in and through their visual characteristics, these objects have a message to communicate about the human being and the human condition (and therefore about us) that we are unable to express ourselves without words.

If we consider the sculptures together, – and we can, because the way they are set up invites us to do so, we see two extremities; a moment briefly after birth and a moment briefly before death, the most essential moments of life. From one, the other irrevocably follows; the baby will one day end up lying in such a hospital bed, and once we are born, in a certain sense, we start to die and in any case life leads irrevocably to death, it being our only real certainty. Without becoming metaphysical, you can as a matter of fact also look at it from the other side; as someone somewhere dies, someone else is at the same time being born, the whole cycle of life and death is without end, at least without an end that does not immediately mean the end of the entire human species or the whole planet.

Because the shapes of the sculptures are poignant, – and the mimetic element may enhance the feeling of identification, to a greater extent than with Hanson's woman with a shopping trolley, they give more than a coarse illustration of, depending on how it is formulated, a banal, everyday truth or an infinite and breathtakingly dizzy miracle. It is the use of the sculptured images that surpasses banality and this embraces a certain refinement which refrains from imposing itself at first glance and is thereby rendered all the more effective; the size of the objects.

The sculptures are namely not one-to-one life-sized. The old woman in bed measures a total of 94 centimetres, a good deal smaller than a 'normal' old woman, although the difference is not so great that it appears to be a sort of toy size, but in-between as it were. In passing, this strengthens the feeling that we are not dealing with a human being here, but with a representation of a ('the') human being. At the same time, her diminishment enhances her vulnerability in the face of death; to a certain extent, she is already disappearing.

The baby on the other hand is unusually large, much larger than a 'normal' baby. Here the same sort of paradox applies; there is a certain sense of identification, but also of alienation because something is not right and it is the feeling that something is not right which gives the sculpture

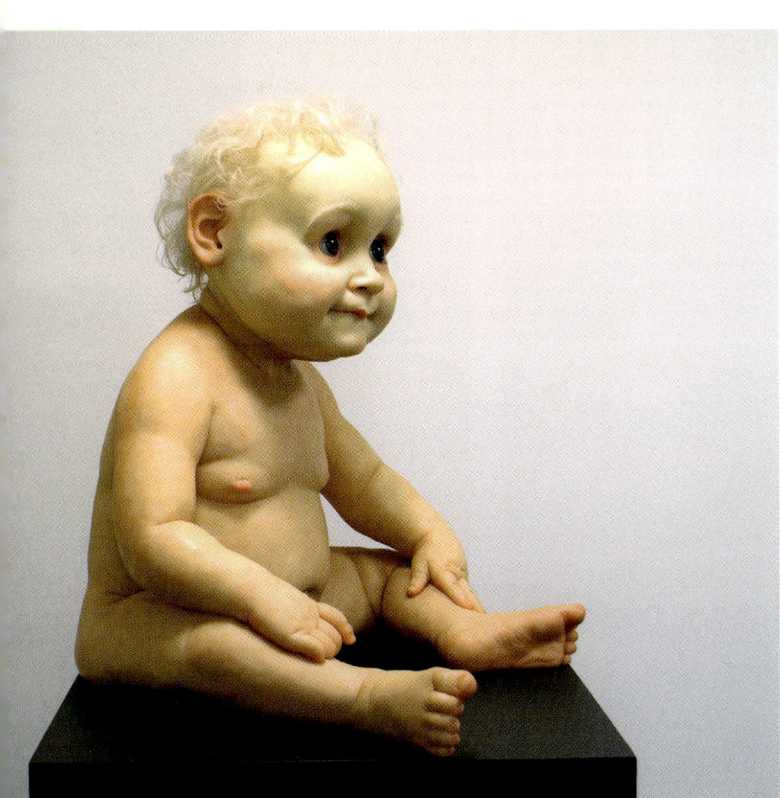

kracht geeft. Ook hier geldt dat dit formaat van een andere orde
is en zijn essentiële zeggingskracht verkrijgt door precies dít
formaat: als het beeld pakweg twee meter hoog was geweest zou
het zijn doel voorbij zijn geschoten en een heel andere mededeling doen. Het raffinement schuilt hem in de geringe mate van
verschil die een wat unheimlich gevoel veroorzaakt: ook hier
klopt iets niet.

Bovendien – en naar analogie – staat de baby aan het begin van
het leven en heeft er dus heel wat energie voor (nodig).
Doordat de oude vrouw en de baby elkaar hier ontmoeten wordt
die dimensie gratis bijgeleverd wat niet het geval is bij ieder
beeld afzonderlijk: de baby is te groot, de oude vrouw te klein,
zie spiegelen elkaar in vormgeving én betekenis, *les extrêmes se
touchent.* PP

*its strength. Here too, the sculpture's size is of
another nature and it acquires its essential power of
expression precisely due to its size; if the sculpture
had been about two metres high, it would have
overreached itself and made an entirely different
statement. Its refinement lies in the minor degree
of the difference, giving rise to a sense of mild
discomfort – here too something is not right.
Above all, and analogically, the baby is at the beginning of its life, for which it has and is indeed going
to need a great deal of energy.
Due to the fact that the old woman and the baby
meet here, the dimension is supplied for free, which
would not be the case if each sculpture were to be
viewed separately. The baby is too large and the old
woman too small; they mirror each other in both
model and meaning,* les extrêmes se touchent. PP

Untitled courtesy of: Art Gallery of New South Wales, Sydney
Big Baby II courtesy of: Caldic Collectie Rotterdam

ESCHER IN HET PALEIS
NATASHA JOHNS-MESSENGER

Australia 1970

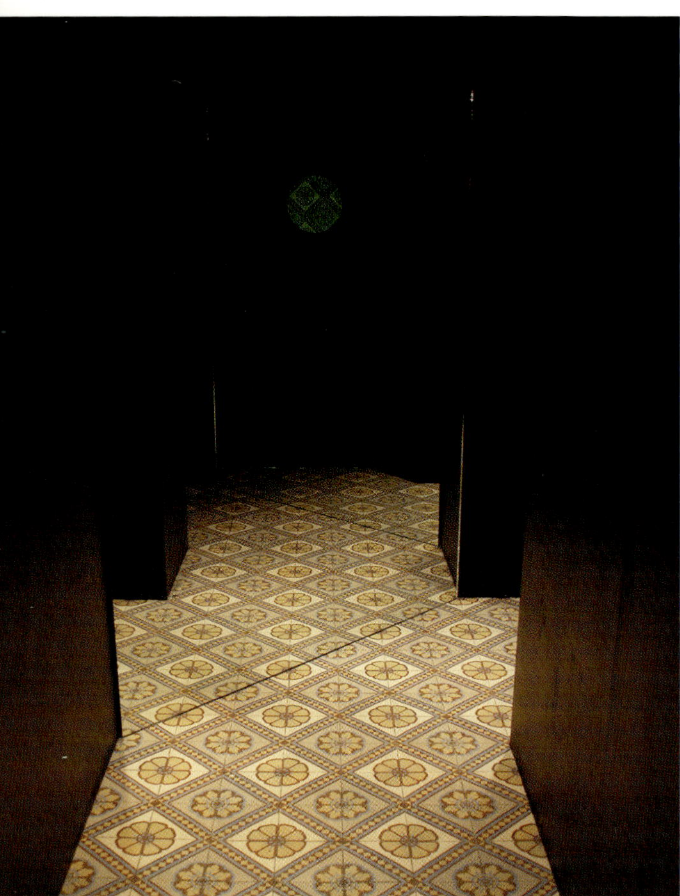

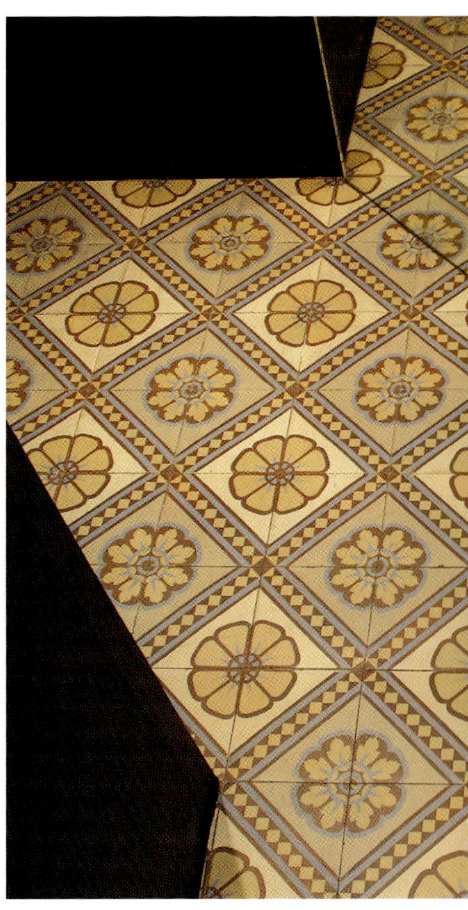

Natasha Johns-Messenger met Escher in het Paleis; een perfecte combinatie. Perfectionistisch en met oog voor detail, gaat deze kunstenaar in al haar werk op zoek naar een geserreerde, maar ontregelende visuele ervaring waarin optisch bedrog een middel is. Zelf noemt ze haar installaties 'realtime photography'; het beleven van de sensatie dat je binnen een afgebakend gebied vanaf een punt overal tegelijk kunt zijn en alles kunt overzien en meemaken. Dit effect creëert Johns-Messenger door tot op de millimeter nauwkeurig haar illusie technisch perfect voor te bereiden en uit te voeren.
In Museum Escher in het Paleis verandert zij de Zilverkamer in een optisch labyrint waar het oog wordt meegevoerd in de ruimtelijke schoonheid van het vloerpatroon. Dertig vierkante meter wordt nu moeiteloos ervaren als een spiegelpaleis van ongekende grootte.

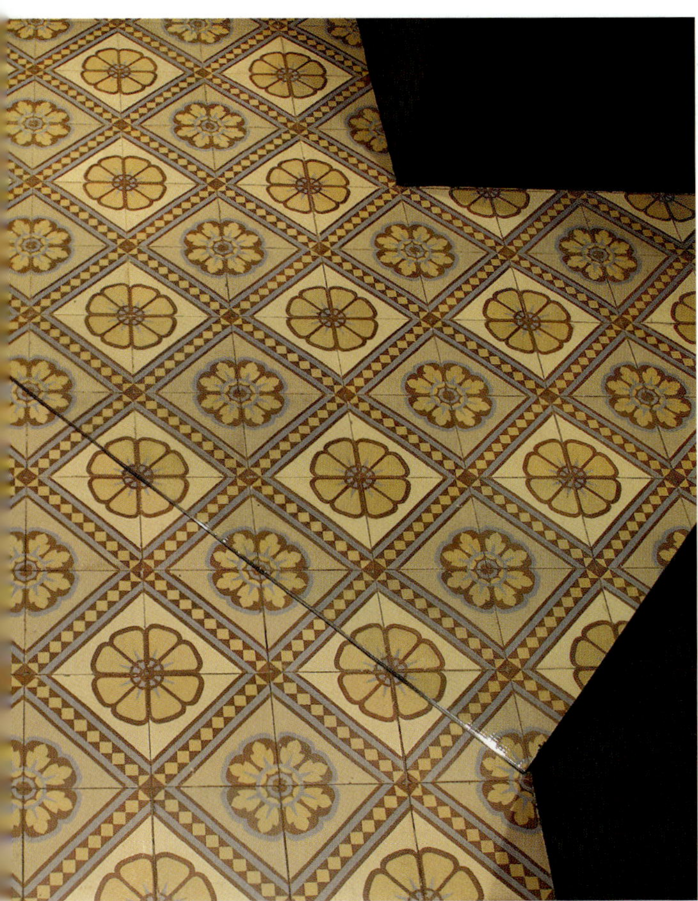

Het trappenhuis voor het personeel in vroeger tijden heeft een andere schoonheid die Johns-Messenger wil belichten; met een schijnbaar eenvoudige ingreep, die met uiterste precisie is uitgedokterd, laat ze de argeloze bezoeker kennismaken met de oogstrelende charme van de trapleuningkrommingen vanaf het souterrain tot de bovenste verdieping. In een oogopslag niet omhoog maar recht voor je uit ontvouwt zich de sierlijke constructie als een gangenstelsel met een droste-effect. MJdR

In gastlocatie Atrium draait in het videoloopprogramma de eerste film van Natasha Johns-Messenger tezamen met videofilms van Tracey Moffatt en Destiny Deacon (zie ook pagina 170)

Thanks to Atelier van Zijderveld, Escher in het Paleis, Jac van der Veen Evenementen-techniek, Anna Bordas

in which the eye is carried along the basic beauty of the floor-patterns. Thirty square metres effortlessly feel as if you are in a mirror-palace of unprecedented size. The stairwell for the personnel in earlier times, conceals a different sort of beauty that Johns-Messenger wants to highlight; with a seemingly simple intervention puzzled out with utter precision, the unsuspecting visitor meets the eye-pleasing charm of the bending curves of the stair banisters all the way from the basement to the top-floor. At a single glance - not above but straight in front of you -, the stairwell-construction unfolds almost as a tunnel-system with a droste-effect. MJdR

ESCHER IN HET PALEIS AH XIAN

China / Australia 196

Ah Xian in 1960 in China geboren, woont en werkt sinds 1990 in Australië. In de jaren tachtig is hij in Beijing actief als schilder in een groep avant-garde kunstenaars. Door het schilderen van naakten op muren in de openbare ruimte komt hij in conflict met de autoriteiten, die het naakt zien als uiting van de moreel corrupte Westerse kunst. Na de studentenopstand op het Tiananmenplein in 1989 besluit Ah Xian naar Australië te vertrekken, waar hij kort daarvoor al met een beurs heeft gestudeerd.
Hier moet hij zijn bestaan opnieuw opbouwen. Hij werkt als kok en huisschilder, en overdenkt zijn kunstenaarschap en de verschillen tussen de Westerse en Oosterse kunst. Hij krijgt meer en meer aandacht voor de beeldhouwkunst en begint installaties te maken met menselijke figuren die heftig en bewust confronterend zijn.

In 1998 gaat hij met een beurs naar China om het traditionele ambacht van het porselein maken te leren. Hieruit ontstaat de serie *China China* (dubbelzinnig: porselein wordt in het Engels China genoemd): porseleinen bustes waarbij over de gezichten en schouders traditionele Chinese landschappen, dieren en patronen zijn geschilderd. De bustes worden gegoten naar levende mensen. Dit betekent dat alle beelden gesloten ogen hebben omdat gezicht en schouders van het model bekleed worden met gipsen lappen. De gezichten hebben daardoor een serene uitdrukking, maar brengen ook de associatie van een dodenmasker met zich mee.

Later volgen ook hele mensfiguren die bijvoorbeeld overdekt zijn met prachtige lotuspatronen in cloisonné techniek. Door de virtuositeit van de techniek zijn de beelden van Ah Xian tegelijk aantrekkelijk en vervreemdend of zelfs afstotend, omdat de decoratieve patronen vaak over het hele lichaam woekeren. Een combinatie van fascinatie en afschuw vergelijkbaar met het zien van iemand die een tatoeage in het gezicht heeft.

Bij de drie vrouwenfiguren in de tentoonstelling is die combinatie van aantrekking en afstoting sterk aanwezig. Ze komen uit de serie *Human Human*, waartoe ook het eerder beschreven beeld met de lotusbloemen hoort. Ook deze vrouwen zijn overdekt met ornamenten en patronen, waarbij het liggende beeld het meest

Ah Xian was born in China in 1960 and has lived and worked in Australia since 1990. In the eighties he was active as a painter in a group of avant-garde artists in Beijing. By painting nudes on the walls in public spaces, he came into conflict with the authorities, who saw nakedness as an expression of the moral corruption of Western art. After the student uprising on the Tiananmen Square in 1989, Ah Xian decided to leave for Australia, where he had studied on a grant shortly before.
Here, he had to build up his life again, working as a cook and house painter. At the same time, he reflected on his artistship and the differences between Western and Eastern art. He found himself increasingly drawn to sculpture and started to make installations with human figures which are intense and consciously confrontational.

In 1998, Ah Xian went to China on a grant in order to learn the traditional art of porcelain making. This led to the ambiguously named series China China: porcelain busts with traditional Chinese landscapes, animals and patters painted over their faces and shoulders. The busts were cast from live models. This means that all the sculptures have closed eyes because the face and shoulders of the models were covered with pieces of plaster. The faces consequently have a serene expression, but also evoke associations with death masks.

Later, complete human figures followed which were covered with splendid lotus patterns in the cloisonné technique. Due to the virtuosity of the technique, Ah Xian's sculptures are simultaneously appealing and alienating or even repulsive, as the decorative patterns often run rampant over their whole bodies. The result when viewing is a combination of fascination and horror, comparable with seeing someone with a tattoo on their face.

This combination of attraction and repulsion is equally present with the three female figures in the exhibition. They are part of the Human Human series, that the sculpture with the lotus flowers described above also belongs to. These women are covered with ornaments and patterns too, with the

fascinerend en beklemmend is. Als een reptiel is ze over haar hele lichaam bedekt met schubben, een pantser van een dodelijke schoonheid zo lijkt het.

De klassieke mensfiguur uit de westerse beeldhouwkunst komt zo samen met de ingewikkelde en arbeidsintensieve technieken van het Chinese ambacht. Die synthese lijkt symbolisch voor Ah Xian's eigen geschiedenis waarin hij vanuit een gedwongen verblijf in Australië terugkeert naar de tradities van zijn vaderland en die nieuw leven inblaast. *MvdL*

recumbent sculpture the most fascinating and emotionally oppressive. Her whole body is covered with reptile-like scales, armour-plated in deathly beauty, so it would appear.

In this way, the classic human figure of western sculpture converges with the complex and labour-intensive techniques of Chinese traditional craftmanship. This synthesis would appear to be symbolic for Ah Xian's own history in which from an involuntary stay in Australia, he returned to the traditions of his native country, breathing new life into them. *MvdL*

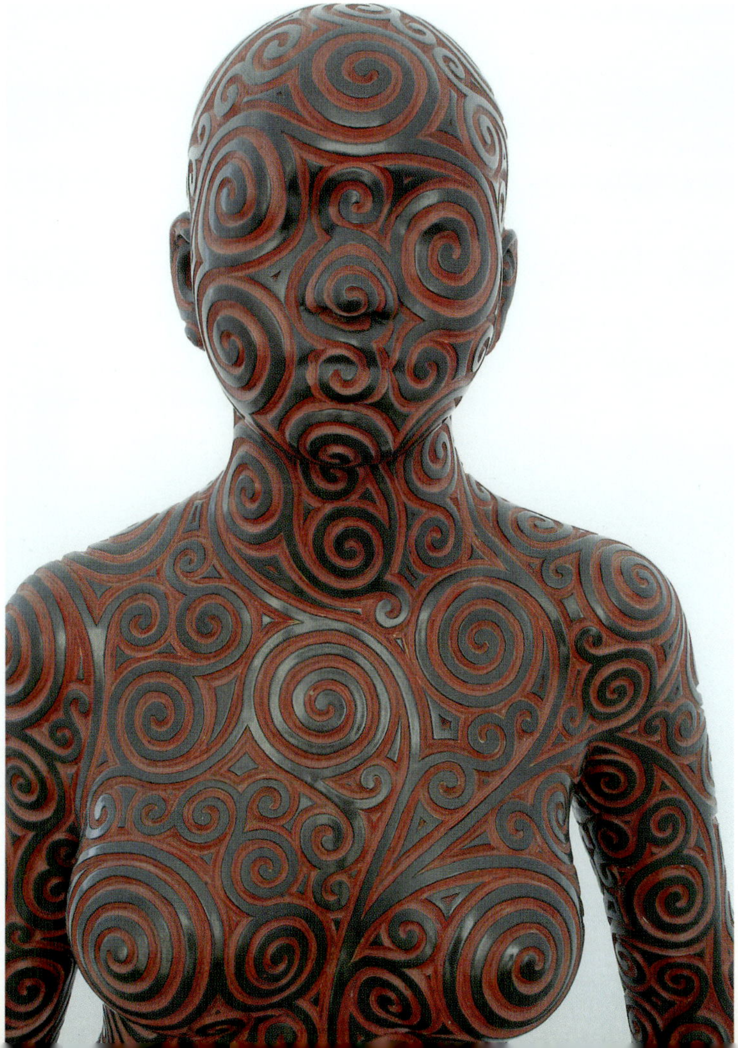

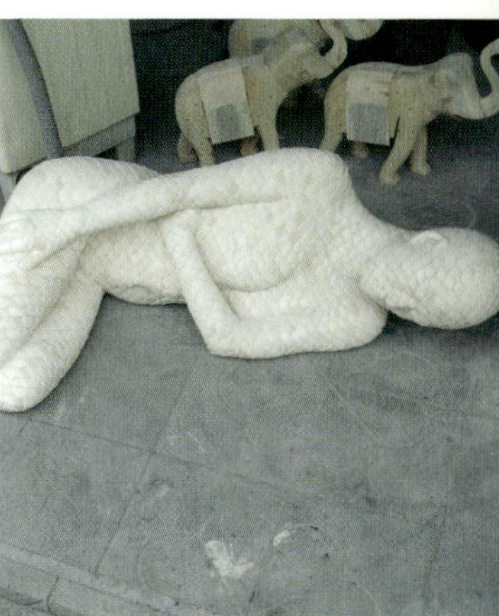

Human Human – cloud scrolss, carved lacquer figure 2 (2002-2003) Lak, glasvezel-hars / Laquer, resin fibreglass

Human Human-Ox bone inlay figure 4 (2006-2007) Runderbotten, glasvezel-hars / Ox-bone, resin fibreglass

HAAGS HISTORISCH MUSEUM

Korte vijverberg 7 | 2513 AB | Den Haag | t 070 3646940

… Drie kostuums, die tentoongesteld worden in het Haags Historisch Museum, tonen duidelijk kenmerken van zeventiende eeuwse kledij en je ziet ook invloeden van de batikkunst maar wel met een duidelijke blik op de actualiteit. De kleren worden tijdens de tentoonstelling ook daadwerkelijk gedragen tijdens een dans-performance op de opening en tijdens het toezicht op de kunstwerken door de mannen van het bewakingsteam die een speciaal met het Brook Andrew Wiradjuri-design gezeefdrukt uniform dragen en ook hun rustplek, een tachtiger jaren caravan – 'eitje' – is volledig overgeschilderd in dit design …

'NGAJUU NGAAY NGINDUGIRR" = 'i see you', deze tekst van Brook Andrew is ook verwerkt in het ontwerp van de kostuums.

Zie ook: **COLONY – Brook Andrew** (p.30)

… Three costumes exhibited in the Hague Historic Museum show clear characteristics of seventeenth century attire and influences of batik art are also visible, but then with a definite contemporary edge. The clothes will be actually worn at the exhibition during a dance performance at the opening and during the supervision of the artworks by the men of the security team who will wear a uniform especially silk-screened with the Brook Andrew Wiradjuri design. Their resting place, an eighties model caravan – 'eitje' (small egg as it is referred to in Dutch) – has also been completely painted in this design. …

'NGAJUU NGAAY NGINDUGIRR' = 'i see you', this text of Brook Andrew is incorporated in the pattern of the costumes.

*See also: **COLONY – Brook Andrew** (p.30)*

Courtesy of: the artist & Tolarno Galleries

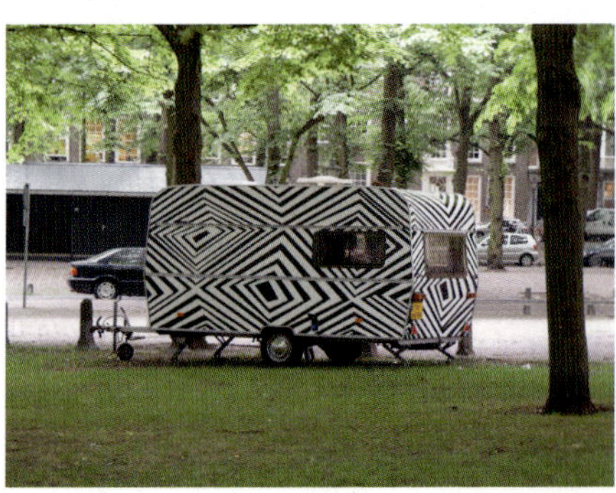

BROOK ANDREW

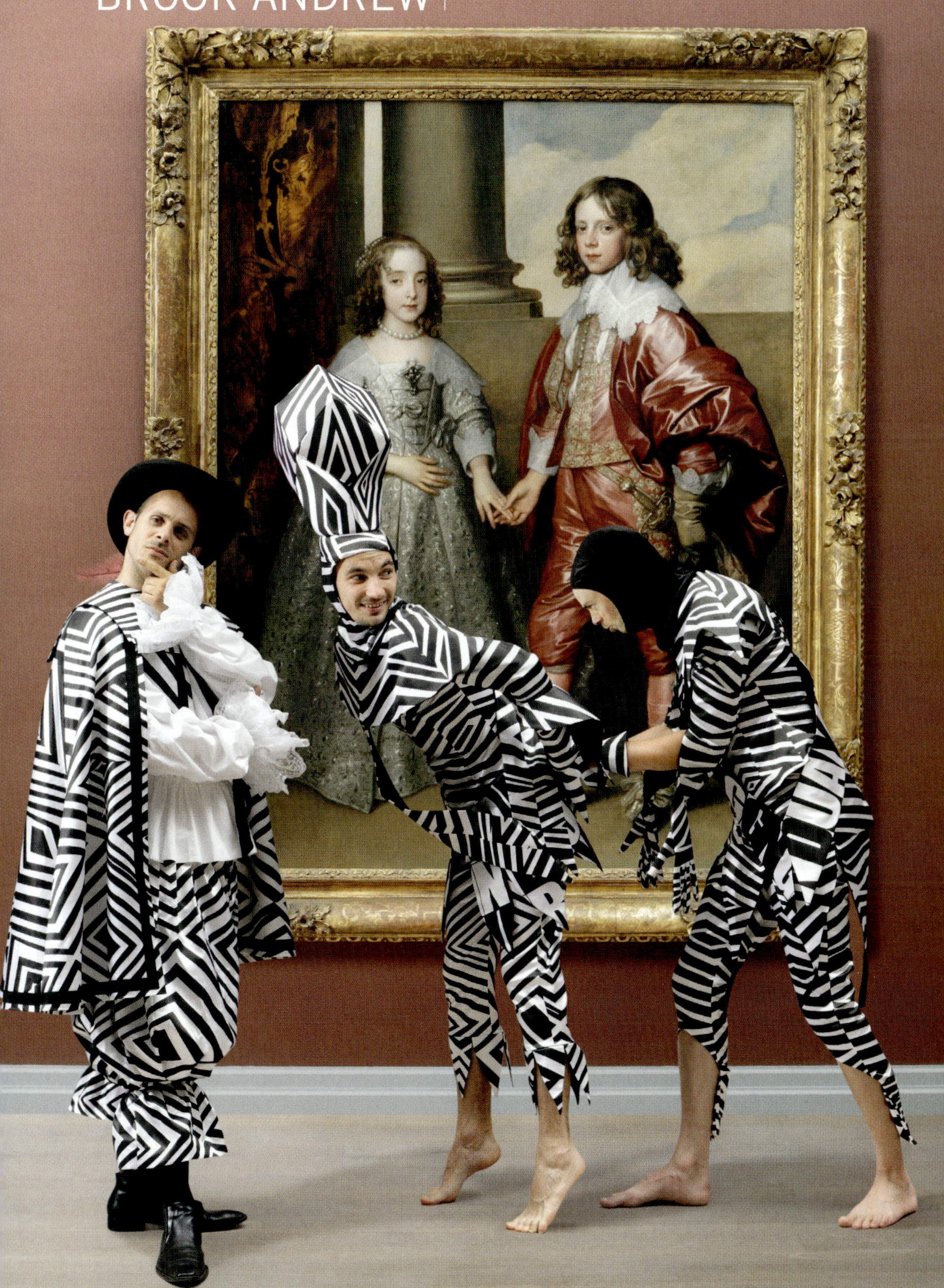

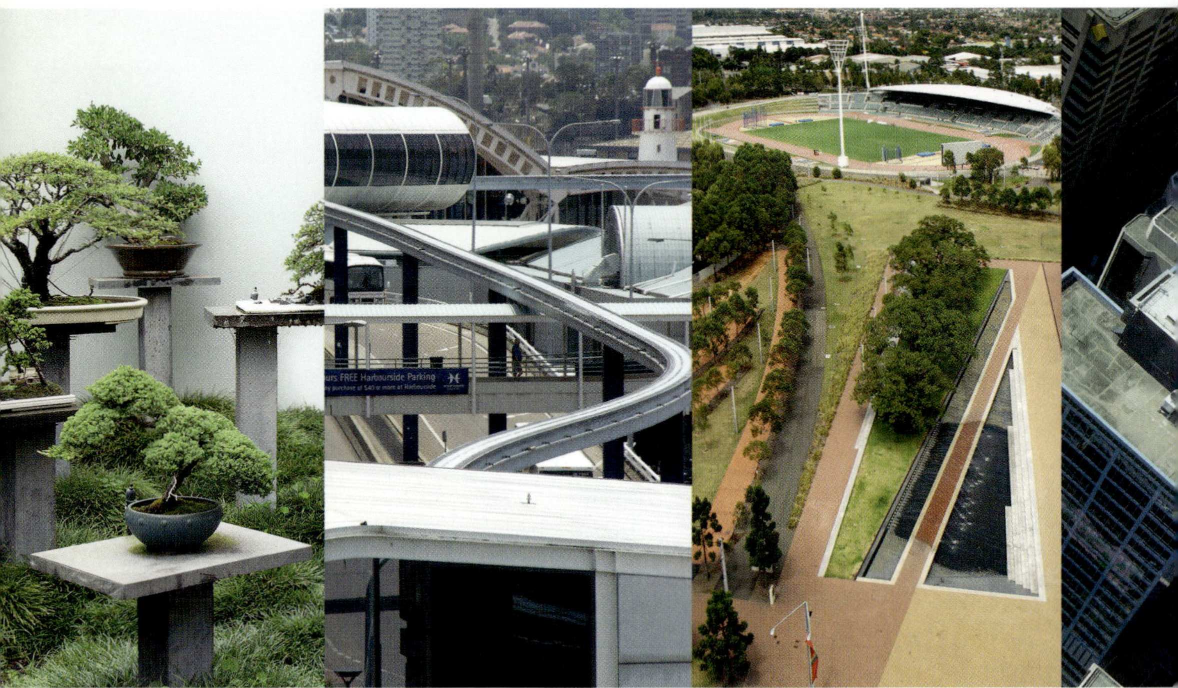
urs FREE Harbourside Parking

HAAGS HISTORISCH MUSEUM
HANS LIGTERINGEN

Nederland 1957

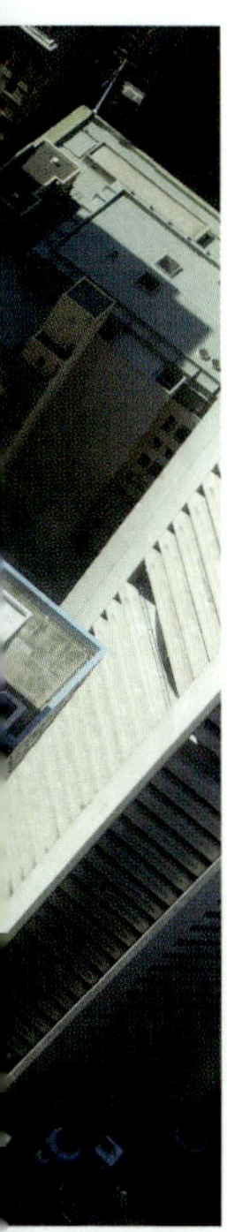

De oudste functie van de kunst is het beeldend ordenen van
de omgeving om er greep op te krijgen en die pogingen hadden
vermoedelijk een cultische functie – religie is uiteraard ook een
manier om vat te krijgen op onverklaarbare verschijnselen zoals
de wereld om ons heen en onze plaats daarin.
In de loop van duizenden jaren beeldende ontwikkeling (chro-
nologisch gesproken en niet bedoeld in lineaire zin van 'ver-
betering', waarvoor je beter bij de wetenschap terecht kunt:
de oudste grotschilderingen zijn buitengewoon gesofistikeerd,
'primitieve' kunst bestaat niet) is het doel eigenlijk niet echt
veranderd. De wereld is veranderd, onze denkbeelden ook, maar
de behoefte om er op een spiritueel niveau iets van te begrijpen
is nooit verdwenen en misschien meer noodzakelijk dan ooit in
een tijd waarin de hele wereld in snel afwisselende beelden de
huiskamer binnendendert en de complexiteit van het raadsel
eerder exponentieel vergroot lijkt dan hanteerbaarder gemaakt.
Er zijn verschillende manieren om de wereld in kaart te brengen:
letterlijk (door middel van landkaarten, atlassen, satellieten en
vergelijkbare min of meer 'objectieve' instrumenten – de *afbeel-*

*The oldest function of art is the visual ordering of
the environment with a view to acquiring control,
and in the past, those attempts probably had a
cultic function – among other things, religion is
naturally a way of gaining a hold over inexplicable
phenomena such as the world around us and our
place in it.
In the course of thousands of years of visual development (chronologically speaking and not in the
linear sense of 'improvement', which is the domain
of science – the oldest cave paintings are extraordinarily sophisticated and there is no such thing as
'primitive' art), the goal has not actually changed.
The world has changed, and our ideas have too, but
the need to understand it on a spiritual level has
never disappeared. It may in fact be more necessary
than ever in a time in which in a rapid succession
of images, the whole world blares into our living
rooms, exponentially increasing the complexity of
the enigma rather than making it manageable.
There are various ways of mapping the world;
literally (by means of maps, atlases, satellites and*

ding, de presentatie) en overdrachtelijk (met behulp van meer associatieve middelen zoals het woord, het beeld, de gedachteconstructie en andere 'subjectieve' media – de *ver*beelding, de representatie).

De titel '*Mapping the System*' geeft al aan dat Hans Ligteringen in zijn gelijknamige videowerk de wereld – het systeem – in kaart wil brengen en hij gebruikt daarvoor een letterlijke juxtapositie van bovengenoemde benaderingen.

Het beeldscherm is in tweeën gedeeld – links zijn beelden en rechts andere beelden. De beelden aan de linkerkant tonen een stad, althans een groot aantal momenten uit het leven in een wereldstad (in dit geval een mengeling van Sydney, Canberra, Melbourne en Brisbane die met elkaar metaforisch 'de' stad verbeelden, aan de rechterkant zien we een opeenvolging van oude handschriften, gebundelde jaargangen van kranten en tijdschriften, folianten met gegevens uit de burgerlijke stand en atlassen, die allemaal betrekking hebben op Den Haag en afkomstig zijn uit het Gemeentearchief. De beelden aan de linkerkant zijn associatief en geven een persoonlijke impressie van de stad, die aan de rechterkant zijn feitelijk. Links speelt alles zich af in het hier en nu, rechts ontrolt zich de geschiedenis. Als we ze aan elkaar koppelen kun je je bijvoorbeeld voorstellen dat de geschiedenis – ook als metafoor voor de bagage die we allemaal vanuit onze persoonlijke achtergrond met ons meedragen – zich hier letterlijk van rechts naar links beweegt, naar de nieuwe wereld die we nog niet kennen en die in kaart gebracht moet worden, waarvan het systeem vertrouwd moet worden.

Van tijd tot tijd verschijnen er meer kleine schermen in het beeldvlak, onder de bovengenoemde, waarin snel wisselende beelden worden getoond of beelden van snelle beweging, vaak van voertuigen die zich voortbewegen (auto's treinen). Die beelden introduceren een derde manifestatie van de tijd: naast het langzaam voortschrijden van de geschiedenis en het meer arbitraire tijdsbegrip dat het aftasten van de stad met de camera oplevert komt hier een hoger tempo aan de orde, een tempo dat we daadwerkelijk overal ter wereld kunnen tegenkomen waar voertuigen zich rap voortbewegen, in zekere zin komt dit tijdsbegrip het beste overeen met de objectieve ervaring van snelheid in een voertuig: het gaat net zo snel als onze ogen de beweging kunnen waarnemen, de camera legt dat statisch vast. Op de grotere schermen wisselen twee soorten beweging elkaar af: soms beweegt de camera en soms legt de camera alleen beweging vast. Ook het tempo wisselt: soms staan beelden even stil, dan bewegen ze weer verder, het is niet de gebruikelijke techniek van de documentaire die hier gehanteerd wordt. Dat geeft een zekere, tamelijk arbitraire ritmiek die samenvalt met aarzelende

similar more or less 'objective' instruments (such as illustrations and presentations) and metaphorically (using more associative means such as words, images, thought constructions and other 'subjective' media such as images and representations).

The title 'Mapping the System' indicates that in his video work of the same name, Hans Ligteringen aims to map the world – the system. For this purpose, he uses a literal juxtaposition of the abovementioned approaches.

The screen has been divided into two – on the left-hand side are images and on the right other images. The images on the left-hand side are of a city, at least a large number of moments of life in a metropolis (in this case a mixture of Sydney, Canberra, Melbourne and Brisbane which together metaphorically depict 'the' city. On the right-hand side, we see a succession of old handwritings, bundled volumes of newspapers and magazines, folios with data obtained from the registry of births, deaths and marriages, and atlases, all relating to The Hague and have been found in the Municipal Archives. The images on the left are associative and give a personal impression of the city, while those on the right are factual. On the left, all takes place in the here and now, and on the right, history is unfolding. If we link these two sides together, you can imagine, for example, that history – also as a metaphor for the baggage from our personal background that we all carry with us – literally moves from right to left, toward the new world that we do not yet know and that must be mapped, that the system must become familiar with.

From time to time, more small screens appear in the focal plane, underneath those mentioned above, showing rapidly changing images or images of rapid movement, often of moving vehicles (cars and trains). These images introduce a third manifestation of time. In addition to the slow advance of history and the more arbitrary concept of time which produces the exploration of the city by means of a camera, a high speed is introduced, a speed which we may encounter anywhere in the world with rapidly moving vehicles. In a certain sense, this concept of time best corresponds to the objective experience of speed in a vehicle; the speed is as fast as our eyes can perceive the movement as being, the camera recording it statically. On the larger screens, two sorts of movements alternate; sometimes the camera moves itself, while at others it merely records movement. The speed changes too; images are sometimes still for a moment, only to continue moving. It is not the usual technique

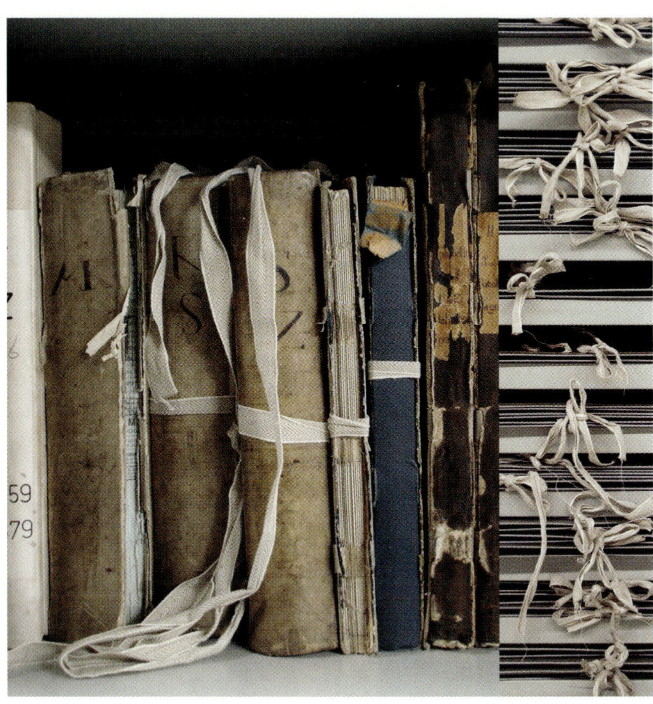

stappen in een nieuw territorium. We zien de stad vanuit allerlei standpunten: op ooghoogte, van bovenaf of in gevarieerd perspectief. Van alles wordt, niet chaotisch maar ook niet volgens een rationeel ordeningsprincipe, uitgeprobeerd om een *rapport* met de stad te bewerkstelligen.

'*Mapping the system*' of het in kaart brengen van de stad – zo langzamerhand bijna een nieuw genre in de beeldende kunst – wil hier niet zeggen dat wij kijkers die stad hebben leren kennen als we deze video hebben gezien. Wat we hebben gezien is een associatieve visuele manier waarin de kunstenaar zich 'een weg baant' door de niet gekende jungle die aan de andere kant ook weer tamelijk vertrouwd lijkt omdat uiteindelijk alle steden in het dagelijks gebruik op elkaar lijken; hoe groot de onderlinge verschillen van allerlei aard ook kunnen zijn, we kunnen ons goed identificeren met de ontdekkingreis van de kunstenaar. Maar het blijft zijn verhaal, zijn reis, zijn impulsen en associaties. Daarvan komt hij ons vertellen en zo hoort het ook: het beeld is in eerste instantie van de kunstenaar en het is zijn ordening die het kunstwerk (dat dus die ordening zelf is) ontsluit. PP

of the documentary that is employed here. But it gives a certain rather arbitrary rhythm corresponding to hesitant steps taken in a new territory. We see the city from all sorts of points of view; at eye level, from above in varying perspectives etc. All is attempted with a view of realizing a rapport with the city, not chaotically but also not according to a rational principle of order.

'Mapping the system', which is gradually becoming a new genre in visual art, does not mean that we have helped spectators to get to know the city once we have seen this video. What we have seen is the associative visual way in which the artist has 'worked his way through' the unknown jungle which at the same time all seems rather familiar. Because in the long run, within the context of daily life, all cities resemble each other; no matter how great the differences between them may be, we can easily identify with the artist's voyage of discovery. However, it remains his story, his voyage, his impulses and associations. His goal is to tell us about all this, and this is the way it should be too; in the first instance, the image is the artist's and it is his ordering that opens up the artwork (which is therefore the ordering itself). PP

HAAGS HISTORISCH MUSEUM   GUAN WEI
China 1957

In het Haags Historisch Museum aan de Korte Vijverberg staat een kamerscherm met vier panelen die door Guan Wei beschilderd zijn. Nu ik erover nadenk geloof ik dat ik eigenlijk niemand ken die nog een kamerscherm heeft, ofschoon ze nog wel schijnen te worden gemaakt; ik associeer het kamerscherm met 'vroeger', met het overdadige woonvertrek van Sarah Bernard, met Couperus of zelfs met wat toen 'ons Indië' was en verderop, met Zuid-Oost Azië, China en Japan. Kortom: met lang geleden en ver weg. Een historisch museum lijkt er een goede plek voor. Guan Wei komt uit China, volgde een schilderopleiding in Beijing en vertrok in 1990 naar Australië toen hij 33 jaar oud was. De biografie van de kunstenaar hoeft niet altijd van belang te zijn voor een begrip van het werk maar in dit geval doet het gegeven van migratie – dat als een rode draad op allerlei manieren door deze tentoonstelling heen loopt – terzake omdat oude vormen zijn meegnomen en nieuwe gevonden en dat is te zien.

Zelden zag ik wonderlijker schilderijen, al dan niet als kamerscherm gebruikt, dan deze van Guan Wei. Ik bedoel dat in die zin dat ze eigenlijk op niets anders lijken, althans niet op andere werken in de eigentijdse kunst, en dat kom je haast nooit tegen er zijn altijd wel kruisverbanden, verwantschappen of andere relaties. Wie als kunstenaar van cultuur verandert heeft een paar keuzemogelijkheden: hij houdt in stand wat hij geleerd heeft en werkt door in die traditie, hij past zich aan en werkt met een vergelijkbaar vocabulaire als de kunstenaars op de nieuwe plek óf hij vindt zichzelf opnieuw uit en stuit op originele oplossingen die niemand anders op die manier zou kunnen verzinnen.

Het kamerscherm heet "*A Distant Land*", een ver land, en op het eerste, heel oppervlakkige gezicht ziet her ruit als een traditioneel Chinees schilderij compleet met 'stempels' in Chinese karakters. Dat komt deels door de in essentie verticale vorm, die de horizontale, die er ook is, overheerst: je hebt de neiging om het werk verticaal te lezen – zoals Chinees schrift – en niet van links naar rechts, zoals wij gewend zijn, en deels door de half-schematische, half-gedetailleerde weergave van bepaalde aspecten van wat zich op het beeldvlak afspeelt (wolken, zee). Maar er is hier heel wat meer aan de hand. Het verre land is duidelijk Australië, want er wordt op een kangoeroe gejaagd en die komen nergens anders voor. De man die dat doet is geheel zwart en jaagt met een speer. Elders zitten andere zwarte mensen, ook voorzien van 'primitieve' attributen, bij een vuur. Dat zijn kennelijk de oorspronkelijke bewoners van het verre land, de Aborgines die later door witte mensen zouden worden

In the Hague Historic Museum on the Korte Vijverberg, there is a folding screen with four panels painted by Guan Wei. Now I come to think of it, I don't believe I know anyone who still has a folding screen, although it seems that they are still made. I associate folding screens with 'the past', with the lavishly furnished living room of Sarah Bernard, with Couperus or even with what was then 'our India' and further away, with South-East Asia, China and Japan. In brief, with a long time ago and far away. A historical museum seems to be an apt place for one. Guan Wei comes from China, followed a course in painting in Beijing and in 1990, migrated to Australia when he was 33 years old. An artist's biography is not always necessarily important for an understanding of his work. In this case however the migratory aspect, which runs through this exhibition as a connecting thread, is relevant, as Guan Wei has both incorporated old forms into his work and infused it with new ones, and this can be clearly seen.

Regardless of their use as a folding screen, I have seldom seen more curious paintings than these of Guan Wei. By this I mean that they do not resemble anything else, at least not anything else in contemporary art, and this is something you almost never encounter, as there are otherwise always cross bonds, kinships or other relationships. An artist switching countries has a number of choices; he can preserve what he has learnt and continue to work in his original tradition, adapt and work using comparable vocabulary to the artists of the new country or rediscover himself and stumble across original solutions that no one else would think up in that way.

The folding screen is titled "A Distant Land", and at first sight, superficially, it looks like a traditional Chinese painting complete with 'stamps' of Chinese characters. On one hand this is due to its essentially vertical form, which dominates the horizontal form which is also evident. You are inclined to read the work vertically, like Chinese writing, and not from left to right as we are used to. On the other hand it is due to the half-schematic, half-detailed representation of certain aspects taking place on the focal plane (clouds, sea).

However, there is also a lot more going on. The distant land is clearly Australia, as a kangaroo is being hunted and they are not found anywhere else. The man doing the hunting is completely black and carries a spear. Elsewhere by a fire there are other black people, also with 'primitive' attributes. These

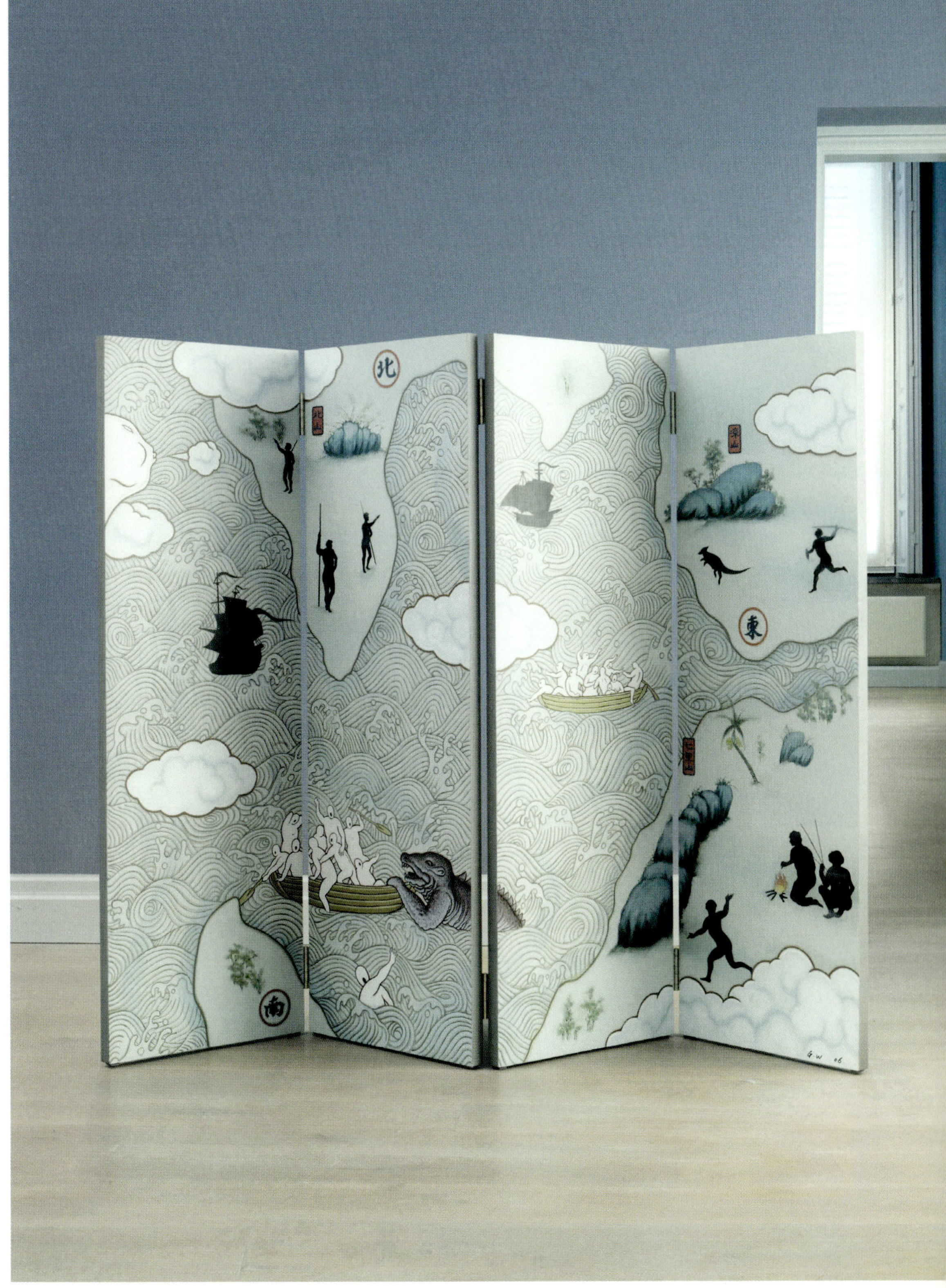

gekoloniseerd, gedood, onderdrukt, in reservaten gestopt en wat witte mensen over de hele wereld wel eens vaker met zwarte en bruine mensen hebben gedaan. De witten zijn trouwens al in aantocht: ze komen in duistere zeilschepen en roeibootjes met veel misbaar aangevaren; één roeiboot wordt dan ook aangevallen door een onbekend soort zeemonster.

Het geschilderde tafereel speelt zich dus niet 'nu' af maar in het verleden van het verre land, dat inmiddels zo dichtbij gekomen is. Naast de ambachtelijke perfectie van de Chinese schildertraditie vallen ook andere dingen op in de manier waarop een en ander vormgegeven is: gebeurtenissen die niet op hetzelfde moment plaatsvinden worden wel op één vlak afgebeeld, wat reminiscenties oproept aan middeleeuwse voorstellingen en datzelfde geldt voor het feit dat niets in proportie of perspectief is afgebeeld: de zeilboten zijn heel klein, de roeiboten onevenredig groot; weliswaar zijn de zeilboten verder weg, maar niet op een manier die een dergelijk formaatverschil rechtvaardigt vanuit een 'realistisch' standpunt. Een en ander geeft het werk een schijnbaar primitief aanzien met een sterke nadruk op 'schijnbaar' want het werk is gemaakt in 2006 en de kunstenaar weet heus wel beter: het is zo bedoeld omdat de mededeling metaforisch is en niet realistisch wil zijn, op een geraffineerde manier die tegelijkertijd zeer oude en zeer eigentijdse trekken vertoont.

Er wordt dus een verhaal verteld in visuele vrije associaties en dat verhaal gaat eigenlijk over het ontdekken en in kaart brengen van 'een ver land' en ook van de geschiedenis van het verre land. Het verre land is ook een oud land, net als China, ouder zelfs – er waren eerder mensen in Australië dan in China, naar het schijnt. Tegelijkertijd is het verre land sinds zestien jaar de woonplaats van de kunstenaar en zo is het tegelijkertijd ver weg en dichtbij, de kenmerkende situatie waarin de migrant zich bevindt ten opzichte van een nieuwe cultuur en die voor de kunst zo vruchtbaar kan zijn. Het werk is tegelijkertijd bescheiden en uitgesproken, zoals het zich ook primitief én geraffineerd voordoet. Het verhaal dat hier verteld wordt is er een van ambiguïteit, van nabijheid en afstand, van vroeger en nu, van het oude land en het nieuwe land. In de buitengewoon verfijnde en slimme manier waarop de kunstenaar het beeldvlak heeft ingericht toont hij zich een erudiete chroniqueur van de migratie, toeschouwer én deelnemer tegelijk. PP

In het hoofdstuk *Me & Australia / Australia & Me*, elders in deze catalogus zijn nog een aantal van Guan Wei's 'landkaarten' opgenomen./ *The chapter Me & Australia / Australia & Me, earlier on in this catalogue includes a number of other 'maps' by Guan Wei.*

are evidently the original inhabitants of the distant country, the Aborigines who will later be colonized by white people, murdered, repressed, placed in reserves and subjected to just about everything that white people have repeatedly done to black and brown people all over the world. In actual fact, the white people are already advancing; they will arrive in sinister sailing ships and rowing boats making a great deal of noise. One rowing boat will be attacked by an unknown sort of sea monster.

The picture painted is not therefore taking place 'in the present' but in the past of a distant country which has now moved much closer by. In addition to the perfect craftsmanship of the Chinese painting tradition, other factors are also discernible with regard to the way in which things are shaped. Events that did not take place at the same time are depicted together on a single plane which evokes reminiscences of medieval images and this also applies to the fact that nothing is depicted in proportion or in perspective. The sailing boats are very small and the rowing boats disproportionately large; it's true that the sailing boats are further away, but they are not at such a distance that the difference in size is justifiable from a 'realistic' point of view. These factors give the work an apparently primitive look with a strong emphasis on 'apparent' as the work was made in 2006 and the artist definitely knows better; it is meant to be that way, as the statement is supposed to be metaphorical and not realistic, in a refined manner which is very old and very contemporary at the same time and demonstrates extremely contemporary features.

A story is therefore narrated in visually free associations and that story is in fact about the discovery and mapping of 'a distant country' as well as the history of that distant country. The distant country is also an old country, as is China, in fact even older, as it appears that Australia was populated before China. At the same time, the distant country has been the artist's place of residence for the last sixteen years, making it far away and close by at the same time. This is a typical situation for a migrant to find himself in with regard to a new culture and one which is potentially highly productive in terms of art. The work is both modest and explicit, and both primitive and refined. The story told here is one of ambiguity, of nearness and distance, of the past and the present, of the old country and the new. In the extraordinarily refined and clever way in which the artist has structured the focal plane he has shown himself to be an erudite chronicler of migration, and simultaneously a spectator and a participant. PP

HAAGS HISTORISCH MUSEUM DUYFKEN

De ambassade van Nederland in Australië liet ter herinnering van het 400-jarig contact tussen Nederland en Australië een bijzondere Aboriginal Prenten Portfolio maken.

De portfolio kwam tot stand dankzij een unieke samenwerking met de Australian Print Workshop (APW), een van de meest vooraanstaande zeefdruk-ateliers in Australië.

Van 4 juli tot en met 8 juli 2006 kwamen tien Aboriginal kunstenaars samen in Fitzroy, Melbourne, om deel te nemen aan de speciale prentdruk workshop georganiseerd door APW. De kunstenaars kwamen van verre uit heel Australië; Melville Island, Arnhem Land, Cape York, Eastern Australia en Tasmanië.

Het thema voor de reeks prenten is 'eerste ontmoetingen' en met de titel voor de portfolio zelf wordt verwezen naar de naam van het eerste Nederlandse schip dat landde op de Australische kust, de Duyfken.

The Aboriginal Print Portfolio commissioned by the Embassy of the Kingdom of the Netherlands to Commemorate 400 years of Dutch contact with Australia

The Embassy of the Kingdom of the Netherlands' commemoration of the 400th anniversary of Dutch-Australian relations is realised in a unique way through a collaboration with Australian Print Workshop (APW), one of the most prominent art print workshops in Australia.

From the 4th to the 8th of July 2006, ten of Australia's most talented and emerging Indigenous artists came together in Fitzroy, Melbourne, to take part in a printmaking workshop conducted by APW. The artists came from far a field, from Melville Island, Arnhem Land, Cape York, Western Australia and Tasmania.

The theme of the set of prints is 'first encounters' and the title of the portfolio is derived from the name of the first Dutch ship to land on Australian shores, the Duyfken.

Laurel Nannup
(1943, Carrolup, south western Australia)
Karen Casey
(1956, Hobart, Tasmania)
Dulamari (Djalinda Yunupingu)
(1954, north east Arnhem Land)
Allan Mansell
(1957, Tasmania)
Dhuwarrwarr Marika
(1956, north east Arnhem Land)
Janice Murray
(1966, Melville Island)
Garry Namponan
(1960, Arunkun)
Chris Pease
(1969, south coast of Western Australia)
Leonie Pootchemunka
(Aurunkun)
Pedro Wonaeamirri
(1974, Melville Island)

Courtesy of:
Ministerie van Buitenlandse Zaken - Den Haag / The Hague

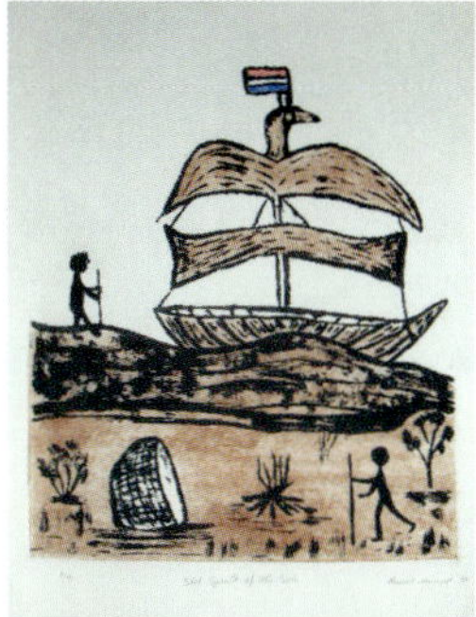

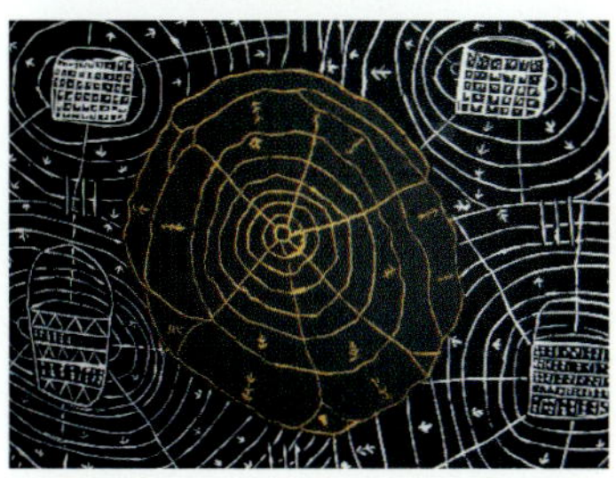

184 PAGES 8 PAGES COVER 235 M

NOTTABLHCU

MM WIDTH 615 GRAMS PAPER GO

KER 1 DAVID 16 LITER KOFFIE 1

12 QUIRES GREEN 100/0/100/0 YEL

VERTALERS 2 FOTOGRAFEN 1 ERG

41 ARTISTS 16 WRITERS 2 DESIGN

16 SCHRIJVERS 2 ONTWERPERS

4 TRANSLATORS 2 PHOTOGRAPHER

EN 100/0/100/0 GEEL 0/10/100/0 N

PATIENT PRINTER 1 DTP ARTIST 16

15 GRAM PAPIER GO MATT 150 GS

COFFEE 1 CRASHED BALLOON

PAGINA'S OMSLAG 235 MM HOOG

EIGHT 165

NEERGESTORT

TT 150 GS

GEDULDIGE DR

0/10/100/0

1 REDACTEUR

1 EDITOR

41 KUNSTEN

1 VERY

12 KATERNS

ERS OF

165 MM BRE

184 PAGINA'S

ATRIUM

Spui 70 | 2511 BT | Den Haag | www.atriumdenhaag.nl

VIDEOPROGRAMMA / VIDEOPROGRAMME

DESTINY DEACON - FORCED INTO IMAGES - 2001
Destiny Deacon (*) & Virginia Fraser
Forced into Images, 2001,
duration 9 minutes
(*) Destiny Deacon (Maryborough, Queensland, 1957,
of KuKu [Far-North Queensland] & Erub/Mer [Torres Strait] peoples),
artist / photographer, plus performer, video-maker, writer and broadcaster

TRACY MOFFATT - HEAVEN - 1997
Courtesy of: the Artist and Roslyn Oxley9 Gallery, Sydney

NATASHA JOHNS-MESSENGER - FLAME - 2006

DESTINY DEACON - I DON'T WANNA BE A BLUDGER - 1999
Courtesy of: the Artist and Roslyn Oxley9 Gallery, Sydney

SCULPTUUR / SCULPTURE

KOEN WASTIJN – TERMITE ONE 2003-2006
zie ook pagina 101

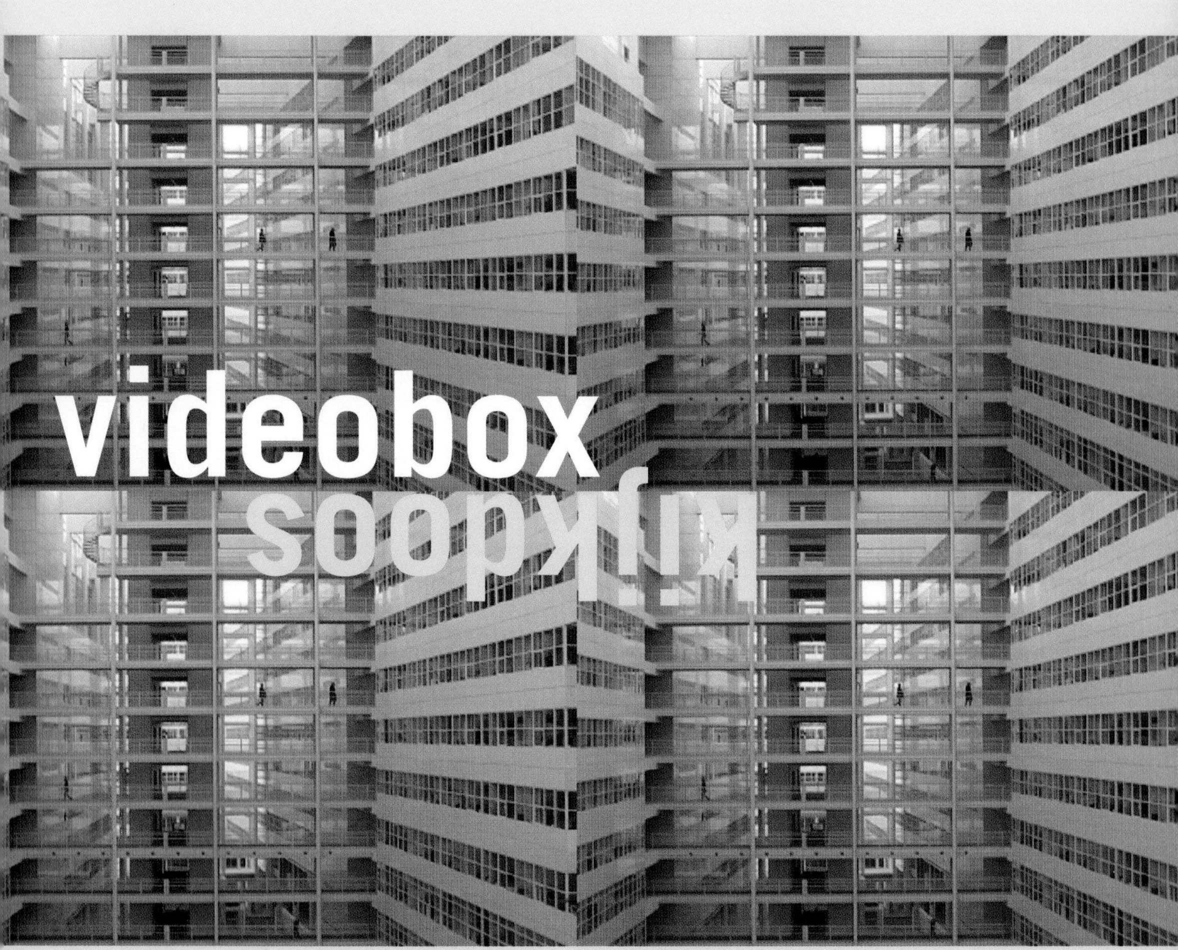
videobox
klikdoos

ATRIUM DANIEL VON STURMER

New Zealand / Australia
1972

Sommige kunstenaars zijn in staat om met bijna niets een indrukwekkend en gelaagd werk te maken. Daniel von Sturmer is zo'n
kunstenaar. Veel van zijn werk, zowel in de 'openbare ruimte' als in
kunstinstituten heeft een analytische, vaak polemische betekenis
ten opzichte van het functioneren van kunst en de kunstcontext in
het algemeen.

Voor een aantal videowerken geldt dat minder; *"Horizontal Hold"*
[Horizontaal houvast], een werk van nog geen zes minuten, is daar
een voorbeeld van. Het is te zien in het Atrium van het stadhuis op
twee grote LCD-schermen die met elkaar een hoek vormen zodat
het dus lijkt of het werk als het ware ook 'de hoek omgaat'. Het
is met twee camera's opgenomen, dus de receptie weerspiegelt
letterlijk de productie. Opmerkelijk genoeg beweegt het werk zich
van rechts naar links, dus tegen onze leesrichting in. Er is maar
één beeldmiddel: horizontale strepen papier die kennelijk net
uit een papierversnipperaar komen die zich ergens rechts buiten
beeld moet bevinden.

In het begin gaat het er keurig aan toe, evenwijdige banen papier
bewegen zich van rechts naar links en daarna het scherm uit op weg
naar een plek die we niet kennen. Hier kun je je al afvragen wat er
eigenlijk aan de hand is: normaal gesproken verdwijnen zulke stroken papier in een prullenbak. Hoewel het allemaal heel regelmatig
gaat is duidelijk (zeker als je het werk al een paar keer gezien hebt)
dat iedere strook toch net ietsje anders beweegt dan de andere.
Dat is ook te verwachten, het gaat tenslotte om dun en licht papier,
maar het is niet meer dan de aanzet tot wat komen gaat.

En dat is, zo lijkt het, een hapering in het apparaat: plotseling
stokt de doorgaande beweging en ontstaat op het scherm een
soort opstopping waarbij iedere orde vrijwel onmiddellijk verloren
gaat en vervangen wordt door stroken papier die dan bij gebrek
aan ruimte over elkaar heen en onder elkaar door willen, desnoods
met geweld. Wat aanvankelijk een rustige, gelijkmatig kabbelende
zee van papier leek is nu een stormvloed aan het worden, met
hoge golven die dreigend aan komen rollen met vernietigende
kracht. Met andere woorden: een minimale verandering in een
goedlopend systeem heeft soms grote gevolgen het systeem
draait door en gaat wild geworden over in een organische, zichzelf
(ont)regelende natuurkracht.

Je zou het ook politiek kunnen duiden: het systeem draait dol, de
massa volgt de sterkste en baant zich blindelings een weg door
wat er ook maar op zijn weg komt. Die associatie wordt sterker
naarmate de video vordert: wat eerst torenhoge golven waren lijken nu een soort gevaarlijke insecten die, als in een sciencefiction

*Some artists are capable of making an impressive and
stratified work out of virtually nothing. Daniel von Sturmer is such an artist. Much of his work, both in the
'public space' and in art institutes has an analytical,
often polemic meaning with regard to the functioning
of art and the art context in general.*

*For a number of video works, this applies to a lesser
extent; "Horizontal Hold", a work of less than six
minutes, is one such example. It can be viewed in
the Atrium of the town hall on two large LCD screens
which together form a corner, so that it looks as if the
work is also 'going round the corner' as it were. It was
shot with two cameras, and the reception therefore
literally reflects the production. Remarkably enough,
the work moves from right to left, counter to the
direction we read in. There is only one visual image;
horizontal strips of paper which have obviously just
come out of a paper shredder located somewhere out
of sight to the right.*

*At the beginning, it all seems to be running smoothly,
with parallel strips of paper moving from right to left
and then off the screen toward an unknown destination. The spectator may be forgiven for wondering what
exactly is going on; normally, these kinds of strips of
paper would quickly end up in a waster paper bin.
Although it's all very regular, it is clear (definitely if
you've seen the work a few times) that each strip is
moving slightly differently to the others. This is also to
be expected, as thin and light paper is used, but it is
no more than the initial stages of what is to come.
What happens next, so it would appear, is a faltering
of the equipment; suddenly, the continual movement
is interrupted and a sort of jam occurs on the screen
whereby all order is immediately lost and replaced by
strips of paper which lacking space, attempt to move
over and under each other, if necessary by means of
force. What initially appeared to be a calm, steady rip-
pling sea of paper quickly becomes a storm tide, with
high surging waves advancing with destructive force.
In other words; a minimal change in a well-functio-
ning system sometimes has great consequences - the
system goes haywire and is transformed into a wildly
organic, self-(de)regulating force of nature.*

*You could give it a political interpretation; the system
goes off the rails, the masses follow the strongest and
blindly push past whatever they encounter on their
way. This association gains intensity as the video
progresses; what were first tower-high waves now seem
to become a sort of dangerous insects which, as in a
science fiction film, crawl forward as one body, devou-
ring everything in their way; the revolt of the masses.*

film *en masse* verder kruipen, alles verslindend waar ze toevallig langskomen: de opstand der horden.

De oorspronkelijke stroken zijn allang een onontwarbare kluwen geworden, met gaten erin waar ze zich elders ophopen en waar het allemaal naartoe gaat blijft onbekend: alles lijkt in zichzelf vast te lopen.

Beeldend gezien ontstaan er steeds verschillende structuren op het thema 'kluwen' die in principe toevallig tot stand komen, of, liever gezegd, als gevolg van één enkele manipulatie met de versnipperaar. Je kunt die beelden ook als geheel abstract zien, als een neutrale, wetmatige opeenvolging, maar mij dunkt dat interpretatie hier nadrukkeleijk vraagt om een metaforische benadering: die massa, zijn we dat niet zelf, maken we daar zelf niet deel van uit wanneer we als schadelijke insecten alles opvreten en anderszins vernietigen wat we op aarde tegenkomen, terwijl we de wereld als een tsunami de wereld overspoelend een spoor van vernietiging achterlaten? En zijn we zelf niet ook de aanstichters van het hele gebeuren? Iemand moet hier achter de knoppen zitten, dat kan geen kracht van buitenaf zijn: het is te gemakkelijk om de onzichtbare hand aan de papierversnipperaar bijvoorbeeld George W. Bush te noemen. Of 'neokolonialisme' of 'islamitisch fundamentalisme, of 'kapitalisme' of wat dan ook: we hebben allemaal samen de papierversnipperaar ontregeld en we zijn allemaal daders en meelopers, die zich willoos (of machteloos) mee laten voeren op de stroom zonder verantwoordelijkheid te willen of kunnen nemen.

Het werk eindigt als het scherm geheel gevuld is met een gigantische, niet meer bewegende kluwen papierstroken (die stroken, dat zijn wij dus). In het begin vroeg ik me af waar gaat dit heen. Het antwoord wordt in het laatste beeld gegeven: het gaat uiteindelijk nergens meer heen en dan zijn we niet alleen daders en meelopers, maar ook slachtoffers, we hebben ons eigen lot bezegeld. Hoewel dit werk in zekere zin ook enigszins humoristisch is vergelijkbaar met wanneer er weer eens iets voorspelbaar mis gaat bij Laurel & Hardy c.s. en qua beeldmateriaal van een verbluffende simpelheid is, geloof ik dat het zich wel degelijk leent voor een – toegegeven – tamelijk pathetische interpretatie als hierboven opgeschreven. Ik vermoed zelfs dat het vanuit die gedachte ontwikkeld is. Zo ongeveer gaat de mensheid om met de aarde en met de eigen soort. Het ontbreekt ons niet aan waarschuwingen en misschien is dit er eentje uit de wereld van de beeldende kunst, een werk dat en passant bewijst dat 'engagement' niet één op één hoeft te zijn om effectief te wezen: er vloeit geen bloed, er gaat niemand dood maar de boodschap is overduidelijk en des te klemmender vanwege de metaforiek, vanwege de transformatie van het gegeven: dat is wat een kunstwerk kwaliteit geeft. PP

The original strips have gradually become a tangled knot with gaps caused by the paper piling up elsewhere. The goal is now unknown, with everything seemingly jammed tight.

Visually seen, different structures with regard to the theme of 'tangle' continually arise, in principle by coincidence, or rather, as a result of a single manipulation of the shredder. You can also see the images as being totally abstract, as a neutral, systematic succession, although it seems to me that interpretation here explicitly requires a metaphorical approach. Those masses, are they not us, are we not part of it ourselves when as dangerous insects we make it our business to consume everything in our path or otherwise destroy all that we encounter in our world, flooding the earth as a tsunami and leaving a trail of destruction behind us? And are we not the instigators of the whole thing ourselves? Somebody has to be operating the controls here, and it can't be an outside force; it is too easy to call the invisible hand of the paper shredder George W. Bush, for example or else 'neo-colonialism' or 'Islamic fundamentalism, of 'capitalism' or whatever else we think up. But we have all disrupted the paper shredder together and we are all perpetrators and hangers-on who allow ourselves to be swept along by the current without offering any resistance and without wanting or being able to take any personal responsibility.

The work comes to an end when the screen is completely full of a gigantic, now static tangled ball of paper strips (those strips are us). At the beginning, I wondered where it would all lead to. The answer is provided in the last image; in the final analysis, it leads nowhere and so we are no longer just perpetrators and hangers-on, but also victims, having sealed our own fate. Although in a certain sense this work is rather funny, in a way comparable to when something very predictably goes wrong again with Laurel & Hardy, and in terms of visual material, it is of a staggering simplicity, I believe that it can also be definitely subjected to a (admittedly rather emotionally-charged) interpretation as set out above. I even suspect that its development was prompted by such a line of thought. This is more or less the way that humanity treats the earth and its own sort. There are no lack of warnings, and this may be one from the world of visual art, a work that proves in passing that 'engagement' does not need to be one-to-one in order to be effective. In this work, no blood is shed and no one dies but the message is as clear as daylight and all the more cogent on account of its metaphoricism, on account of the transformation of the given fact; this is what gives an artwork quality. PP

'Zo is het leven'
'Such is life'

Ned Kelly

Edward 'Ned' Kelly werd al tijdens zijn korte leven (1855 – 1880) de beruchtste struikrover [bushranger] en beroemdste volksheld van Australië. Nog altijd is Ned Kelly een Australisch icoon met een ijzersterk imago dat balanceert tussen een romantische Robin Hood-achtige activist en een vogelvrije vrijbuiter die in de stijl van Bonny & Clyde voor hij opgeknoopt wordt nog een memorabele, relativerende one-liner voor het nageslacht weet achter te laten: 'Such is life'.

Ned Kelly was een zoon van een Ier, die als gevangene was afgevoerd naar Australië. Ierse 'vrije' Australiers werden net als thuis door de Engelse gezagdragers down under als tweederangs burgers behandeld. Op veertienjarige leeftijd kwam Ned voor het eerst in aanraking met de politie. Twee jaar later kreeg hij – al dan niet op valse beschuldiging van paardendiefstal – drie jaar gevangenisstraf. Het is eigenlijk niet zo verwonderlijk dat Kelly, die met zijn strafblad niet veel te verliezen had, in zijn criminele carrière als bankrover ook een strijd tegen de gevestigde orde zag. Bij de bankovervallen die hij pleegde samen met zijn bende de Kelly Gang, had hij de gewoonte om een brief achter te laten waarin hij zijn politieke motieven uiteen zette. Vooral het onrecht dat de Ierse bevolking en hemzelf in het bijzonder werd aangedaan, wilde hij zwart op wit wereldkundig maken. Maar de politie zorgde ervoor dat zijn felle aanklachten niet verspreid werden. Ook de speciaal voor publicatie geschreven, beroemde Jerilderie brief uit 1878, kwam pas in 1930 boven water. Deze lange brief versterkte Ned Kelly's reputatie als een charismatische, gedreven held, die bijna letterlijk in het harnas en slechts 25 jaar oud aan zijn einde. Maar in dat korte leven had hij wel als ongeletterde rebel een eigen stem weten toe te voegen aan de koloniale geschiedenis van Australië.

Alle bruikbare en aantrekkkelijke ingrediënten voor een echte

During his short life (1855 – 1880) Edward 'Ned' Kelly became the most notorious bushranger and the most famous people's hero of Australia. Today, he is still an Australian icon with a iron-clad image somewhere between a romantic Robin Hood-like activist and an outlawed freebooter who in the style of Bonny & Clyde, before being hanged by the neck, managed to leave future generations the memorable, relativizing one-liner Such is life.

Ned Kelly was the son of an Irishman, who was carried off to Australia as a prisoner. The English authorities also treated 'free' Irish Australians the same way down under as at home – as second-hand citizens. At the age of fourteen, Ned had his first brush with the law. Two years later, he received a three-year prison sentence for a charge of horse theft which it seems may have been false. It is not particularly surprising that Kelly, who with his criminal record had little to lose, saw his career as bank robber as a fight against the establishment. At the bank raids that he carried out together with his gang, the Kelly Gang, he had the habit of leaving a note explaining his political motives. He was particularly intent on telling the world about the unjust treatment of the Irish people in general and himself in particular. However, the police made sure that his fierce indictments of society were not spread. The famous Jerilderie letter of 1878 written especially for publication only reemerged in 1930. This long letter enhanced Ned Kelly's reputation as a charismatic, passionate hero, who came to his end almost literally in harness at the tender age of 25. However, in his short life as an illiterate rebel, he succeeded in leaving his mark on the colonial history of Australia.

Ned Kelly has all the usable and attractive ingredients required for a real people's hero; outlawed, dangerous, heroic death (execution) at a young age, the sympathy of the people or public for the underdog, opposition to oppression, imagination-inspiring and spectacular bank raids with his Kelly Gang and last but not least his famous, improvised harness

volksheld zijn kortom bij Ned Kelly aanwezig: vogelvrij, gevaar-lijk, heroïsche dood (terechtstelling) op jonge leeftijd, sympathie van het volk of publiek voor de underdog, verzet tegen onderdrukking, tot de verbeelding sprekende, spectaculaire bankovervallen samen met zijn Kelly Gang en niet te vergeten het fameuze, geïmproviseerde harnas gemaakt van omgesmede ploegscharen dat meer dan 40 kilo woog.

De schilder Sidney Nolan heeft in de jaren veertig van de vorige eeuw Ned Kelly als nationaal icoon op de kaart gezet vooral door het onorthodoxe harnas van Kelly in te zetten als het ultieme attribuut van deze Australische legende. Overal in Australië zie je hiervan afgeleide Kelly-beeltenissen opduiken. Ned Kelly is inmiddels als held met goed/slecht-imago – voor elk wat wils – een 'onschuldige' mascotte geworden van het culturele Aussie erfgoed. *MJdR*

Meer lezen over Ned Kelly: Peter Carey, Ned Kelly, True History of the Kelly Gang *(2000)*
Ned Kelly in actie op het filmdoek: Mick Jagger als Ned Kelly in de gelijknamige film van Tony Richardson uit 1970. Recent speelde de Australische filmster Heath Ledger de down under *held in* Ned Kelly *van Gregor Jordan (2003).*
Muziek geïnspireerd door Ned Kelly, luister naar bv Ned Kelly *van Johnny Cash op het album* The Man in Black *(1971).*
Ned Kelly inspireert ook kunstenaars nog altijd, bv TV Moore's interpretatie van de belangrijkste gebeurtenissen uit het leven van deze held in de video-installatie The Neddy Project *(2001 - 2004). De kunstenaar TV Moore speelt zelf de rol van Ned .*
(meer info: http://www.roslynoxley9.com.au/artists/67/TV_Moore/)
Meer weten over Ned Kelly via internet:
http://en.wikipedia.org/wiki/Ned_Kelly

made from a reforged ploughshare and weighing more than 40 kilos.
In the forties of the last century, the painter Sidney Nolan put Ned Kelly on the map as a national icon, particularly by using Kelly's unorthodox harness as the ultimate attribute of this Australian legend. Effigies and portraits of Kelly are to be found throughout Australia. Ned Kelly has become the ultimate hero with the sinner-saint image – something to suit all tastes – an 'innocent' mascot of the cultural Aussie heritage. MJdR

More about Ned Kelly: Peter Carey, Ned Kelly, True History of the Kelly Gang *(2000)*
Ned Kelly in action on the silver screen:
Mick Jagger as Ned Kelly in the film of the same name made by Tony Richardson in 1970.
The Australian film star Heath Ledger recently played the down under *hero in* Ned Kelly *by Gregor Jordan (2003).*
Music inspired by Ned Kelly, listen to Ned Kelly *by Johnny Cash on the album* The Man in Black *(1971).*
Ned Kelly continues to inspire artists, e.g. TV Moore's interpretation of the most important events in the life of this hero in the video installation The Neddy Project *(2001 - 2004).*
The artist TV Moore plays the role of Ned himself (more info: http://www.roslynoxley9.com.au/artists/67/TV_Moore/)
Find out more about Ned Kelly on the internet:
http://en.wikipedia.org/wiki/Ned_Kelly

WEDSTRIJD **MIJN NED KELLY**

Den Haag Sculptuur wil graag weten hoe jouw Ned Kelly eruit ziet: held, anti-held, cultheld, volksheld, actieheld, crimineel, terrorist, verzetsheld, vrijbuiter, moordenaar, anarchist, vrijheids-strijder, schelm of schavuit, een robin hood of een james dean, icoon of idool, ...

Laat het ons zien en teken jouw Ned Kelly of leg zijn avonturen vast in een stripverhaal. Tot vrijdag 24 augustus 2007, kun je jouw tekening insturen. **Meer informatie over de wedstrijd vind je op onze website: www.denhaagsculptuur.nl**

COMPETITION **MY NED KELLY**

The Hague Sculpture invites you to show us your Ned Kelly; hero, anti-hero, cult hero, people's hero, action hero, criminal, terrorist, resistance hero, freebooter, murderer, anarchist, freedom fighter, crook or rogue, a Robin Hood or a James Dean, icon or idol ....

*Draw your Ned Kelly or give an account of his adventures in a comic strip. Entries are welcome up to Friday 24 August 2007. **More information on the competition can be found on our website: www.denhaagsculptuur.nl***

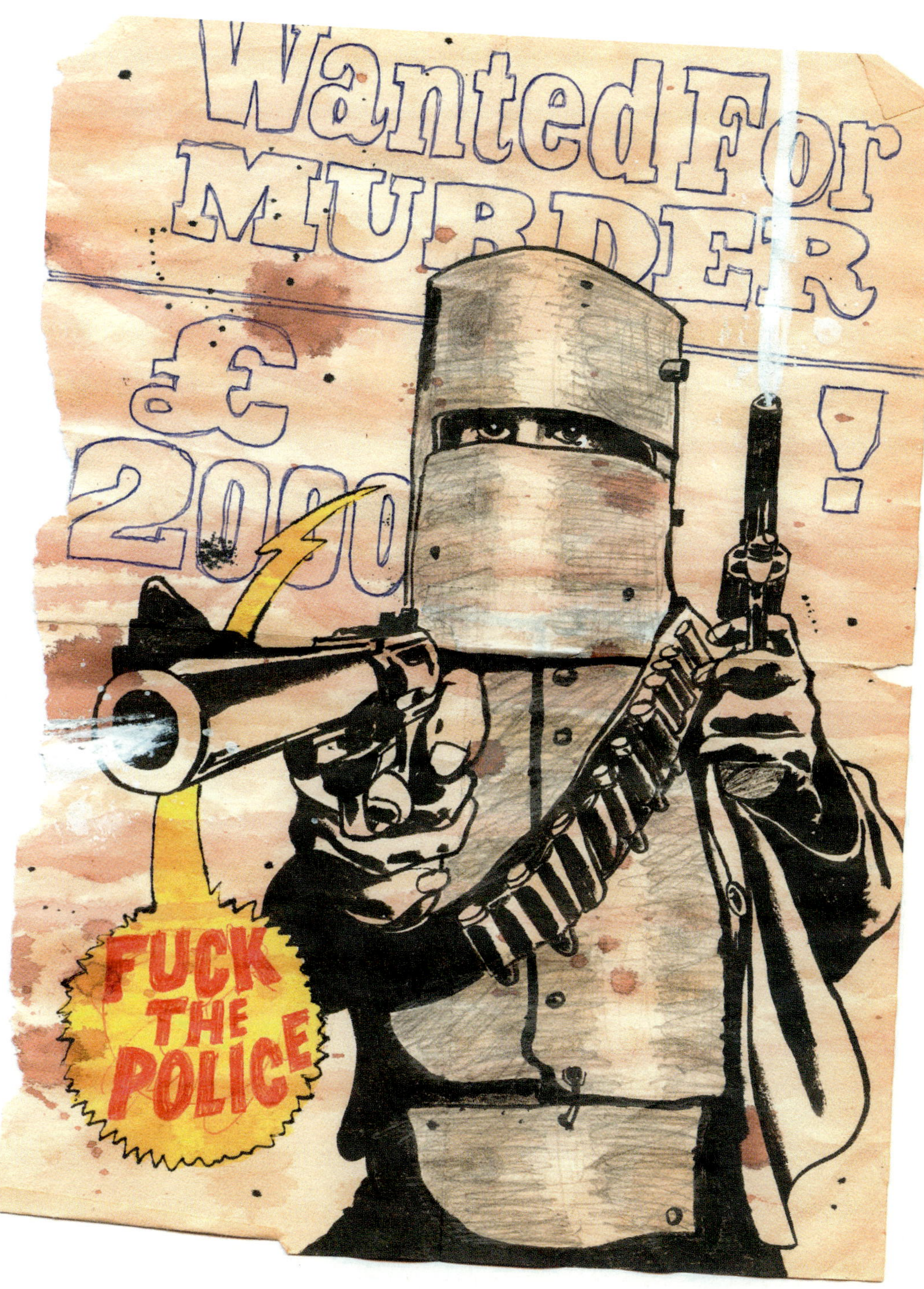
Wanted For
MURDER
£ 2000
!
FUCK
THE
POLICE

SONGLINES

De hele wereld sliep. Alles was stil, niets bewoog, niets groeide. De dieren sliepen onder de grond. Op een dag werd de regenboogslang wakker en kroop naar de oppervlakte. Ze duwde alles opzij dat haar in de weg zat. Ze zwierf rond door het hele land en toen ze moe werd, rolde ze zich op en viel in slaap. Zo liet ze haar sporen achter. Nadat ze overal was geweest, ging ze terug en riep de kikkers. Toen deze tevoorschijn kwamen, zaten hun tonronde buikjes vol met water. De regenboogslang kietelde hen en de kikkers moesten hard lachen. Het water stroomde uit hun bek en vulde de sporen op die de slang had achtergelaten.
Zo ontstonden de rivieren en de meren. Daarna begonnen het gras en de bomen te groeien en de hele aarde kwam tot leven.

Songlines zijn de mondeling overgeleverde verhalen over goddelijke oerwezens die de wereld tijdens hun reizen loszingen en sporen nalaten waaruit alles wat op aarde bestaat, voortkomt: bergen, rivieren, planten, dieren èn mensen.
De oorspronkelijke bewoners van Australië, de Aborigines, hebben een hele speciale manier om hun culturele tradities die al zo'n vijftigduizend jaar oud zijn, in stand te houden; *songlines* – droomsporen – die het contact onderhouden en oproepen met de *Dreamtime* – Droomtijd – een soort van voortijd, een eeuwig-altijddurende tijdspanne zonder einde of begin. Voor Aborigines is verleden, heden en toekomst gewoon één geheel en via het ritueel van songlines blijft een direct levendig contact bestaan met deze oertijd die was, is en altijd zal zijn.
Songlines zijn eigenlijk hele precieze van mond tot mond overgeleverde landkaarten boordevol met weetjes, handige tips, routebeschrijvingen, magie en spannende mythische verhalen. Via songlines en dreaming – met open ogen dromen – oftewel het ervaren en voordragen van de *songlines*, draag je je cultuur als scheppingsverhalen en praktische wegwijzers van de omgeving waar jezelf deel van uitmaakt, heel praktisch en vanzelfsprekend altijd met je mee. En omdat elke Aboriginal stam zijn eigen stukje landkaart behorend bij zijn stamtotem onthoudt en onderhoudt – ervoor zorgt dat geen détail eruit vergeten wordt – vormen al die *songlines* bij elkaar een uitgebreid en waardevol kennisreservoir van de Aboriginal samenleving. Tussen de Aborigines verspreid over dat uitgestrekte eiland-continent Australië bestaan onderling grote culturele verschillen en worden er vele verschillende Aboriginal talen gesproken, maar door de *songlines* is iedereen – onderdeel uitmakend van dat complexe netwerk – toch altijd heel intens met elkaar verbonden. MJdR

The whole world was asleep. Everything was quiet, nothing moved, nothing grew. The animals slept under the earth. One day the rainbow snake woke up and crawled to the surface of the earth. She pushed everything aside that was in her way. She wandered through the whole country and when she was tired she coiled up and slept. So she left her tracks. After she had been everywhere she went back and called the frogs. When they came out their tubby stomachs were full of water. The rainbow snake tickled them and the frogs laughed.
The water poured out of their mouths and filled the tracks of the rainbow snake. That's how rivers and lakes were created. Then grass and trees began to grow and the earth filled with life.

Songlines are traditional oral stories passed down from one generation to the next about divine primal creatures who during their travels sing the world into being, leaving tracks that bring forth all that exists on earth; mountains, rivers, plants, animals and humans ofcourse.
The original inhabitants of Australia, the Aborigines, have a very special way of maintaining their cultural traditions of around fifty thousand years old, namely songlines, which maintain and call up contact with Dreamtime, a sort of primeval time, an eternal, everlasting period without beginning or end. For Aborigines, the past, present and future form an indivisible whole and the ritual of songlines ensures the continued existence of direct lively contact with this primeval age that was, is and always will be. Songlines are actually story maps very precisely passed down from generation to generation by word of mouth, full of useful details and tips, directions, magic and exciting mythical stories. Via songlines and dreaming, or in other words experiencing and presenting the songlines, Aborgines carry their culture, in the form of stories of creation and practical indicators of the environment that they are part of, with them at all times in a practical and self-evident way. And because each Aboriginal tribe remembers and maintains their own piece of map belonging to their tribal totem, making sure that no details are forgotten, together, these songlines form a valuable reservoir of knowledge of Aboriginal society. Among the Aborigines spread over the vast island continent of Australia there are great cultural differences and numerous Aboriginal languages are spoken, but the songlines ensure that everyone forming part of that complex network is nevertheless very intensely interconnected. MJdR

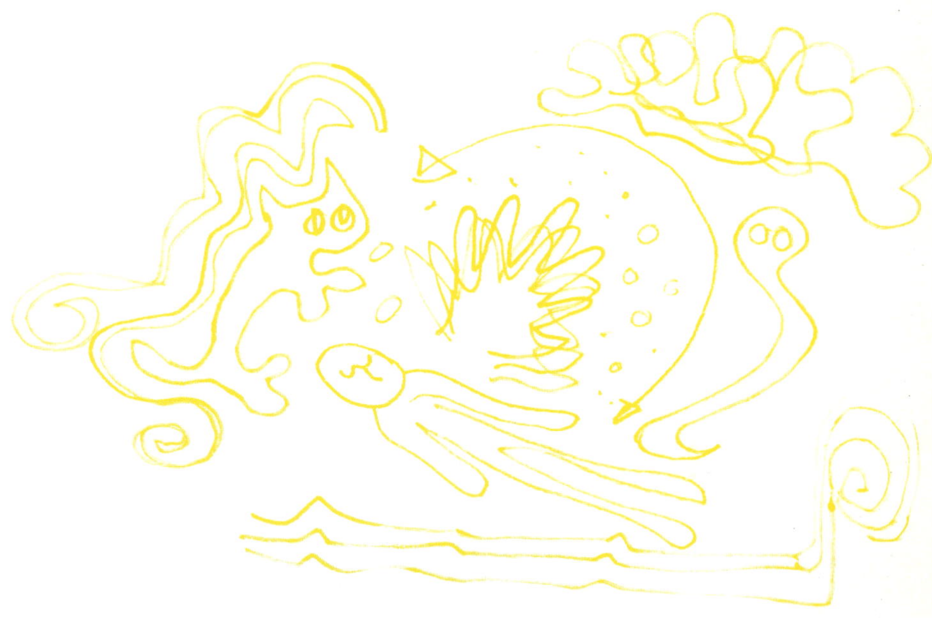

MIJN DROOMSPOOR

Kun jij een verhaal of een liedje bedenken waarin je
vertelt hoe je omgeving bijna als in een droom jouw
verhalenlandkaart wordt, zodat je waar je ook bent
altijd weet hoe thuis voelt. Jouw verhaal of liedje, jouw
droomspoor, dat altijd en overal met je mee gaat, met je
meereist in je hoofd en op straat, kun je tot vrijdag
24 augustus 2007 naar ons toesturen.
Meer informatie over de wedstrijd vind je op onze website:
www.denhaagsculptuur.nl

tip: Een spannend reisverhaal over *Songlines*: Bruce Chatwin,
The Songlines (1987)

MY SONGLINE

Think up a story or song which tells us how, in a dreamlike way,
your environment becomes your story map, so that wherever you
are you always know how home feels. Your songline, which is with
you all the time and everywhere you go, both inside your head
and out on the streets, can be sent to us up to Friday 24 August
2007.
For more information about the competition, visit our website:
www.denhaagsculptuur.nl

COLOFON
COLOPHON

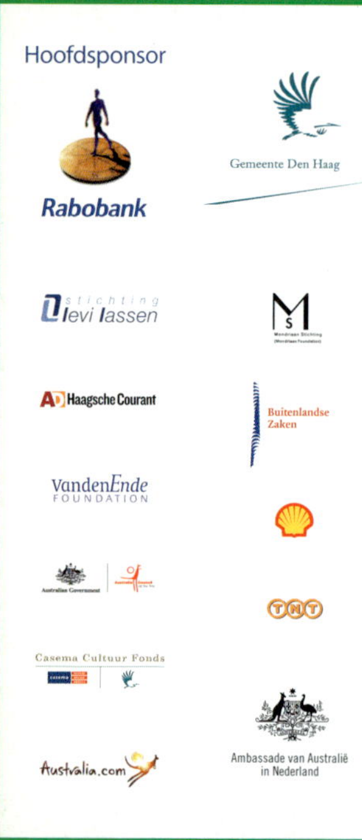

SPONSORS

Atelier van Zijderveld WWW.VANZIJDERVELD.COM
BBP Haaglanden WWW.BBPHAAGLANDEN.NL
Buko WWW.BUKO.NL
Citytec WWW.CITYTEC.NL
Gebr. Van den Burg
Het Bijenhuis WWW.BIJENHUIS.NL
Bouwfonds WWW.BOUWFONDS.NL
Dave Storm Kassenbouw WWW.BROEIKASSEN.COM
Eneco Energie WWW.ENECO.NL
GOM Schoonhouden WWW.GOM.NL
HTM Personenvervoer WWW.HTM.NL
Jac van der Veen Evenemententechniek,
WWW.JACVANDERVEEN.NL
Ontwerpwerk WWW.ONTWERPWERK.COM
The People of the Labyrinths WWW.LABYRINTHS.NL
Stadskwekerij Den Haag
Steegman Electrotechniek WWW.STEEGMAN.NL
Stichting Culturele Detachering
Werkzoekenden WWW.SCDW.NL
Stichting Westlandse Druif
WWW.WESTLANDSEDRUIF.NL
UTS Link CS WWW.UTSLINK.COM

KUNSTENAARS / ARTISTS

Brook Andrew
James Angus
Robyn Backen
Harold de Bree
Jon Campbell
Destiny Deacon
Mikala Dwyer
Shaun Gladwell
Richard Goodwin
Fiona Hall
Peter Hennessey
Bill Henson
Danius Kesminas / The Histrionics
Harmen de Hoop
John Kelly
Natasha Johns-Messenger
Erik Jutten & Ramon Ottenhof
Ram Katzir
Hans Ligteringen
Robert MacPherson
Tracey Moffatt
Callum Morton
Noel McKenna
Ron Mueck
Patricia Piccinini
Patrick Freddy Puruntatameri
Pius Tipungwuti
Jan van der Ploeg
Lisa Roet
Daniel von Sturmer
Ricky Swallow
Koen Wastijn
Louise Weaver
Guan Wei
John Wilson
Pedra Wonaeamirri
Ah Xian
Anne Zahalka

BRUIKLEENGEVERS / LENDERS

Aboriginal Art Museum Utrecht WWW.AAMU.NL
Anna Schwartz Gallery, Melbourne
WWW.ANNASCHWARTZGALLERY.COM
Art Gallery of New South Wales, Sydney
WWW.ARTGALLERY.NSW.GOV.AU
Aschenbach & Hofland Galleries,
Amsterdam WWW.GERHARDHOFLAND.COM
CALDIC Collectie Rotterdam WWW.CALDIC.COM
Cigrang Freres, Antwerpen WWW.COBELFRET.COM
Darren Knight Gallery, Sydney
WWW.DARRENKNIGHTGALLERY.COM
Galerie West, Den Haag
Gallerie Tache Lévy, Brussel WWW.TACHE-LEVY.COM
Grantpirrie Galleries, Sydney
WWW.GRANTPIRRIE.COM
Jilamara Arts and Craft, Tiwi Islands
WWW.JILAMARA.COM
Karen Woodbury Gallery, Sydney
WWW.KWGALLERY.COM
Museum of Contemporary Art, Sydney
WWW.MCA.COM.AU
Openluchtmuseum voor Beeldhouwkunst
Middelheim, Antwerpen
MUSEUM.ANTWERPEN.BE/MIDDELHEIMOPENLUCHTMUSEUM

Roslyn Oxley 9 Gallery, Sydney
WWW.ROSLYNOXLEY9.COM.AU
Sherman Galleries, Sydney
WWW.SHERMANGALLERIES.COM.AU
Tolarno Galleries, Melbourne
WWW.TOLARNOGALLERIES.COM
Yuill Crowley Gallery, Sydney
Private collection, Hans Démoed & Geert
de Rooij
Private collection of William Nuttall and
Annette Reeves
Private collection of James & Jacqui Erskine
Private collection John Morrissey, Sydney

DEN HAAG SCULPTUUR TE GAST BIJ…: / THE HAGUE SCULPTURE AS A GUEST OF…:

De Affiche Galerij Den Haag
Artoteek Den Haag WWW.ARTOTEEKDENHAAG.NL
Stichting Atrium Den Haag
WWW.ATRIUMDENHAAG.NL
Escher in het Paleis WWW.ESCHERINHETPALEIS.NL
Gem / Fotomuseum Den Haag
WWW.GEM-ONLINE.NL / WWW.FOTOMUSEUMDENHAAG.NL
Haags Historisch Museum
WWW.HAAGSHISTORISCHMUSEUM.NL
Kloosterkerk WWW.KLOOSTERKERK.NL
Stroom HCBK WWW.STROOM.NL

DEN HAAG SCULPTUUR / THE HAGUE SCULPTURE 2007

Maya Meijer-Bergmans
DIRECTEUR / DIRECTOR
Marie Jeanne de Rooij
PROJECTCOÖRDINATOR / CURATOR
Hans Ligteringen
PROJECT-MEDEWERKER / PROJECT-ASSISTANT
Sophie Olie
PROJECT-MEDEWERKER / PROJECT-ASSISTANT
Colin Huizinga PR
Caroline Zaegel
PROJECT-ASSISTENT / PROJECT-ASSISTANT

STICHTINGSBESTUUR / BOARD

Mr. M. Tabaksblat VOORZITTER / CHAIRMAN
Prof.Dr. L.M.B. Mennes
PENNINGMEESTER / TREASURER
G.W.B. van Nooten secretaris SECRETARY
Drs. C.H.J. van Leeuwen BESTUURSLID / MEMBER
S. Tóth VICE-VOORZITTER / VICE-CHAIRMAN
Mr. H.J.A. Knijff BESTUURSLID / MEMBER

COMITÉ VAN AANBEVELING / COMMITTEE OF RECOMMENDATION

Drs. W.J. Deetman VOORZITTER / CHAIRMAN
BURGEMEESTER VAN DEN HAAG / MAYOR OF THE HAGUE
A. Jorritsma-Lebbink
BURGEMEESTER ALMERE
Ir. G.A. Kaper ALGEMEEN DIRECTEUR HTM
Mr. H.P.A. Klapwijk NOTARIS, PELS RIJCKEN &
DROOGLEEVER FORTUIJN
Mr. P. Nouwen OUD HOOFDDIRECTEUR ANWB
W. van Krimpen
DIRECTEUR GEMEENTEMUSEUM DEN HAAG
Mr. J.H. Schraven VOORZITTER VNO-NCW

DEN HAAG SCULPTUUR RABOBANK AWARD / THE HAGUE SCULPTURE RABOBANK AWARD 2007

Veel deelnemende kunstenaars hebben nieuw werk gemaakt voor DE OVERKANT / DOWN UNDER met als uitgangspunt het thema *Mapping The System*. Een deskundige jury beoordeelt deze speciale in-situ kunstwerken voor de DEN HAAG SCULPTUUR RABOBANK AWARD 2007. De winnaar wordt bekend gemaakt tijdens de officiële opening op 15 juni en mag een cheque van 6.500 euro mee naar huis nemen.

Many artists have created new works of art based on the theme Mapping The System. An expert jury will judge these special in-situ works of art for THE HAGUE SCULPTURE RABOBANK AWARD 2007. The winner will be announced at the official opening on 15 June and will be awarded a cheque to the tune of 6,500 Euro.

GENOMINEERDE KUNSTENAARS / NOMINATED ARTISTS

Hoofdsponsor

Rabobank

BROOK ANDREW	Colony
ROBYN BACKEN	Whispering Trees
HAROLD DE BREE (NL)	Entrance B4
JON CAMPBELL	YEAH (banner-project The Hague version)
RICHARD GOODWIN	Parasite Lange Voorhout
FIONA HALL	Force Field (Garden The Hague)
PETER HENNESSEY	Giant Squid
HARMEN DE HOOP (NL)	Exploration-project Darwin/Tiwi Islands (Australia)
NATASHA JOHNS-MESSENGER	Zilverkamer-installation, Trappenhuis-installation
ERIK JUTTEN & RAMON OTTENHOF (NL): BUREAU VOOR HEDENDAAGS AVONTUUR /	Office for Contemporary Adventure (Social Mapping-project)
RAM KATZIR	Suitcase in a Bottle
HANS LIGTERINGEN (NL)	Mapping the System, video-project
CALLUM MORTON	Billboard-installation
PATRICK FREDDY PURUNTATAMERI & PIUS TIPUNGWUTI (TIWI ISLANDS)	Pukamani Poles
JAN VAN DER PLOEG (NL)	Grip 2007

Rabobank Den Haag en omgeving en Den Haag Sculptuur
Hoofdsponsor Den Haag Sculptuur / Main Sponsor The Hague Sculpture 2007

Ook in 2007 is de Rabobank weer hoofdsponsor van Den Haag Sculptuur. De bank sponsort deze openlucht tentoonstelling omdat zij (vanuit haar maatschappelijke betrokkenheid) kunst toegankelijk wil maken voor een breed publiek. En het leven van haar klanten wil verrijken. Directievoorzitter Paul Dirken: *"Stichting Den Haag Sculptuur is een professionele partner met wie het prettig en goed samenwerken is. Ze biedt kwaliteit, is elk jaar weer vernieuwend en speelt in op de wensen van het publiek. Dat is precies wat de Rabobank ook doet. Vandaar dat wij onze naam graag aan deze prachtige tentoonstelling verbinden."*

As last year, the Rabobank is once again the main sponsor of The Hague Sculpture in 2007. The bank sponsors this outdoor exhibition on the basis of its social engagement and with a view to making art accessible to a wide-ranging public. The bank moreover hereby wishes to enrich the lives of its customers. Board chairman Paul Dirken: "The Hague Sculpture Foundation is a professional partner that it's pleasant and easy to cooperate with. The organization provides quality, is innovative each year and anticipates the demands of the public. This is also exactly what the Rabobank does. We are therefore only too happy to have our named linked to this splendid exhibition."

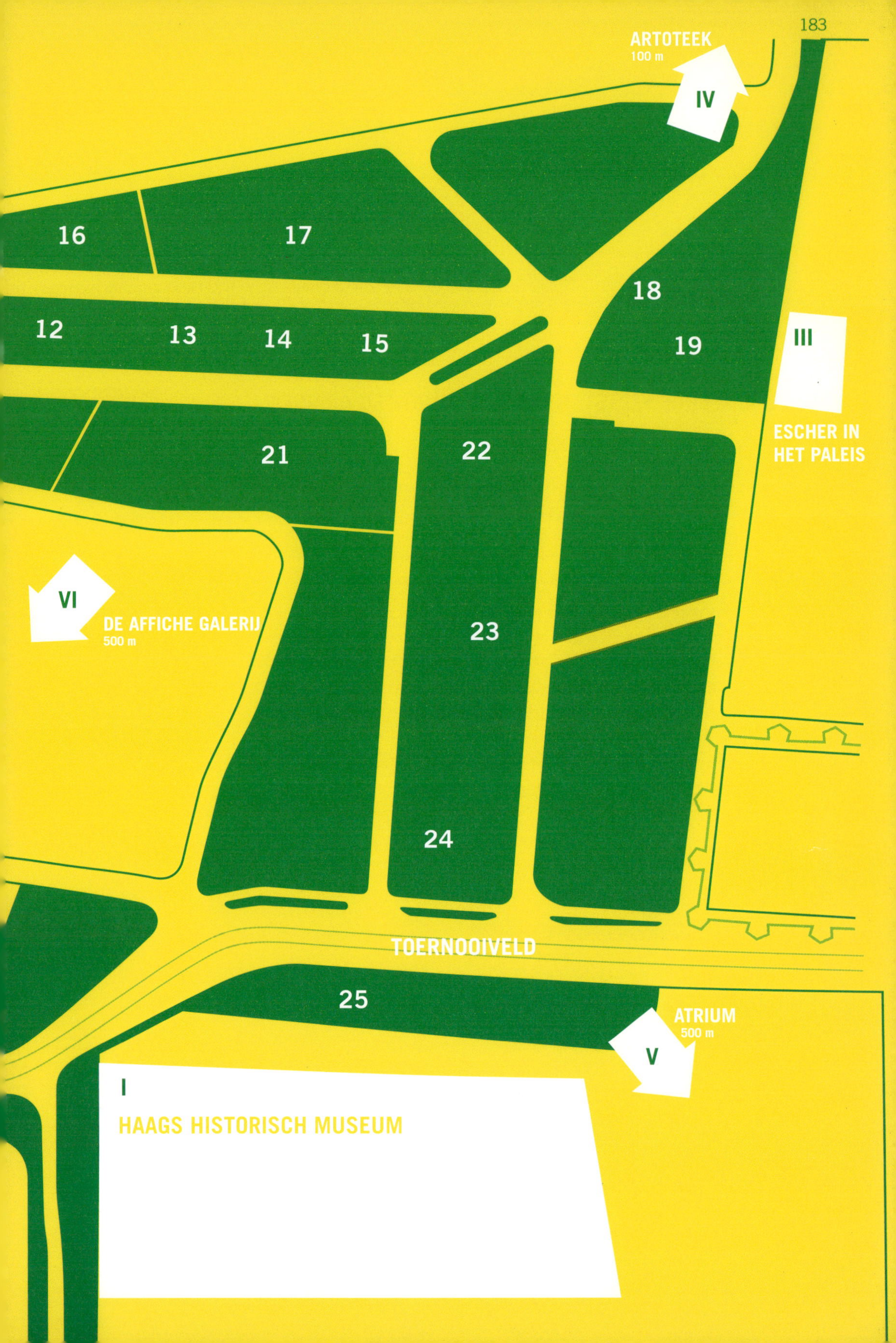

183
ARTOTEEK
100 m
IV
16
17
18
19
III
ESCHER IN
HET PALEIS
12
13
14
15
21
22
VI
DE AFFICHE GALERIJ
500 m
23
24
TOERNOOIVELD
25
ATRIUM
500 m
V
I
HAAGS HISTORISCH MUSEUM

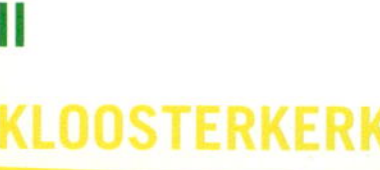

DEN HAAG SCULPTUUR 2007

1 PLATTEGROND/MAP + NOEL MCKENNA – MAPS OF AUSTRALIA (BILLBOARD)
2 MIKALA DWYER – IOU
3 RAM KATZIR – SUITCASE IN A BOTTLE
4 RICHARD GOODWIN – IMAGO 2005
5 JON CAMPBELL – SHE'LL BE RIGHT
6 JOHN WILSON, PEDRO WONAEAMIRRI, PATRICK FREDDY PURUNTAATAMERI & PIUS TIPUNGWUTI – PUKAMANI POLES
7 RICKY SWALLOW – FLYING ON THE GROUND IS WRONG
  RICKY SWALLOW – MODEL FOR A SUNKEN MONUMENT
8 PATRICIA PICCININI – NEST
9 CALLUM MORTON – UNTITLED (BILLBOARD)
10 ROBERT MAC PHERSON – TWENTY FROG POEMS: DISTANT THUNDER (A MEMORIAL) FOR D.M.
11 PATRICK FREDDY PURUNTAATAMERI & PIUS TIPUNGWUTI – PUKAMANI POLES
12 HAROLD DE BREE – ENTRANCE B4
13 RICHARD GOODWIN – PARASITE LANGE VOORHOUT
14 LISA ROET – CHIMPANZEE FINGER / HOOT / WHITE APE
15 JAN VAN DER PLOEG – GRIP 2007
16 JON CAMPBELL – YEAH!
17 PETER HENNESSEY – GIANT SQUID
18 PLATTEGROND/MAP + HAROLD DE BREE – HELICOPTER PLATFORM (BILLBOARD)
19 JAMES ANGUS – SOCCER BALL DROPPED FROM 35,000 FEET
20 FIONA HALL – FORCE FIELD (GARDEN THE HAGUE)
21 BROOK ANDREW – COLONY (IN SITU PROJECT; CARAVAN, SECURITY/ BEWAKING)
22 ERIK JUTTEN & RAMON OTTENHOF – BUREAU VOOR HEDENDAAGS AVONTUUR
23 ROBYN BACKEN – WHISPERING TREES
24 PLATTEGROND/MAP + KOEN WASTIJN – KANGAROOS ARE AIRLINES
25 JOHN KELLY – COW UP A TREE

GASTLOCATIES

I HAAGS HISTORISCH MUSEUM
BROOK ANDREW - COLONY
HANS LIGTERINGEN - MAPPING THE SYSTEM
GUAN WEI - A DISTANT LAND NO.2
DUYFKEN - ABORIGINAL ART PRINTS

II KLOOSTERKERK
NOEL MCKENNA - MAPS OF AUSTRALIA

III ESCHER IN HET PALEIS
NATASHA JOHNS-MESSENGER - ZILVERKAMER IN-STALLATION - TRAPPENHUIS INSTALLATION
RON MUECK - BIG BABY II & UNTITLED (OLD WOMAN IN BED)
AH XIAN - HUMAN HUMAN - CLOUD SCROLLS, CARVED LACQUER FIGURE 2 - HUMAN HUMAN - SILK STRIP BALLS AND RIBBONS, BRONZE FIGURE 3 HUMAN HUMAN - OX BONE INLAY FIGURE 4

IV ARTOTEEK
LOUISE WEAVER - GREY FORRESTER - SUNDOWNER (ROCK WALLABY PETROGALE PINICILLATA)

V ATRIUM
DANIEL VON STURMER – HORIZONTAL HOLD
KOEN WASTIJN – TERMITE ONE
VIDEOBOX-PROGRAMMA (NATASHA JOHNS-MESSENGER, DESTINY DEACON, TRACEY MOFFATT)

VI DE AFFICHE GALERIJ
ONTWERPWERK - AFFICHEPROJECT DE OVERKANT / DOWNUNDER

VII GEM / FOTOMUSEUM
BILL HENSON - PHOTOWORKS
TRACEY MOFFATT - UP IN THE SKY PHOTO-PROJECT
ANN ZAHALKA - PHOTOWORKS LEISURELAND
SHAUN GLADWELL - TANGARA 2003
PATRICIA PICCININI - SWELL

Dr. A.H.E.M. Wellink
PRESIDENT NEDERLANDSCHE BANK
RAAD VAN ADVIES / ADVISORY BOARD
Drs. J.H. de Bo
C. van Herwaarden-Canneman
H. Muiderman
OUD-DIRECTEUR KOORENHUIS, DEN HAAG
Drs. J.J.Th. Sillevis
CONSERVATOR GEMEENTEMUSEUM DEN HAAG

**JURY DEN HAAG SCULPTUUR RABO-
BANK AWARD 2007**
Jaap Guldemond MUSEUM BOIJMANS VAN BEUNINGEN
Jean-Bernard Koeman KUNSTENAAR
Wim van Krimpen GEMEENTEMUSEUM DEN HAAG
Roos van Put KUNSTCRITICUS
Arno van Roosmalen STROOM HCBK

**VRIENDEN DEN HAAG SCULPTUUR /
FRIENDS OF THE HAGUE SCULPTURE**
ABN AMRO WWW.ABNAMRO.NL
Stichting Pensioenfonds ABP WWW.ABP.NL
Familie A. Advany
Aegon NV WWW.AEGON.NL
AM Wonen BV WWW.AM.NL
AutoBinck Holding NV WWW.AUTOBINCK.NL
Koninklijke BAM Groep NV WWW.BAM.NL
EFLS
Eijgendaal & Van Romondt BV WWW.ROMONDT.NL
Ernst & Young WWW.EY.NL
Van der Feltz Advocaten WWW.FELTZ.NL
Fortis Mees Pierson Private Banking
WWW.FORTISMEESPIERSON.NL
Granaria Holdings BV WWW.GRANARIA.NL
Holland Casino Scheveningen
WWW.HOLLANDCASINO.NL
HTM Den Haag WWW.HTM.NET
Indofin Groep/Jacob Heijn Holding BV
WWW.INDOFIN.NL
ING Bank Zuid-Holland WWW.ING.NL
KPMG Den Haag WWW.KPMG.NL
Familie Manheim
Mexx Group BV WWW.MEXX.NL
Meyer Bergman WWW.MEYERBERGMAN.COM
Multi Development BV
WWW.MULTI-DEVELOPMENT.COM
Nieboer Schouten Trust & Participatie
NS Poort WWW.NSPOORT.NL
Provast WWW.PROVAST.NL
Renessence Ventures
Robein Leven NV WWW.ROBEIN.NL
Royal Dutch Shell WWW.SHELL.NL
Siemens WWW.SIEMENS.NL
SNS Reaal Fonds WWW.SNSREAAL.NL
Familie Tabaksblat
TBI Holdings BV WWW.TBI.NL
Tóco International WWW.TOCO-INTERNATIONAL.COM
Unilever WWW.UNILEVER.NL

MET DANK AAN / THANKS TO
Antiek, Curiosa, Boek en Oude Prenten
Markt, Lange Voorhout
Ruth Bain, Anna Schwartz Gallery
Marco van Baalen, Haags Historisch
Museum
BAS Consultancy

Karin van Belle
David Boon
Brandweer Haaglanden
Jack Broeders
Barbara Brugman-Berger
Fondation de Coubertin, Paris
Tanie Doropoulos, Sherman Galleries
Henk Douna
Juliana Engberg, ACCA, Melbourne
Filmhuis Den Haag
Fundatie Voorhoeve
Richard Goodwin
Patrick Haagedoorn
Jane Hanson
Wiebe van der Hoeven
Erik Kaiel
Frank Kerkvliet
Arthur Kloos
Darren Knight
Koninklijke Academie van Beeldende
Kunsten Den Haag
Wim van Krimpen
Hans Ligteringen
Henk Lourens
Wendy Louw, De Affiche Gallerij Den Haag
Museum Catering
Roslyn Oxley
Het Paard van Troje
Micky Piller
Politie Haaglanden
Politie Stadsdeel Centrum
Price Waterhouse Coopers
Pulchri Studio
Amanda Rowell, Roslyn Oxley9 Gallery
Rogier Rosema
De Gastheren van SCDW
Jan Scholten
Stadsbeheer, stadsdeel centrum Den Haag
Stedelijke Ontwikkeling Den Haag
Gebruik Openbare Ruimte Den Haag
Alle betrokken diensten van Stadsbeheer
Den Haag
Stroom Den Haag
Tividor Fabriek (Detlef Vilerius, Bas de Boer,
Wiebe van der Hoeve)
Gretha in 't Veld
Jurriaan Verhofstad
Antoinette Visser, Haags Historisch Museum
Gerard Wielaard
Anke Willems
René van der Zee, Het Paard van Troje
En iedereen die wij vergeten zijn.

Very special thanks to
Atelier van Zijderveld

RONDLEIDINGEN / GUIDES
www.rondleidingen.net

**BIJDRAGEN CATALOGUS /
CATALOGUE CONTRIBUTIONS**
Ad Borsboom
Stephen Brady
Wim Deetman
Arjen Duinker
Peter Hennessey

Arend Hilhorst
Maurits van der Laar (MvdL)
Elisabeth Ann MacGregor
Maya Meijer-Bergmans
Martyn F. Overweel
Philips Peters (PP)
George Petitjean
Marianne Riphagen
Marie Jeanne de Rooij (MJdR)
Bob Ursem
Guan Wei

CATALOGUS / CATALOGUE
Samenstelling en eindredactie:
Marie Jeanne de Rooij

FOTOGRAFIE / PHOTOGRAPHY
Hans Ligteringen
Gerrit Schreurs

VERTALING / TRANSLATIONS
Sharon Fenn
Nan Lenders
Philip Peters

VORMGEVING / DESIGN
Ontwerpwerk, Den Haag
WWW.ONTWERPWERK.COM

LETTERTYPE / TYPEFACE
Trade Gothic

PRODUCTIE / PRODUCTION
Veenman Publishers / Sebastiaan Hanekroot

**DRUKWERK EN UITGEVER /
PRINTING AND PUBLISHING**
Veenman Publishers/ Gijs Stork
Sevillaweg 140
3047 AL Rotterdam- NL
t. +31 10 245 3333
f. +31 10 245 3344
INFO@VEENMANPUBLISHERS.COM
WWW.VEENMANPUBLISHERS.COM

DISTRIBUTION:
D.A.P.
155, Sixth Avenue, 2nd floor
New York, NY 10013, USA
t. + 1 212 627 1999
DAP@DAPINC.COM

Idea Books
Nieuwe Herengracht 11
1011 RK Amsterdam-NL
t. +31 20 622 6154
IDEA@IDEABOOKS.NL

Art Data
12, Bell Industrial Estate
50 Cunnington Street
W4 5HB London- UK
t. +44 20 8747 1061
INFO@ARTDATA.CO.UK